増補・決定版

江戸時代のハイテク・イノベーター列伝

「近代日本」を創った55人のエンジニアたち

NPO法人テクノ未来塾
出川通――編

言視舎

未来の読者へ

思いこそ全ての始まり

この本に書かれているのは、明治が始まる前の江戸時代に、日本の各地で活躍した技術者達の物語です。テクノ未来塾の塾生の面々が日本全国を駆け巡り、先人が活躍した時代に思いを馳せながらその足跡を辿った物語です。

電機、機械、鉄鋼、製薬、化学、建築など様々な分野の、高い見識を持った中堅～ベテランの技術者の集団であるテクノ未来塾の塾生が、「この技術者を紹介したい。この技術者が持っていた思いを、ぜひ後世に伝えたい、未来の読者に伝えたい」、という強い思い入れを持って、技術者が活躍した現地の風に当たりながらチームでの調査活動を行ないました。楽しんでいる様子が伝わってきました。

日本人の凄さ

読者の皆様が、日本の未来に対する漠然とした不安や危機感を抱かれているとすれば、この本に登場する素晴らしい先人の活躍の物語を読むことによってそのようなものを吹き飛ばして欲しいと願っております。

実際、調査に参加した塾生からは、調査の都度元気をもらった、と聞いております。日本ならではの技術文化について知識を深めることができたとも聞いております。

この本によって、当時の技術者の思いや活躍を知れば知るほど、読者の皆様が日本人の凄さを認識されるのではないか、と思っています。未来の読者には、この本をベースに、さらに深堀りしていただきたいと思っています。自分流の視点で、新しい発見、積み上げを楽しんでいっていただければ幸いです。

ここで取り上げた江戸時代の技術者の「思いや活動のモチベーションは何だったのだろう。なぜその地域で土木、建築、数学、天文学、暦学、地理学、生物学などの様々な分野に取り組む技術者が生まれたのだろうか。技術者達は当時の日本の地域や風土からどのような刺激を受けたのだろうか。先人たちの業績は、地域密着の文化であったのか、普遍的な文明であったのか」などなど興味がつきません。

江戸時代から明治時代への繋がり

かつて、ニュートンが「先人の肩に乗ると遠くが見える、未来が見える」というニュアンスのことを言っていたそうですが、日本に、江戸時代の蓄積がなかったら、明治時代があれほどのスピードで立ち上がらなかったのではないか、という仮説も大いに興味があります。

江戸時代に蓄積された価値判断力（見識）があったから明治時代の西欧文明（蘭学）がスムーズに受け入れられた。歴史は繋がっている、と考えると、先人技術者たちの活躍·貢献のありがたさが見えてくるのではないでしょうか。さらに、本書を「地方創生」のためのヒントにしていただければ望外の喜びです。

ＮＰＯテクノ未来塾　理事長　阿部　惇

目次

2　生物、植物、食物分野の技術者

3　医学・薬学分野の技術者

4　物理、機械・からくり、電気分野の技術者

5 化学、鉱物・鉱山・金属・製鉄分野の技術者

6 航空、造船、鉄道、大砲分野の技術者

増補・決定版

総論：江戸時代の科学技術と本書の趣旨

出川 通

■江戸時代の学者とは：当時の日本の科学技術は今からみるとおおざっぱで総合的なものだった!?

１７００年代の江戸時代、いわゆる学者の分類としては、自然科学系では本草学（≒東洋博物学）があるという程度だったようです。これは西洋でも事情は同様で、一般には博物学者と呼ばれていました。もちろんいまどきの分類である科学者や技術者の違い、化学と物理の違い、ましてや機械、電気、冶金などの違いなどは明確に区分けされていませんでした。

18世紀の江戸の科学技術水準を検討する前に、すこし日本と世界とのつながりについておさらいをしてみましょう。16世紀（１５４３）にはポルトガル船が日本に来航し、鉄砲・キリスト教が伝来しています。鎖国令は１６３３年に出ますが、その後も南蛮人（オランダ人）の手により西洋の博物学や医術の断片が伝わっています。西欧はまだ産業革命前ですが、その息吹きはすでに始まっていたのです。医療関係技術や造船航海術、算数や暦・天文関係でも世界では大きな進歩がなされ、その成果が書物にも現れはじめています。日本でもその流れは着実に影響を受けており、特に本草学では日本独自にさまざまの書物が著わされ、農業技術も大きく進歩し、18世紀の１００年間に耕地面積はほぼ2倍になったともいわれています。

この当時の蘭学ですが、鎖国令により海外との文化交流は制限されていました。しかし徳川吉宗は禁をゆるめ、太陽中心説が識者の間に広まってくるという科学として黎明期の時代です。

これらの漢学や蘭学（洋学）の伝来を通じて、日本における科学技術は大きく進展するわけですが、注目すべきは伝えられた内容が今でいう技術移転のイメージではないことです。当時はアナログの時代、西洋から伝えられたものは、ごく断片的な図や一部の文章、それも諸説あるなかの一つの視点です。現在21世紀はデジタル化の時代、詳細図面はもとより、こまかいノウハウやプロセスデータまで一挙に移転できますが、18世紀の時代には望むべくもありませんでした。しかしそれがかえって日本独自の科学技術の発展を促し、一部では西洋を追い越すところに至ったとも考えられます。

■世界の時代背景（17～18世紀）：欧州の産業革命と米国の独立

本書に関係する江戸時代中期の世界の動きを少し追いかけてみましょう。この時代とほぼ同時期には蒸気機関が製作（1690年ごろ）され、欧州では産業革命が始まります。その後ワットらが改良を加え、18世紀後半（1769年）には現実の動力として各方面で使われるのです。

まさに当時のエネルギー革命ですが、同時期に繊維産業、製鉄技術が発達し、旋盤などの工作機械も整うことになります。また染料や肥料の改良研究から化学が起こりはじめ、力学や理学などの基礎科学もようやく分化しながら体系化されていくのです。

一方で、科学の進歩は武器（銃火器）の進歩につながり、米国の南北戦争、独立戦争などに影響を与えていく時代となります。アジアでは産業革命の成果を基にした欧州帝国主義の支配、たとえばイギリスの東インド会社による支配がなされています。

このようななかで、西洋の世界地図上は極東に存在する日本は地政学上、自立できる国であったためもあり、和学と漢学、洋学との統合化、融合化をすすめることができたと考えられます。

■科学者と技術者の違いとは

現代において、技術者と呼ばれる人たちは、科学者と区別され主に産業界に属していることが多いといえます。（企業の）技術者は事前に設定された実用的な製品の設計・製作などの目標を目指し、職務を担う一方で、研究者、開発者と呼ばれることもあります。研究者と言った場合、実用性以前の技術シーズを探究する傾向が強く、開発者という場合には目的が明確な製品・商品を目指して開発する職務が多い傾向にあります。

一般に科学者と呼ぶ場合には、企業ではなく大学などの教育機関に属している研究者を指すことが多いようです。これは、教育サービスを提供するかどうかも科学者と技術者を区別する一つの基準であることを意味しているようで、公的な学術機関の場合にもそのように呼称されているようです。

本書で取り上げた人々はハイテクイノベーターと総称させ

ていただきます。それは、江戸時代には、いまでいう科学者と技術者の区別はとくになく、それぞれ先駆的な分野を切り開き、なおかつ世の中に役立つ成果を明確にだしているからです。彼らの多くは、基礎力としての技術力を充分にもち、そのメカニズムや原理を理解しながら、独自にまたは入手品の分解組立、すなわちリバース・エンジニアリングをきわめてうまく使って成し遂げた優れた発明家であり、技術者だったといえます。

例えば本書に描かれている平賀源内や橋本宗吉、さらに佐久間象山の製作したエレキテルに代表される物品は、西洋からわたってきた本物よりも工夫が重ねられている優れもので、まさに発明だったといえます。アナログの時代のリバース・エンジニアリングは、劣った能力のエンジニアではできないものと思われ、今の時代の模倣型のリバース・エンジニアリングとは全く別物といえそうです。

このように見ていくと、江戸時代の科学技術の蓄積なくしては、明治維新もその後の日本の発展もなかったでしょう。日本は産業革命には遅れましたが、古来からの各種の技術蓄積ができていた上での文明開化、殖産興業、富国強兵などだったといってもよいでしょう。本書で紹介した技術者は、江戸のイノベーターの一員となります。

■本書で取り上げる技術領域と技術者たち

本書では江戸時代の技術者の専門分野を

（1）土木、数学、天文・暦、地理
（2）生物、植物、食物
（3）医学・薬学
（4）物理、機械・からくり、電気
（5）化学、鉱物・鉱山・金属・製鉄
（6）航空、造船、鉄道、大砲
（7）ソーシャルデザイン、オープンイノベーション

の7つに分類しています。すでに述べたようにこの時代の専門分野は確立していませんので、ここで分類すること自体に無理があるのですが、あえて現代の読者のわかりやすさと関心を得られるように分類しました。

その出身地と年表を次ページ以降に示してあります。目次はその分野別、生年月日別にほぼ年代順に並べてみたものです。読者の皆様それぞれの江戸の技術者の発見とそれぞれの分野の広がりイメージの指標となれば幸いです。

なぜ日本の各地からイノベーターが続出したか

今回の江戸時代のハイテク・イノベーターを調べる過程で気が付いたことがあります。それは、日本の各地からイノベーターが出ているということです（次頁地図参照）。その理由について、プロジェクトメンバーとの議論を通していろいろな意見がでましたので、ここに整理します。

1．幕藩制度により教育水準や識字率が高かった

江戸時代は平和な時代だったため、幕府や各藩の教育制度が充実しました。藩校や寺子屋などでの教育により文化、学問が発達しました。

2．参勤交代制度により地方が文化、産業の刺激を受けた

参勤交代制度は基本的に地方の資産を江戸幕府が吸収するしくみでしたが、江戸文化、上方文化が地方にも拡散しやすい状況になっており、各藩は産業振興を行なっていました。

各藩では（身分制度を乗り越えても）優秀な人を見つけて登用することが藩の利益になるので養子制度、上方の旦那による援助などが機能していました。

3．長崎が外来文化のキーステーションとなっていた

地方藩は人材育成をかねて長崎への留学を積極的におこないました。また外国人も定期的に長崎から上方を経由して江戸まで何日もかけて参上していました。そうした機会を利用して街道筋の人々と触れ合うことも多かったでしょう。北九州、瀬戸内、東海道地方はとくにその通路になり恩恵をうけやすかったと思われます。

東西の違いについても触れます。

東日本では江戸を中心とした関東圏にイノベーターが集中していますが、これは江戸では家柄などを中心にした組織的、体系的な人材育成がなされていたためと考えられます。

一方の西日本では、イノベーターは京都と長崎に多い傾向がありますが、瀬戸内海沿いでも広範囲に人材が輩出されています。これは西日本では商人が主体となって、知的好奇心をもとに自由な精神で人材を育成したためと思われます。

また地方大名も積極的に海外の知識や技術に興味をもって保護、若手の育成をおこなった結果、盛岡藩、福井藩、佐賀藩、長州藩、土佐藩などからも人材が出ています。

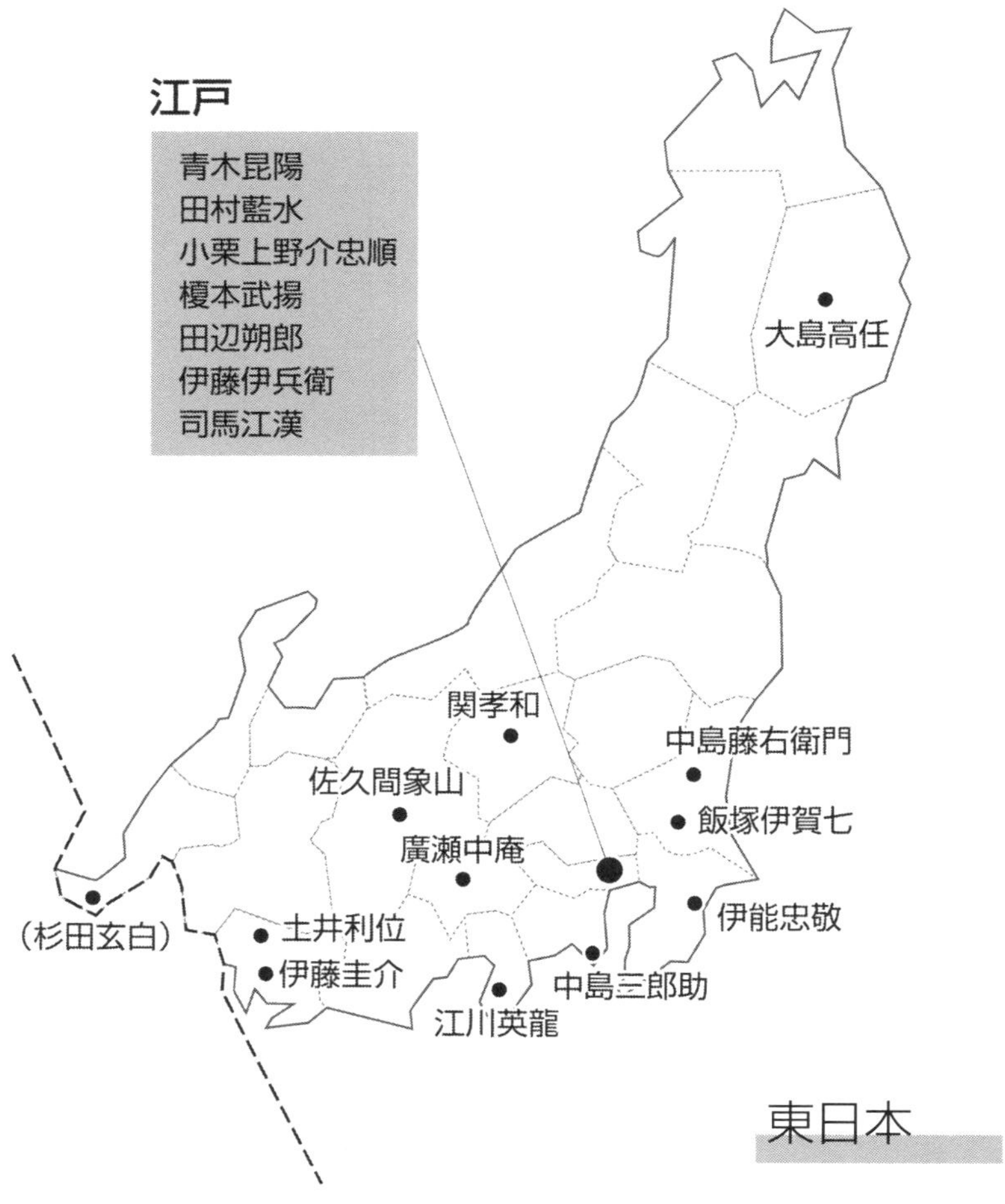

※杉田玄白、鍋島直正、阿部正弘は
正確には江戸の各藩邸生まれ

西日本

京都
角倉了以・素庵
吉田光由
渋川春海
大野弁吉
小野蘭山
長崎
上野彦馬
高島秋帆
楠本イネ
本木昌造
吉雄耕牛
志筑忠雄
国友一貫斎
木内石亭
松浦武四郎
植村左平次
宇田川榕菴
川本幸民
(阿部正弘)
緒方洪庵
浮田幸吉
井上勝
宮太柱
平賀源内
大畑才蔵
華岡青洲
南方熊楠
貝原益軒
田中久重
佐野常民
(鍋島直正)
二宮忠八
前原巧山
細川半蔵
橋本宗吉
池辺啓太

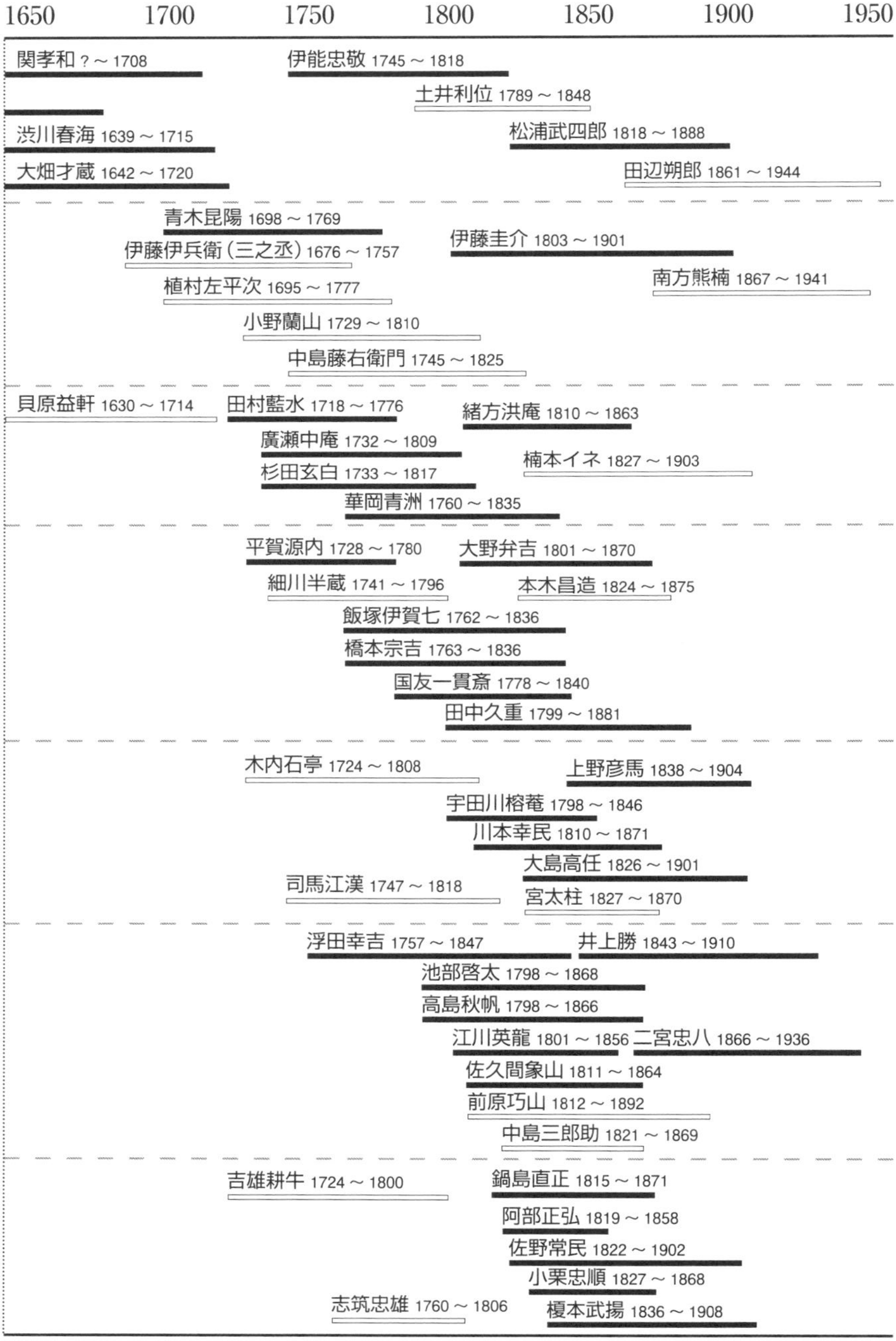

1650 1700 1750 1800 1850 1900 1950

関孝和 ? ～ 1708
伊能忠敬 1745 ～ 1818
土井利位 1789 ～ 1848
渋川春海 1639 ～ 1715
松浦武四郎 1818 ～ 1888
大畑才蔵 1642 ～ 1720
田辺朔郎 1861 ～ 1944

青木昆陽 1698 ～ 1769
伊藤伊兵衛（三之丞）1676 ～ 1757
伊藤圭介 1803 ～ 1901
植村左平次 1695 ～ 1777
南方熊楠 1867 ～ 1941
小野蘭山 1729 ～ 1810
中島藤右衛門 1745 ～ 1825

貝原益軒 1630 ～ 1714
田村藍水 1718 ～ 1776
緒方洪庵 1810 ～ 1863
廣瀬中庵 1732 ～ 1809
楠本イネ 1827 ～ 1903
杉田玄白 1733 ～ 1817
華岡青洲 1760 ～ 1835

平賀源内 1728 ～ 1780
大野弁吉 1801 ～ 1870
細川半蔵 1741 ～ 1796
本木昌造 1824 ～ 1875
飯塚伊賀七 1762 ～ 1836
橋本宗吉 1763 ～ 1836
国友一貫斎 1778 ～ 1840
田中久重 1799 ～ 1881

木内石亭 1724 ～ 1808
上野彦馬 1838 ～ 1904
宇田川榕菴 1798 ～ 1846
川本幸民 1810 ～ 1871
大島高任 1826 ～ 1901
司馬江漢 1747 ～ 1818
宮太柱 1827 ～ 1870

浮田幸吉 1757 ～ 1847
井上勝 1843 ～ 1910
池部啓太 1798 ～ 1868
高島秋帆 1798 ～ 1866
江川英龍 1801 ～ 1856
二宮忠八 1866 ～ 1936
佐久間象山 1811 ～ 1864
前原巧山 1812 ～ 1892
中島三郎助 1821 ～ 1869

吉雄耕牛 1724 ～ 1800
鍋島直正 1815 ～ 1871
阿部正弘 1819 ～ 1858
佐野常民 1822 ～ 1902
小栗忠順 1827 ～ 1868
志筑忠雄 1760 ～ 1806
榎本武揚 1836 ～ 1908

江戸時代イノベーター年表

※コラムで紹介する人物名は網かけとし、年表では白線で示した

1550	1600	1650

角倉了以 1554 ~ 1614
吉田光由 1598 ~ 1672
角倉素庵 1571 ~ 1632

数学、土木、天文・暦、地理

角倉了以 角倉素庵 吉田光由 関孝和 渋川春海
大畑才蔵 伊能忠敬 土井利位 松浦武四郎 田辺朔郎

生物、植物、食物

青木昆陽 伊藤伊兵衛（三之丞）植村左平次 小野蘭山
中島藤右衛門 伊藤圭介 南方熊楠

医学、薬学

貝原益軒 田村藍水 廣瀬中庵 杉田玄白 華岡青洲
緒方洪庵 楠本イネ

物理、機械・からくり、電気

平賀源内 細川半蔵 飯塚伊賀七 橋本宗吉 国友一貫斎
田中久重 大野弁吉 本木昌造

化学、鉱物、鉱山・金属・製鉄

木内石亭 司馬江漢 宇田川榕菴 川本幸民 大島高任
宮太柱 上野彦馬

航空、造船、鉄道、大砲

浮田幸吉 池辺啓太 高島秋帆 江川英龍 佐久間象山
前原巧山 中島三郎助 井上勝 二宮忠八

ソーシャルデザイン、オープンイノベーション

吉雄耕牛 志筑忠雄 鍋島直正 阿部正弘 佐野常民
小栗忠順 榎本武揚

江戸時代の蘭学系譜図

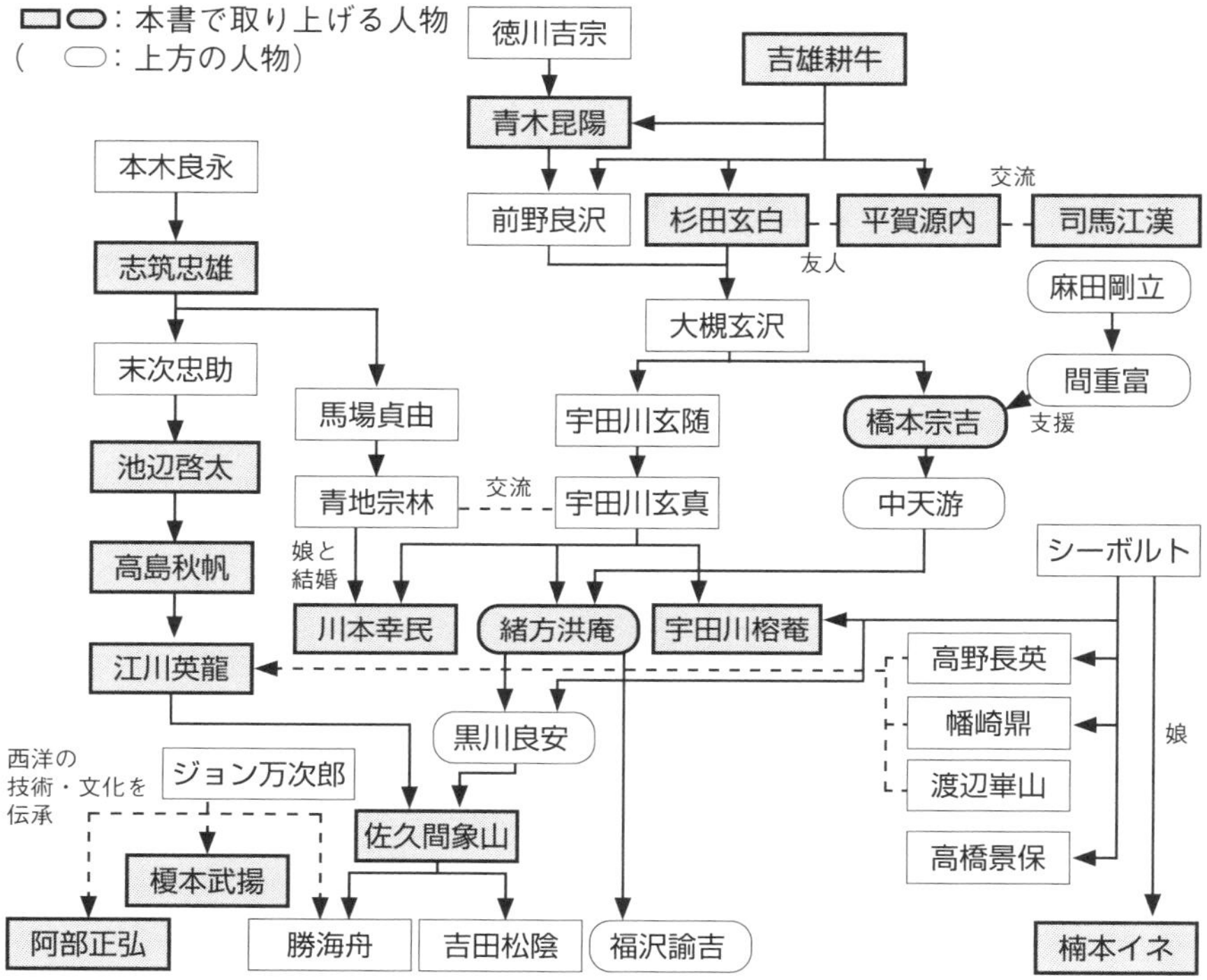

：本書で取り上げる人物
（　：上方の人物）
徳川吉宗
吉雄耕牛
青木昆陽
前野良沢
杉田玄白
平賀源内
司馬江漢
交流
友人
本木良永
志筑忠雄
末次忠助
池辺啓太
高島秋帆
江川英龍
馬場貞由
青地宗林
交流
娘と
結婚
大槻玄沢
宇田川玄随
宇田川玄真
麻田剛立
間重富
橋本宗吉
支援
中天游
川本幸民
緒方洪庵
宇田川榕菴
シーボルト
高野長英
幡崎鼎
渡辺崋山
高橋景保
娘
楠本イネ
黒川良安
西洋の
技術・文化を
伝承
ジョン万次郎
佐久間象山
榎本武揚
阿部正弘
勝海舟
吉田松陰
福沢諭吉

江戸時代の本草学系譜図

寺島良安
貝原益軒
稲生若水
松岡如庵
丹羽正伯
野呂元丈
阿部将翁
青木昆陽
伊藤伊兵衛
（三之丞）
伊藤伊兵衛
（政武）
植村左平次
田村藍水
植村左源次
小野蘭山
シーボルト
水谷豊文
井岡桜仙
岩崎灌園
チュンベルグ
平賀源内
田村西湖
中川淳庵
木内石亭
栗本丹洲
南方熊楠
伊藤圭介
宇田川榕菴

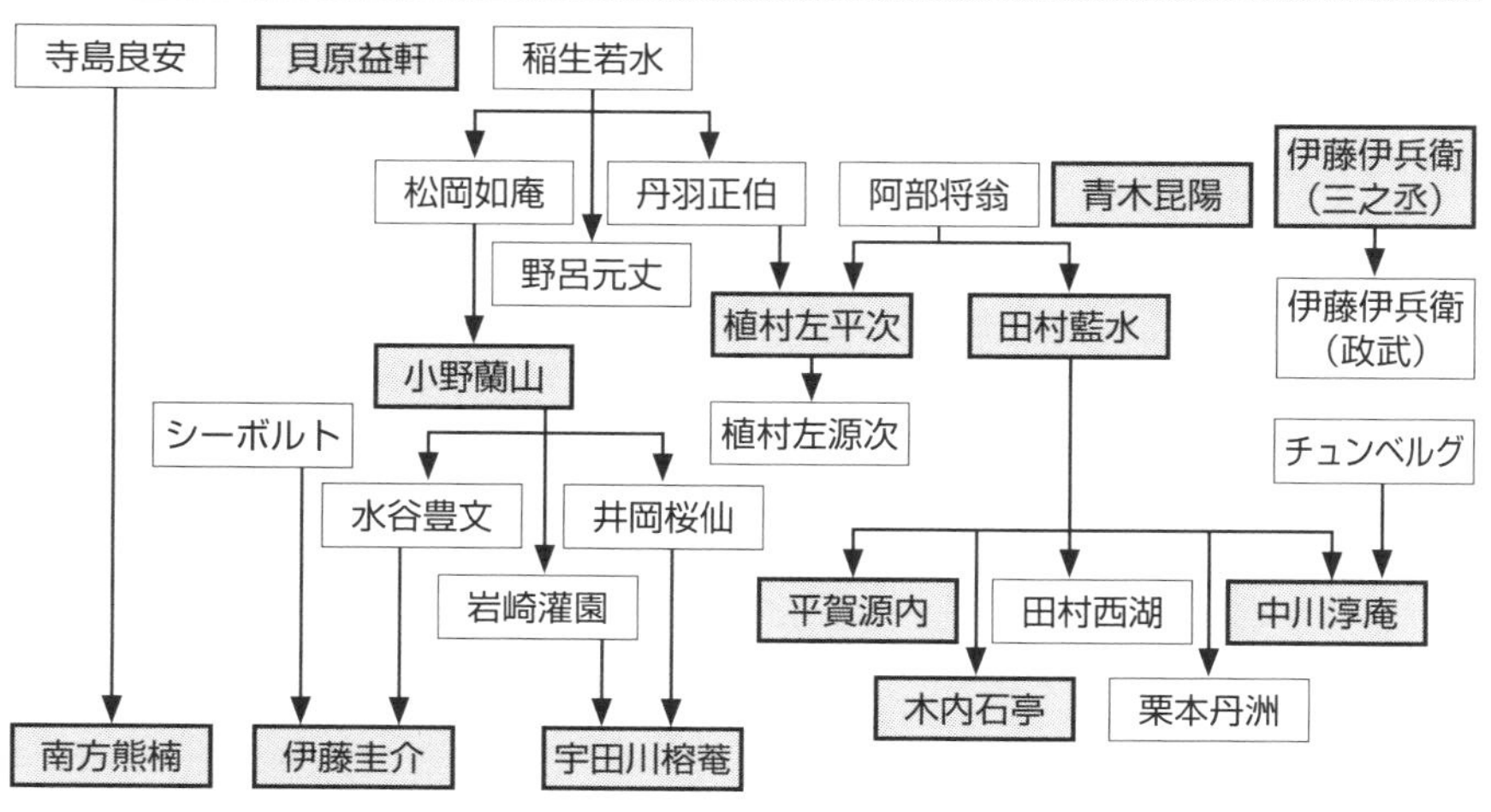

※本書に登場する人物を中心にした簡略図

1　土木、数学、天文・暦・地理分野の技術者

近世日本のイノベーティブ・アントレプレナー

角倉了以・素庵

1554‐1614年（了以）
1571‐1632年（素庵）

京都府京都市出身

市川 浩司

1 なぜこの人を取り上げるか？

角倉了以は戦国時代から江戸時代初期まで活躍した京都の豪商です。角倉家の本姓は吉田であり、代々医者を輩出してきた家系です。副業だった土倉（質屋）業を営む際の屋号だった「角倉」を名のっていましたが、姓としたのは了以が最初です。了以は土倉業にとどまらず朱印船貿易も手掛け、生糸や絹を輸入し、金、銀、刀、兜を輸出していたようです。了以は中国から多くの書物も持ち帰りました。このことが、後の文化、技術の発展に角倉家、吉田家が貢献できた理由であると考えます。しかし、角倉了以とその子どもである素庵を本書で取り上げたのは、商人や貿易商としてではありません。公益性も考慮した大規模プロジェクトを成し遂げた起業家であり、土木技術の研究者、施工技術者としてここでは取り上げてみます。

2 人物紹介

(1) 角倉了以・素庵の経歴

角倉了以は朱印船貿易で財を築き、大堰川の開削工事に着手したのが53歳でした。了以は1554年に吉田宗桂の次男として生まれ、角倉を名のるのは朱印船貿易を始めた50歳頃です。本書でも取り上げた算学者の吉田光由も角倉家、吉田家の一族です。素庵は了以が17歳の時の子で、素庵とは親子というより、良きビジネスパートナーであったと言われています。権力者や幕府との渉外交渉は素庵が担当し、了以は現場で指揮していました。素庵は本阿弥光悦、俵屋宗達と共に嵯峨本を出版するなど文化的な素養も高い人物でした。

(2) 関連技術分野

① 大堰川開削

大堰川（おおいがわ）は上流では保津川（ほづがわ）と呼ばれ、下流では桂川となり淀川に合流します。この保津川、大堰川は大変な激流で川幅も狭く岩も多く、時折、氾濫する川でした。当時は木材を筏にし、川を下ることはありましたが、丹波から嵯峨、京都への物流は険しい山道を通行するほかなかったようです。角倉了以は川の地形、交通需要など十分に調査した後、53歳の時、私財を投じて大堰川開削工事に着手します。大堰川の岩を鉄槌で砕き、川床を調整して水流をコントロールしながら工事を進めました。大きな岩は焼き砕き、爆薬も使用し開削しました。これら工事に必要な技術、工法は吉田家、角倉家が研究や調査を進め、工事は半年で完成しました。この開削工事により丹波からの物流は格段に改善され、私財で工事を進めた角倉家には明治まで通行税収入がありました。

大堰川にかかる橋

② 富士川、天竜川の開削

大堰川の開削が完成すると、幕府は富士川と天竜川を開削するよう角倉家に命じました。富士川は甲府と駿府を結ぶ川で、甲府の米を駿府に、駿府の塩を甲府に運ぶ重要なルートです。富士川も大堰川同様、大変な急流で途中には滝もありましたが、角倉了以、素庵はこの難工事も完成させました。甲府、信濃、駿府の物流ルートが確立し、流域では商業が発展していきました。

③ 高瀬川開削

京都の街中を流れる高瀬川は京都、伏見をつなぐ運河でした。現在は鴨川で分断され一部は埋められていますが、上流側は先斗町を流れ、桜の名所となっています。森鷗外の「高瀬舟」など多くの小説や歴史の舞台にもなっています。

この運河を角倉了以、素庵が手掛けたのは慶長16－19年（1611－1614）です。豊臣秀吉が奈良の大仏よりも大きな大仏殿を造るために、必要な木材を運搬する運河として素庵により計画されました。

『曳舟の道』（濱岡三太郎著）によりますと、この工事の測量計算、工事に関する売掛勘定を計算したのが毛利重徳であると描かれています。高瀬川の開削工事が落ち着いたころ、了以の支援により、毛利重徳は「天下一割算指南道場」という塾でそろばん教育を始めたとされています。吉田光由もこの塾生で、算学の才能を開花させるきっかけになりました。

高瀬川

④ 嵯峨本にみる印刷技術

印刷技術が発展していない時代、書物は写本によって入手するしかありませんでしたが、一部には版木による印刷、キリシタン版と言われる活字印刷本、豊臣秀吉が朝鮮から持ってきた銅版活字で刊行されたものもありました。漢文のように1文字、1文字分かれている文章では活字による印刷が容易ですが、「徒然草」、「方丈記」、「伊勢物語」などのようにひら仮名文や仮名交じり文で書かれた書物には不向きでした。草書体で流れるように書かれ、文字と文字の間に切れ目がないからです。しかし素庵の嵯峨本では、いくつかの文字を合わせて一つの活字とし、かな文字の美しさを損なわない印刷を可能にしました。書家の本阿弥光悦、画家の俵屋宗達の協力のもと流れるような文面、多色刷りの絵、美しく装丁された嵯峨本が出版されました。次ページの図は活字印刷された嵯峨本と人による写本の比較ですが、その違いはわかりません。多色刷りする際に版がずれないようにつける目印、「トンボ」もこのときから使われたようです。

しかし嵯峨本の印刷方法では活字が多く必要になり、経済的ではないことから、活字印刷法より版木印刷のほうが一般的になっていきました。しかし活版印刷、多色刷りの技術は、その後の版木印刷や浮世絵に応用され、後に大ベストセラーになる吉田光由の『塵劫記（じんこうき）』も、嵯峨本の技術が活かされています。

余談ですが、嵯峨本を出版した俵屋宗達、本阿弥光悦と素庵は特に親交を深めていました。俵屋宗達が描いた有名な「風神雷神図屏」が京都博物館に所蔵されていますが、雷神が素庵で、風神が俵屋宗達本人がモデルとされ、素庵が亡くなったときに鎮魂のために描かれたと言われています。

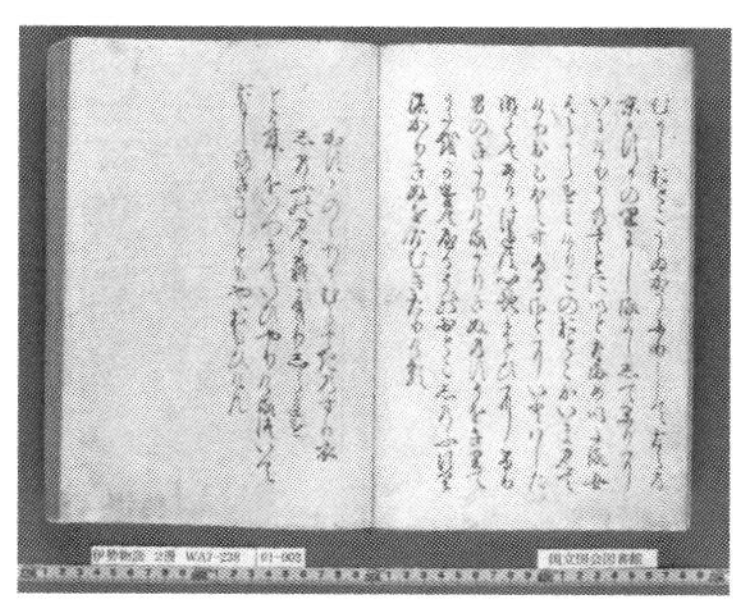

伊勢物語冒頭　嵯峨本

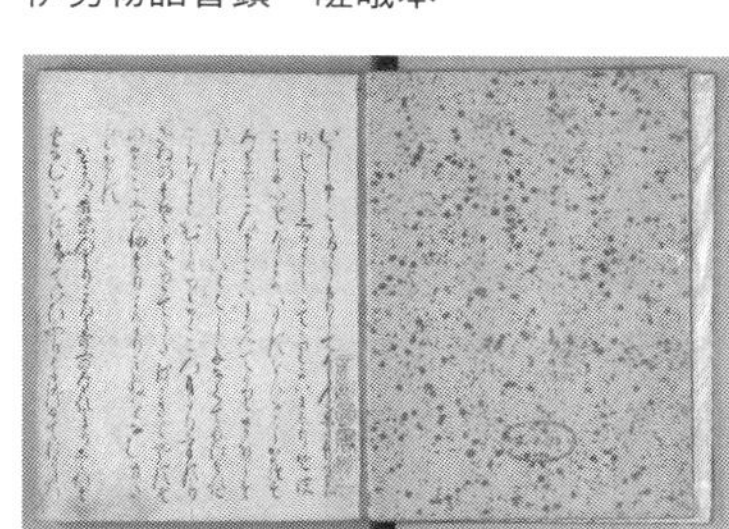

伊勢物語冒頭　写本
国会図書館ライブラリより

3 フィールド・ガイド

○大悲閣千光寺　★★★

京都市西京区嵐山中尾下町62

大堰川の開削工事で亡くなった人を弔うために、角倉了以が別の場所にあった千光寺を移転して建てた寺です。渡月橋を嵐山方面に渡り、桂川を上流に歩いて行くと案内の石碑があります。ご本尊は千手観音ですが、自らが開削した大堰川の様子を見渡すように眼光鋭い角倉了以の木像もあります。また徳川家康の位牌や角倉素庵の友人で儒学者の林羅山が角倉了以を顕彰した碑もあります。

大悲閣千光寺の入口

○二尊院　★★★

京都市右京区嵯峨二尊院門前長神町27

　吉田家、角倉家の一族の墓所で最近発見された吉田光由の墓もここにあります。釈迦と阿弥陀の二如来をまつる寺であり、総門は角倉了以が伏見城から移築しました。ここには鍬を持って立つ角倉了以の銅像があります。大変力強い像で角倉了以の決意が伝わってくる銅像です。この銅像は二代目で最初の銅像は太平洋戦争時に供出され、１９８８年に再建されました。銅像は嵐山公園の中にもあります。

角倉了以像の案内

角倉了以像

○舟番所跡（公立学校共済組合 嵐山保養所花のいえ）　★★

京都市右京区嵯峨天龍寺角倉町９

　渡月橋から近い桂川に面する三条通に角倉了以の舟番所兼邸宅跡があります。大堰川開削後、通行する船の管理のための番所だった場所です。いくつかの建物に分かれていますが、そのひとつ、鬮鳩楼は当時の姿に近く、その入り口には林羅山の書が掲げられています。現在は宿泊施設となっています。

角倉家の邸宅跡

○高瀬川二条苑　★★

京都市中京区木屋町通二条下ル東生洲町484-6

　京の人々に古くから親しまれ愛されてきた高瀬川は、鴨川で取水した後、角倉了以の別邸跡「二条苑」を通り、木屋町通りを横切ったところが源流、起点になっています。この場所が高瀬川運河の一之船入でもあります。角倉了以の庭苑は、山縣有朋の別邸、第三代日本銀行総裁川田小一郎の別邸、安倍市太郎氏の所有を経て、現在は大岩邸として伝わり、「がんこ高瀬川二条苑」という食事処になっています。入口左には角倉了以別邸跡と書かれた石柱があり、店舗の前には角倉邸がありました。現在、日本銀行京都支店になっています。

角倉了以の別邸跡

一之船入跡

4 参考文献

・『角倉了以　この者、只者にあらず』中田由紀子著　致知出版社

・『曳舟の道　京の豪商、角倉了以・素庵物語』濱岡三太郎著　幻冬舎ルネッサンス

　これらの2冊は角倉了以、素庵を中心に吉田家、角倉家を描いた歴史物語です。フィクションの部分もあると思いますが、まとまった文献が少ないため貴重な資料です。

日本の理系学問の祖

吉田光由（よしだ みつよし）

1598-1672年

京都府京都市出身

市川 浩司

「読み、書き、そろばん」にある「そろばん」は室町時代に中国から伝わっていました。最初は武士が戦備えのために兵や武器、兵糧の量、城の建設に関する様々な計算のための道具でした。しかし江戸時代になると、そろばんは一般の人々も使うようになりました。そろばんが庶民に広がるきっかけを作ったのが吉田光由（よしだみつよし）が著した『塵劫記（じんこうき）』です。商業活動が活発になり両替、お金の貸し借りで発生する利息などを計算する必要。このためそろばんを用いた計算方法を解説した『塵劫記』は大ベストセラーになりました。日本全体の算学のレベルを大きく押し上げ、「和算」発展の基盤になった『塵劫記』は数学史上、とても重要な本です。この本の著者、吉田光由について紹介します。

1 なぜこの人を取り上げるか？

数学はエンジニアにとって「言葉」です。すべての分野のエンジニア、医学や経済に関わる多くの職業には必要な学問であり、コミュニケーション手段の一つです。いろいろな現象をモデル化し解明するには数学は必要不可欠です。しかし今、我々が学んでいる数学は、明治維新後に西洋から導入した体系が基盤となっています。では、それ以前の江戸時代に「数学」はなかったのでしょうか？　そうではありません。江戸時代には西欧と肩を並べる「和算」という学問がありました。

江戸時代、多くの子どもは「読み、書き、そろばん」を寺子屋で学んでいました。庶民の教育レベルは西洋に比べて高く、鎖国した江戸時代に算学が高度に発展し、明治以降の社会の急激な発展を支える学問的基盤ができました。

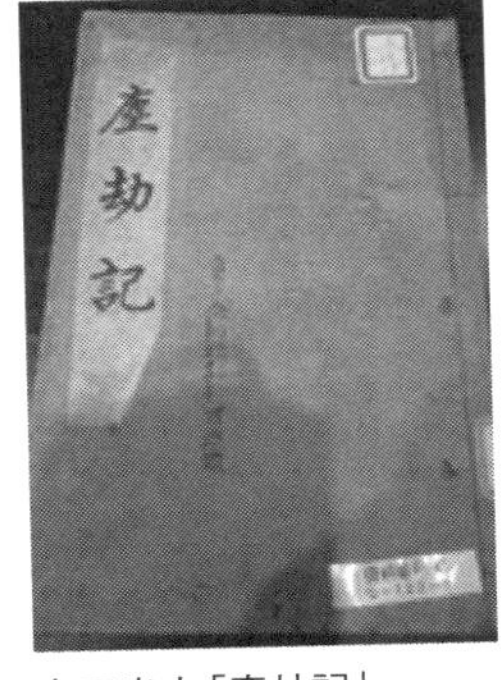

吉田光由「塵劫記」
（日本そろばん資料館蔵）

2 人物紹介

(1) 吉田光由の経歴

吉田光由は京都の豪商吉田家、角倉（すみのくら）家の一人として1598年京都・嵯峨に生まれました。吉田家、角倉家は医者、貿易、水運事業、文化事業の幅広い分野に人物を輩出した京都の豪商です。

吉田光由は毛利重能（もうりしげよし）に師事し算術を学びました。この毛利重能は江戸で算学を教えながら1622年に『割算書』を発表し、京都で「天下一割算指南道場」の看板を掲げた塾を開きました。吉田光由はそこで指導を受けました。

吉田光由はその後、角倉素庵（すみのくらそあん）から中国程大位（ていだいい）の『算法統宗（さんぽうとうそう）』を学んでいます。『算法統宗』は全17巻で構成され、そろばんの使用方法なども記載されています。『塵劫記』の参考にもなったようです。

毛利重能と角倉素庵から教えを受け、自らも算学を研究した吉田光由は1628（寛永5）年、『塵劫記』を発表しました。この『塵劫記』にはいくつかの特徴があります。まず当時珍しい多色刷りでした。このような本が出版できたのは角倉素庵の支援があったとされています。角倉素庵は、1608（慶長13）年から元和年間（1615～24）にかけ本阿弥光悦（ほんあみこうえつ）と共に伊勢物語、徒然草、方丈記を美しく装丁した嵯峨本を出版しています。この印刷技術を活用し、江戸庶民に親しみやすいテーマを扱った『塵劫記』は大ベストセラーとなりました。

(2) 関連技術分野

① 和算発展の礎

『塵劫記』はそろばんの学習内容に加え、日常生活にも役立ちそうな様々な問題が収録されています。小学校の算数で学ぶ鶴亀算、流水算、旅人算などが『塵劫記』に記載されています。さらに三角形や円の面積に関する問題、お金の貸し借りで発生する利子の計算などを扱い、幅広い人たちに受け入れられました。『塵劫記』は「一家に一冊」あったとさえ言われるほど大ベストセラーになりました。しかしながら海賊版も数多く出版され、吉田光由は何度か改定をしています。

『塵劫記』がきっかけで算学ブームになると寺子屋だけでなく、算学を専門に教える塾も多くできました。その算学塾では『塵劫記』がテキストとして用いられましたが、塾の教師の中には十分に理解できていない人もいたようです。吉田光由はそのような状況を憂えたのか、１６４１（寛永18）年に出版された『新篇塵劫記』では出題した問題に解答を記載しませんでした。問題を解く実力がある教師かどうかを見極めるのに利用したのではないかと言われています。解答を示さなかったことで、問題を解いた人が解答本を出版しました。その本では解答のない問題がさらに掲載されました。さらに問題が解けた喜びを神仏に感謝し、解答を額にして神社仏閣に奉納するようになりました。問題を出し、解答し、さらにまた新しい問題を出すこの現象を「遺題継承」と言います。このことで算学の裾野が広がり、西洋にも引けを取らないレベルまで発展する要因となったとされています。

いろいろな塵劫記（日本そろばん資料館蔵）

発掘された木樋—泥樋管とその説明書（二尊院）

② 土木技術者としての吉田光由

吉田光由は、『塵劫記』の出版に前後して、菖蒲谷隧道（角倉隧道とも呼ぶ）の土木工事に兄、光長とともに参加しました。隧道とはトンネルのことです。つまり菖蒲谷隧道とは京見峠を超えた菖蒲谷池の水を北嵯峨に引くためのトンネルです。当時、北嵯峨は水不足で農家は大変苦労していました。この菖蒲谷隧道は高低差約85ｍ、全長２００ｍあり、6年（１６２７～１６３３）かけ寛永10年に完成しました。４００年近くたった今でも北嵯峨に豊富な水を供給しています。トンネル工事は角倉家が進めてきた川の開削工事以上に測量の精度や高度な土木技術が求められたはずです。それが実現できたのも吉田光由の算学の技術と角倉家の経験、資金力によるものでしょう。

(3) 吉田光由の苦悩

菖蒲谷隧道工事の成功、『塵劫記』のベストセラーという大きな2つの功績により、吉田光由の名前は今日、広く知られています。しかし、晩年は名声の中で恵まれた生活を送ったわけではなかったようです。その証左として吉田光由の墓の存在です。角倉家、吉田家の墓所は嵯峨の二尊院にあり、公家の鷹司（たかつかさ）家と共に境内の一番奥にあります。角倉了以（すみのくらりょうい）、素庵（そあん）の墓石は大きく立派ですが、吉田光由の墓は最近まで存在さえ確認できていませんでした。2012年になってようやく角倉家、吉田家の多くの墓石の一つが吉田光由のものであると特定されました。それほど目立つ墓石ではありません。

墓石には何が書かれているかわからず、墓石の文字を削ったのではないかという意見もあるほどです。墓石に「算学」「算動」と刻まれていることが判明し、ようやく吉田光由の墓と特定されました。なぜ菖蒲谷隧道工事を完成させ、そして『塵劫記』が大ベストセラーになり後世に大きな影響を与えた吉田光由には、角倉了以、素庵と並ぶ規模の墓が建っていないのでしょうか？ その理由として、吉田光由はキリシタンであったか、あるいはキリシタンと疑われる可能性があり、後年は目立たないように生活をしていたという意見があります。

江戸幕府は1612（慶長17）年キリシタン禁令を出しました。吉田光由の師の一人である宣教師スピノラは1618（元和4）年に捕らえられ、1622（元和6）年9月10日、長崎立山で火刑に処せられてしまいました。これは「元和の大殉教」と呼ばれ、キリスト教徒55名が火刑、斬首に処せられた日本で最大の殉教事件です。さらに江戸幕府は1629（寛永6）年に絵踏を導入し、キリシタン狩りを実施しました。吉田光由は菖蒲谷隧道の完成後、熊本藩の初代藩主である細川忠利（ほそかわただとし）に算学の指導者として招かれ熊本で生活しています。細川忠利は徳川家からの信頼も厚く、1637（寛永14）年の島原の乱にも出陣しています。細川忠利が当時キリスト教に対してどのように接していたかはわかりませんが、少なくとも島原の乱以後、細川忠利が亡くなる1641（寛永18）年まで吉田光由は熊本で暮らしていたことを考えると、吉田光由にとって熊本はある程度安全な場所であったと考えられます。もっとも後年は熊本に留まらず九州各地を旅していたようです。

吉田光由にはもう一つ墓があります。それは大分県豊後（ぶんご）高田市夷（たかだしえびす）にあり、市の指定史跡となっています。旅の途中、この土地が気に入り、しばらく子どもたちに算学を教えました。

細川忠利の死後、吉田光由は京都に戻りましたが、ではなぜこの地に墓があるのか？二尊院で墓が見つかる以前は、嵯峨では墓が建てられない理由があり、それを憐れに思った弟子が夷の地に墓を立てたのだと言われていました。しかし二尊院の墓が発見されたことにより、2つの墓の関係は謎となっています。2つの墓には共通点があります。まず、キリスト教徒の墓の特徴である上部が三角である点と墓石には何も書かれていないか、書いたものを削り取ってある点です。

京都に戻った吉田光由は後年、失明し、1672（寛文12）年亡くなりました。亡くなる2年前、1670（寛文10）年渋川春海と会ったとされています。どのような会話がされたのかとても興味深いところです。

3　フィールド・ガイド

○常寂光寺　★★★

京都市右京区嵯峨小倉山小倉町3

山門横に『塵劫記』の顕彰碑があります。1596（文禄5）年、角倉家より土地の寄進をうけ、小早川秀秋の支援を得て慶長年間（1596～1615）に開創された寺院です。運慶の作とされる仁王像があります。

常寂光寺にある『塵劫記』の顕彰碑

○二尊院　★★★

京都府京都市右京区嵯峨二尊院門前長神町27

吉田光由の墓のほか、吉田家、角倉家の墓があり、多くの公家の墓所でもあります。境内には角倉隧道の修復工事時に発掘された「木樋―泥樋管」が展示されています。二尊院は釈迦如来、阿弥陀如来の二如来像が並んで拝する寺院です。

二尊院の山門とお墓に通じる石階段

二尊院にある吉田光由の墓（左）と記念碑

○東の共同墓地　★★★

大分県西国東郡香々地町内

二尊院より以前に吉田光由の墓石が発見された場所です。林道から少し山の中に入った共同墓地です。

共同墓地に向かう山道

豊後高田市夷地区にある吉田光由の墓

○そろばん資料館　★★★★

東京都台東区下谷2丁目17 - 4

http://www.soroban.or.jp/howto/museum/

吉田光由の『塵劫記』や様々な塵劫記を手に取ってみることができます。また毛利重能の『割算書』の複製本も展示されています。

○角倉隧道　★★

京都府右京区北嵯峨北ノ段町（北嵯峨会議所内）など

角倉隧道工事を顕彰した碑があります。大覚寺と北嵯峨会議所の間には角倉隧道の場所を示した石柱があります。ここから直指庵までには角倉隧道を流れてきた水路があります。隧道はその奥の山中にあります。

そろばん資料館　文献、資料が豊富
見学には事前申し込みが必要

4 参考文献

・『和算の歴史』平山 諦 著　ちくま学芸文庫
・『日本の数学　西洋の数学』村田全著　ちくま学芸文庫
・『江戸の天才数学者　世界を驚かせた和算家たち』鳴海風 著　新潮社

関孝和（せき こうわ）

?‐1708年

群馬県藤岡市あるいは東京都出身

市川 浩司

1 なぜこの人を取り上げるか？

吉田光由が仕掛けた遺題継承という仕組みが日本中に広まり、算学の普及と発展の原動力になりました。実用から研究領域に発展していく潮流の中心となったのが関孝和です。現在、日本数学会は数学の発展に寄与し学術文化の向上に顕著な貢献をした個人および団体を関孝和賞として顕彰しています。日本の算学を世界レベルに導いた関孝和について紹介します。

(1) 関孝和の経歴

関孝和の出生年は、はっきりしていません。出生地も上野国藤岡（現在の群馬県藤岡市）か、あるいは江戸か、どちらか結論が出ていません。1639（寛永16）年に父、内山七兵衛永明が江戸に移ったとされていますので、それ以前に生まれていたのなら出生地は上野国藤岡ということになります。江戸に移った後、関五郎左衛門の養子になり関の姓を名のるようになりました。

関孝和座像　藤岡市民ホール

2 人物紹介

(2) 和算の誕生

関孝和は吉田光由の『塵劫記』を独学で学びました。関孝和の死後、弟子たちからの伝聞をまとめた『武林隠見録』によりますと、関孝和は、家来たちが読んでいた『塵劫記』に興味を持ち、本を借りると直ちに読み終えてしまったそうです。その後も算学の本を読み続けて、解けない問題はなくなってしまったと書かれています。１６６３年に『算俎』という算学書が出版されています。この本には円に内接する正３２７６８角形から円周率を３・14と計算しています。円と円周率についての研究は20代前半だった関孝和に大いに影響を与えました。

(3) 関孝和の功績

関孝和自身の業績をいくつか挙げてみます。

① 傍書法、点竄術の開発

関孝和自身の著作物『発微算法』（延宝2年、１６７４年）の中で使用された方程式の記述方法が傍書法、点竄術です。

沢口一之が『古今算法記』（寛文11年、１６７１年）で出した遺題を関孝和が解答したのが「発微算法」ですが、関孝和は高次の方程式による解法を発明しました。それまでは天元術といって算盤と算木で計算していましたが、算盤を使用するにはスペースが必要であること、本に記述しにくいといった問題がありました。それを関孝和は書物に記述しやすい方法（所謂、「式」の記述法）である傍書法を発明しました（ただし『発微算法』は傍書法を説明する著書ではないので詳しくは記載されていません）。さらに天元術では1元式しか扱えなかったのが、点竄術は多元高次方程式を扱うことができるようになりました。

この点竄術により「言葉」を得た算学は独自にそして高度に発展する基盤を得ました。洋算において方程式が現在のように記載されるようになったのは、ヴィエタ『解析法入門』（１５９１）やデカルト『幾何学』（１６３７年）からです。鎖国中の江戸時代、「式」を発明した関孝和は、独創的でそして先進的でした。

② 行列式の発見

多元高次方程式による解法を発明した関孝和は、行列や行列式を用いた解法も示しています。その成果を『解隠題之法』『大成算経』で発表しています。

孝和の生誕３５０年を記念した切手の背景には、発明した行列式が描かれています。

関孝和生誕記念切手

③ 円理の追求

円理とは円の面積や円周、球の体積などを扱う幾何学の領域です。当時、最大の課題が円周率を求めることでした。関孝和は渋川春海と同様に暦の作成に興味を持っていたようで、１６８１（延宝９）年頃に暦の計算のために正１３１０７２角形から小数点以下11桁まで円周率を計算しています。その過程においては、小数点以下18桁まで計算したともいわれています。しかも正多角形を用いた計算法ではなく、無限級数の和の公式を用いた数値的加速法（のちのエイトケン加速）を用いた結果であり、この計算法も世界に先駆けた成果でした。しかし関孝和をしても円周率をもとめる一般式までは導出できず、弟子の建部賢弘に研究が引き継がれました。ちなみにＮＡＳＡが軌道計算に用いる円周率は15桁です。

(5) 和算文化

① 和算の問題

和算は、円理、つまり円などを扱った問題が多く残っています。パズルやゲームのような感覚で多くの人が問題を出したり、解答したりしていたのではないでしょうか？　しかし、問題は高度で複雑なものが多く、簡単には解けない問題ばかりです。

たとえば、次の図のような問題があります。これは中学校の教科書にも載った問題で、やや易しい問題です。半径ｒの円が5個あり、その中心が正5角形になっています。この５つの円に接する長方形の辺ＡＢの長さを求めるものです。考えてみてください。

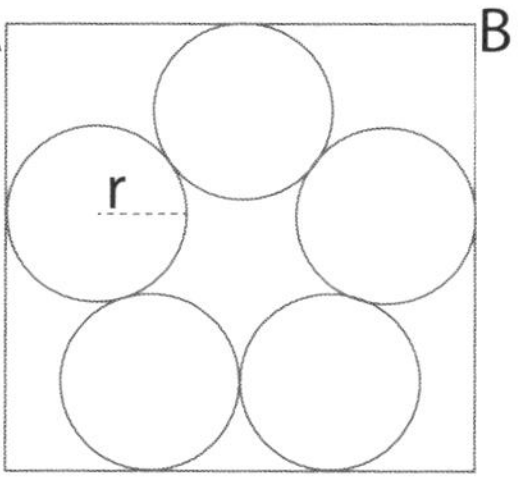

（答え：$(3+\sqrt{5})\,r$）

②**算額**

遺題継承という形で算学が広まり、関孝和以降、算学に流派が生まれ、師匠から認められた人には免許が与えられました。そして流派間の論争もあったようです。算学にも武術や芸術に通じる面もあったのでしょう。しかし、いくら遺題継承といっても一般の人は問題を解いてもなかなか本など出版できません。

一部の人は問題が解けた喜びを神仏に感謝するために解答を額や絵馬（算額）にして奉納する人が出てきました。さらに問題を額にして掲げ世間に解答を問う人、その問題の解答をまた算額にして掲げる人などがいて、遺題継承が出版物のみならず、神社仏閣で「算額」という形で引き継がれていきました。この現象は算額に留まらず、例えば、お墓に問題を刻んだ人もいます。このような文化は他の国にはなく、算学が日本で広く、そして深く浸透していた証であると言えます。

③**和算が与えた影響**

江戸時代、日本で独自に発達した和算ですが、明治維新の西欧化の流れで政府は西欧の数学を取り入れました。明治維新の少し前、幕末においても西欧の航海技術、造船技術を習得するために、長崎海軍伝習所にオランダ人の講師を招聘しました。使用するテキストはオランダ語で書かれていましたので翻訳が必要でした。和訳はそこに書かれた西洋の数学の理解が必要でした。そこで活躍したのが和算家の小野友五郎（おのともごろう）です。和算家として数学の考え方が身についていた小野友五郎は理解が早く、オランダ人講師を驚かせたようです。明治維新後の産業の発展は間違いなく高度に発展していた和算と和算家によるところが大きかったのではないかと思います。

3 フィールド・ガイド

○**浄輪寺**　★★★

東京都新宿区弁天町95

関孝和の墓石は浄輪寺にあり都の指定史跡になっています。横には実兄である内山永貞の墓もあります。

○**光徳寺**　★★★

群馬県藤岡市藤岡2378

生没後250年祭の時に浄輪寺より光徳寺に御霊を迎えて築かれた墓です。その後、昭和58年に墓碑が建てられました。

浄輪寺の門前

関孝和の墓石

一関市博物館

光徳寺の墓所

○**藤岡市民ホール**　★★
群馬県藤岡市藤岡1567番地4
　市民ホールと公園の間、駐車場の横に関孝和の座像と算聖の碑があります。

○**一関市博物館**　★★★
岩手県一関市厳美町字沖野々215
　常設展示で「一関と和算」があり、和算書や関係資料が展示されています。

・各地の算額　★★★
　最も古い算額は栃木県佐野市の星宮神社のもので、1657（明暦3）年のものです。算額は全国の神社仏閣にあります。神社に行って直接見ることができる場合もありますが、宝物館のようなところで展示されているものもあります。算額の表面は色あせて判読が難しい場合も多いですが、復元品の展示や説明資料を配布しているところもあります。そのいくつかを紹介します。

○**一宮神社**
群馬県吾妻郡東吾妻町金井市敷481
　算額が神社に直接掲げられています。問題の図形は分かりますが字は読みにくい状態です。この算額は1872（明治5）年に奉納されたものです。なお、本文の問題はこの算額のものです。

○**金王八幡宮**
東京都渋谷区渋谷3-5-12
　宝物館のガラスケースの中に3枚の算額が展示されていま

す。金王八幡宮は渋川春海をモデルにした「天地明察」に出てくる神社です。

○大國魂神社

東京都府中市宮町３－１

府中の大國魂神社では掲げられた算額の問題と解答を冊子にして配布しています。

■算額の問題

深川英俊：日本の数学史家で海外にも算額の紹介をしています。アメリカの数学者ダン・ペドー（Dan Pedoe）、ダン・ソコロフスキー（Dan Sokolowsky）、トニー・ロスマン（Tony Rothman）との共著で和算や算額を世界に紹介しています。

一宮神社の算額

金王八幡神社の算額

大國魂神社の算額

4 参考文献

・『日本の幾何――何題解けますか？』森北出版
・『日本の数学――何題解けますか？〈下〉三角形・円・楕円などの幾何問題』森北出版
・『算木の家』遠藤寛子著　研成社
・『円周率を計算した男』鳴海風著　新人物文庫
・『和算の歴史』平山諦著　ちくま学芸文庫
・『日本の数学　西洋の数学』村田全著　ちくま学芸文庫
・『江戸の天才数学者　世界を驚かせた和算家たち』鳴海風著　新潮社
・『聖なる数学：算額－世界が注目する江戸文化としての和算』深川英俊著　森北出版
・『和算家物語　関孝和と甲州の門下たち』弦間耕一著　叢文社

渋川（しぶかわ）春海（しゅんかい）

1639‐1715年

京都府京都市出身

岩堀 伸彦

1 なぜこの人を取り上げるか？

いつだったか忘れましたが、暦に興味を持った時期があり、そのきっかけは大安や仏滅などの六曜でした。現代の暦・カレンダーでも六曜が書かれているものがあって、その決め方は旧暦のカレンダーにつながっているということをそのとき知りました。旧暦のカレンダーを見ると、年賀状で「迎春」と書く理由や、3月の節句を桃の節句といい、5月の節句のときにちょうど菖蒲が花咲くころであること、五月晴れのほんとうの意味、「七夕」が秋の季語であることなど、日本人の季節感は旧暦のほうが合っていることが分かってきます。

『天文大意録』鳳晴堂光正著
インターネット上より

江戸時代まではそんな旧暦を使っていました。江戸時代の暦の話ですが、江戸時代初期、それまでは中国の暦法宣明暦（せんみょうれき）を平安時代から800年にもわたってただそのまま使用していたため、大きなずれが生じていました。そのずれは2日にもなり、二十四節気が実際より2日早く記載されるようになり日食月食の予測も外れることもありました。そこで、渋川春海は独自の暦法を江戸幕府に提案し、初めての国産暦「貞享暦（じょうきょうれき）」を作成し、改暦に貢献しました。当時の暦法については朝廷・公家が実権を握っており、改暦は容易なことではありませんでした。

幾度と挫折を繰返しながらも改暦を達成しその後の暦学に大きな影響をもたらしました。

2 人物紹介

(1) 渋川春海の経歴

渋川春海は、1639年12月27日（寛永16年閏11月3日）、幕府の碁方四家（本因坊、井上、林、安井）の一つである安井家安井算哲の長男として、京都四条室町で誕生、幼名を六蔵といいました。

幼いころから父によって碁打ちの教育を受けましたが、1652年、春海が14歳のときに父が亡くなり、家職を継いで二代目安井算哲を名乗り碁所に勤めました。

学問については、儒学や神道の大家である山崎闇斎から朱子学を学び、和算学の池田昌意、医師の岡野井玄貞の門弟となりました。また、陰陽師の土御門泰福から陰陽道を学んでいます。

1659年、20歳で御城碁で初出仕し、本因坊道悦に勝利しています。その後御城碁は1684（天和3）年までの25年間（17局）碁士を務めることとなりました。

同じ年の1659年、山陰・山陽・四国をまわり、各地で太陽の作る影の長さを測り、わが国で初めて緯度・経度を測定してまわりました（当時は緯度という言葉はなく、天の北極の高度を意味する言葉で、北極出地○度という言い方をしていたとのこと）。

1667年、将軍家・幕政と深く関わりを持つ保科正之の招きで会津へ。保科も春海の師であった山崎闇斎から朱子学を学んでいたため顔見知りでもありました。

1673（延宝元）年、北極出地の結果を基に授時暦による改暦を上表します。しかし、1675年の日食では授時暦が予測を外し、宣明暦の予測が正しいという結果になってしまい、このときの改暦は頓挫してしまいます。このことから授時暦にも欠点があると知った春海は、その改良に乗り出しました。春海は、失敗の原因を研究していくうちに中国と日本には里差（経度差）があり、地方時（時差）が起きてしまうということや、近日点が移動するということに気付きました。

この間、1677年には、渋川春海は、日本書紀にある神武天皇以来1684（貞享元）年に至る暦日を記した「日本長暦」（長い年月にわたって暦日をまとめたものを長暦という）を著しました。その内容には毎月の朔、月の大小、閏月が含まれています。これが最初に著された長暦であり、日本の暦学・暦法を研究する上で重要な原典となっています。

1683年、春海は授時暦を日本向けに改良を加えた大和歴による改暦を上表（二回目）しました。このとき春海のほうの暦に記載された月食が起こらず、土御門泰福が改暦の任に就きました。二回目の失敗でした。

1684年、中国の暦を採用すべきとの意見が根強く、春海の暦法は根拠のないものと非難されて、授時暦を一部修正しただけの大統暦が採用されてしまいます。それでも、春海は中国の暦をそのまま採用しても決して日本には適合しないと主張し、大和歴の正確さを立証しました。暦道最高責任者の泰福を説得して3度目の上表によってようやく1684年10月になって、翌年の1685年から大和歴（貞享暦）を採用することが宣下されました。

授時暦に通じていた朱子学の中村惕斎、碁や神道に通じた徳川光圀、土御門泰福ら協力者とつながり、会津藩主保科正之、水戸藩主の水戸光圀の幕府高官に招かれて新しい暦を作成する改暦を進めるなど、春海は様々な方面の人脈を活用し改暦を達成することができました。

1684年、貞享暦採用の功により、春海は碁所をやめて、幕府の初代天文方となりました。以降渋川家がこれを世襲することとなります（春海の姓について、安井家は養子の安井算知が継いだことからのちに保井に改字し、1702［元禄15］年に保井から渋川に改姓しています。また、1692［元禄5］年には幕府から武士の身分が認められたことから助左衛門とも名乗りました）。

1686年、幕府の命令で京都から妻子を伴って出府し江戸の麻布に定住しました。

当初は麻布の私邸で観測をしていましたが、1689（元禄2）年、江戸・本所に天文台用地が与えられ、ここに天文台を建設しました。

1690年には日本で最初の地球儀（直径25㎝）を作りました。1697年にも直径33㎝の地球儀を作っています。1703（元禄16）年、天文台は駿河台小袋町に移されました。その後も天文台は1746（延享3）年には神田佐久間町、1765（明和2）年には牛込袋町（神楽坂光照寺向かい）、1782（天明2）年には浅草片町裏にと転々としました。

1715年、嫡男長男である昔尹が子どもがないまま急死（33歳）すると春海も後を追うように死去しました。渋川家と天文方は春海の弟安井知哲とその次男敬尹が継承しました。

(2) 関連技術分野

1. 当時の改暦に必要な技術

日本独自の暦を作る原点となったのは、春海が作成した「貞享暦」であり、観測に基づく科学的天文暦学を日本で初めて創始し後々まで大きな影響を及ぼすこととなりました。観測器としては中国から輸入された渾天儀を用い、春海自らも渾天儀を改良・考案しながら観測を行ないました。この時代の観測器としては日時計の一種である百刻環や太陽の運行を測定する圭表儀がありました。圭表儀は、太陽が南中した時に、立てた棒の影の長さを測定するもので、冬至点の決定などに用いました。

このように春海は天体観測を重点に置いて授時暦の正確さを研究していましたが、同じように授時暦を研究していた関孝和は計算理論が研究対象であったようです。天体の軌道計算には三角関数が必要で、コンピュータや関数電卓がなかった時代では、詳しい値の三角関数表を作ろうとしました。詳しい三角関数の値を得るためには正確な円周率の値を知る必要がありました。

2. 春海が改暦したあとの天文学（暦学）

春海が改暦した貞享暦のあとは、吉宗の「宝暦暦」、江戸中期の麻田剛立、高橋至時（剛立の弟子であり、天文方。伊能忠敬を弟子とし、全国測量の指導をおこなった）、間重富（剛立の門弟。伊能忠敬の測量を援助した）の「寛政暦」、渋川景佑（高橋至時の次男で第九代天文方）の「天保暦」へ続いていきます。現在で旧暦というと「天保暦」を指します。渋川春海の後の時代の江戸中期の天文学は、大坂で麻田剛立らのアマチュアによる天文学研究が展開したのが特徴です。麻田のもとには多くの弟子が集まり、「麻田学派」とも言うべき研究グループが形成されています。麻田学派のもと完成した「寛政暦」は、太陽と月の運動にケプラーの楕円理論を採用するなど西洋天文学に基づいて作られた日本最初の暦です。

初代渋川春海から始まった天文方は、その内容の一部がのちに、高橋景保（高橋至時の長男。景佑の兄）の提唱による蕃書和解御用、さらにそののちの蕃書調所に発展します。それが現在の東京大学の起源の一つとなりました。

(3) 渋川春海のエピソード

碁の腕前は父より劣ったものの、天文の現象に強く興味を持ち、七歳のころにはすでに太陽や月、星を毎晩一人で観察し、天空上の動きを大人に説明していたという逸話が残っています。14歳で碁の職を継ぎますが、碁の職は一年中仕事があるわけではなく、春から夏の間は職から解放されます。秋から冬にかけては江戸に下って将軍や大名たちの碁の相手をおこないますが、春から夏の間は京都に戻って興味を持っていた暦学や算術などを多くの知識人から学ぶことができました。

はじめでも書きましたが、江戸時代の当時の暦法は、朝廷の公卿が実権を握っており、幕府が改暦するなど容易なことではなく3度目の上奏によってようやく大和暦（貞享暦）が採用されました。春海が作成した暦が日食の予測を外すなど挫折もありましたが、自分の信念を貫き通し、改暦作業に注力しています。

諦めない態度：授時暦導入の失敗にもめげず、その原因を探って、暦を改善させました。

人脈：碁方や神道などを通じて、幕府・朝廷双方の有力者と交流があり、強力な後ろ盾を得ることができました。

3 フィールド・ガイド

○国立科学博物館　★★★

東京都台東区上野公園7-20

日本館1階南翼に春海が作製した紙張子製天球儀、天文成象図、貞享暦、渾天新図が常設展示されています。地球館2階に、江戸時代の科学技術として田中久重の万年時計が展示されており、その近くに、天文と測量に関する展示（常設展示）があります。

○東海寺大山墓地　★

東京都品川区北品川4丁目11-8

現東海寺の寺社殿からは山手通りの反対側の離れた場所にあります。東海道線京浜東北線の線路と、新幹線山手線横須賀線の線路との間の三角地帯となっている場所です。墓地入口には、官営品川硝子製造所跡の史跡があり、この奥、京浜東北線の線路沿いの細い道を歩いていきます。この大山墓地には、ほかに著名人として沢庵和尚、鉄道の父井上勝、賀茂真淵、明治工業の父西村勝三（かつぞう）の墓があります。その中で渋川春海の墓は質素な作りで、新幹線線路沿いにあり、渋川景佑らの墓と一緒に並んでいます。ちなみに島倉千代子の墓もあるようです。いま思えば花が山ほどたむけられていたのがそうだったのかもしれません。

4 参考文献

・『江戸の天文学～渋川春海と江戸時代の科学者たち』中村士監修　角川学芸出版（２０１２）
・『別冊宝島２４９７八百八知恵江戸の科学』鈴木一義監修　宝島社（２０１６）
・『科学史研究』Ｎｏ．２７６　２０１６年１月号　日本科学史学会編集　コスモピア
科学史に関するジャーナルで、渋川春海没後３００年ということで特集が組まれました。
・『星に惹かれた男たち』鳴海風著　日本評論社（２０１４）
鳴海風は元技術者でもあり和算に関係する時代小説を得意とします。
・『天地明察』冲方丁著　角川書店（２００９）
冲方丁が書いた時代小説です。主演岡田准一が渋川春海役となり映画化（２０１２）もされました。物語では渋川春海と関孝和が会っていますが実際はどうだったか分かりません。映画を見るとこの時代にどのように観測・測量をおこなっていたかイメージが分かります。

大畑才蔵（おおはた さいぞう）

1642-1720年

和歌山県橋本市出身

福井 清

1 なぜこの人を取り上げるか？

大畑才蔵は元禄時代、御三家紀州藩北部、紀の川流域の宿場町で、地域行政の役職、現在でいう町役場の農業課、土木課にあたる庄屋の官吏でした。当時として歴史の上で取り上げられるようなエンジニアとしての業績とは無縁の仕事に携わっていました。一方、幼少期から「算数」に長けていたことが注目され、藩から命じられた農業用水の開拓をきっかけに行政官から農業・土木技術者へ活躍の場を広げました。現在、地元和歌山では、「治水事業の神様」としてその功績と技術が長く賞賛されています。

図１　開削した藤崎井、小田井（おたい）[1]

図２　現在の小田井取水設備 (2016.12)

2 人物紹介

(1) 大畑才蔵の経歴

経歴を示す資料は幼少期と、用水開拓に活躍した50歳に分かれます。

若年～地元活躍期

1642（寛永19）年、紀州、伊都郡学文路村に生まれた大畑才蔵ですが、この地域は和歌山から伊勢を結ぶ紀州街道（伊勢街道）、京から高野山を結ぶ高野街道が交わる宿場町としてにぎわっていました。このため、数学などの本も当時としては入手しやすかった背景があります。このように幼いころから数学に長けていた大畑才蔵は、『格致算書』、『因帰算歌』に精通していきました。

1659（万治2）年、18歳で伊都郡奉行、木村七太夫により大庄屋平野作太夫の補佐に任命されます。庄屋の仕事は、土地と作付け石高の管理です。農地の面積の管理は必須の業務になります。1669（万治2）年、28歳で高野山の内分役を命じられます。高野山の寺領と幕府紀州藩との調整に苦労したようです。その後、藩事業・治水事業で活躍を広げ、1687（貞享4）年、46歳で郡奉行命により庄屋となります。

当時、江戸幕府中央政府、地方政府とも元禄時代にさしかかり、財政逼迫が重要な問題に上がってきました。1691（元禄4）年、才蔵50歳の時には紀州藩財政再建・農政改革に取りかかります。55歳の時、農政改革を進める紀州藩で御勘定人　井澤弥惣兵衛為永より地方手代に登用され、新田開発、洪水対策を命じられます。この年、業務遂行のため、測量に必要な水準儀「水盛台」を開発しました。これを活用して、用水の配置、施工のための設計を始め、南部の熊野地区を巡検し、「熊野絵図」を完成させます。55～60歳の時に、同時施工の紀ノ川流域（紀の川市～和歌山市）23kmに藤崎井用水を開削、水田約1千町歩を灌漑します。

1707（宝永4）年、66歳の時には、紀州藩主・徳川吉宗より拝命され、橋本市高野口町から岩出市に至る約30kmの小田井用水の開削に着手します。宝永の関東大地震により工事の中断が頻発しますが、68歳の時までの2年で第一期工事（高野口～紀の川市那賀町）、第二期工事（紀の川市那賀町～打田町）27kmを開削しました。この後、第三期工事（紀の川市打田町～岩出市）5・5kmの完成は享保年間になりますが、

74歳の時、職を辞し、1720（享保5）年、79歳で世を去りました。才蔵は、第三期工事の完成を見ることがありませんでした。（図1、図2参照）

(2) 大畑才蔵の科学技術者としての分野

1．数学知識から土木・治水技術者として

数学に長けていた才蔵が精通した「和算」、現在の数学を紹介しましょう。

『格致算書』[2]は、図3のように現在の小中学校で学ぶ面積の計算、円周率の計算など、当時、土地の測量や面積計算には欠かせないものと考えられます。

『因帰算歌』[3]は、図4のように歌を詠む中に計算式の方法を取り入れています。当時の子どもたちが記憶しやすいように計算の仕方を工夫したものと考えられます。これらの和算について『江戸初期和算選書』[4]に掲載されています。

土木事業に必要な測量は、当時、測量機器の考え方がほとんどありませんでした。しかし3000mで1mの落差で平均的に水を通す水路設計には、測量と角度計算の知識がなければ工事は困難です。

当時「領地指南にみる江戸時代中期の測量術」[5]にある測量技術では高低差を測量できる水準にはなかったようです。

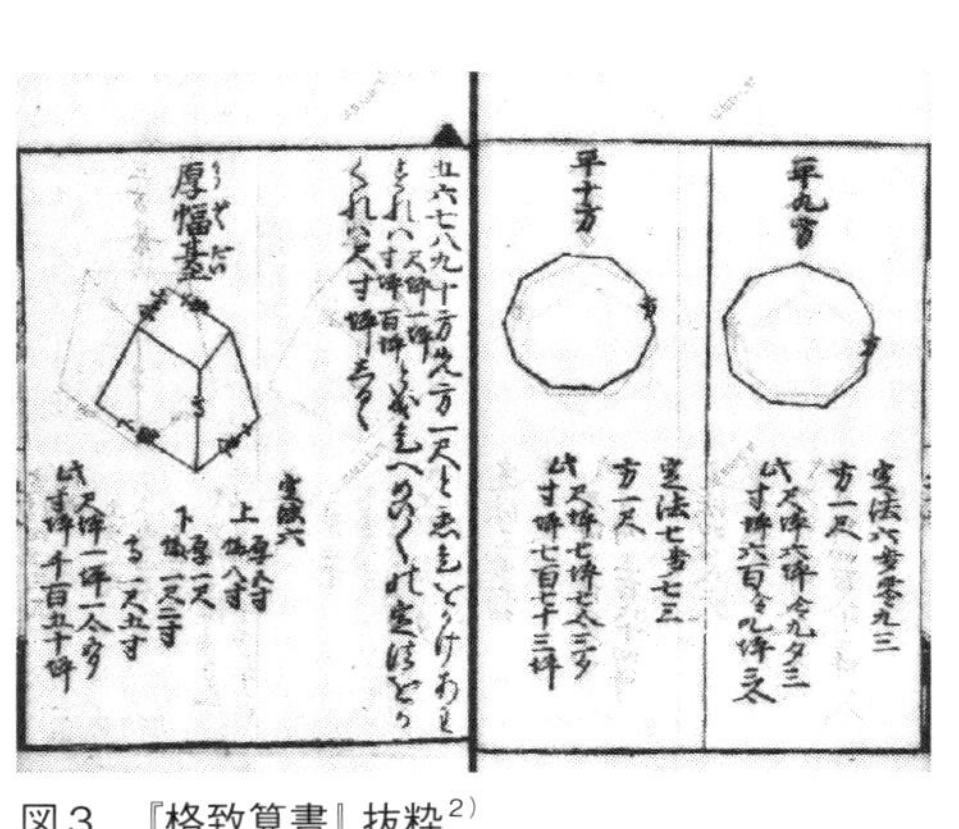

図3　『格致算書』抜粋[2]

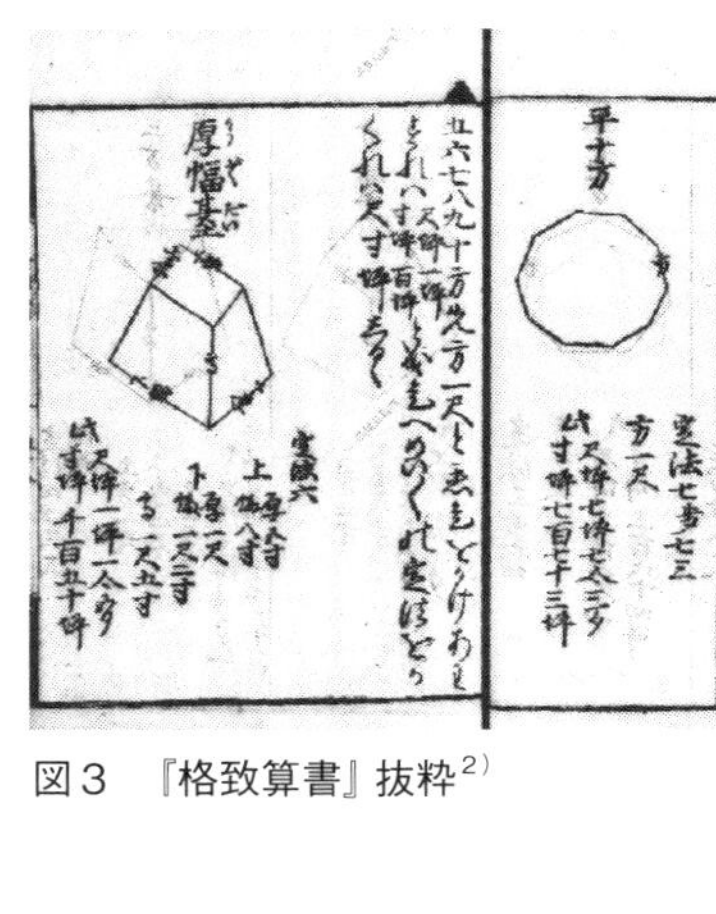

図4　『因帰算歌』抜粋[3]

その理由は、徳川家光の時代の鎖国令による洋書輸入の禁止によって、天文・測量などの学術書の入手が困難であったためです。大畑才蔵が活躍する前の水路の開削は、1653年の玉川上水開削までさかのぼり、当時高低差を測量する技術を示すものはないようです。

図5に、大庄屋の補佐として算術に長けた大畑才蔵が、角度計測のため創造した水盛台を紹介します。長さ3メートルの竹を地面に寝かせた状態で、その節を抜き、竹の中央に孔をあけ、竹を差し込みます。その先端に水を注ぐための五器と呼ばれる漏斗状のものを取付けます。水盛台を水平に設置するために、五器から水を注ぎ、両端の短い竹から同じように水が出れば水平が保てます。

大畑才蔵が開削した小田井の革新的な技術を後のページの図6~図7に示します。

①用水路が河川の底を横断するために、逆サイホン方式による「伏越」(図6)

②用水路が河川の上を横断するために、木製の掛樋による「通水橋」(図7)

③河川の水をせき止め、河川の「水かさ」を上げることで、用水路と河川の水面の高さを等しくし、用水路の水量の補充を行う平面交差

当時としては、革新的な施工技術を編み出しています。

2. 土木技術者から卓越したマネジメントリーダーとして

筆者が注目したのは1707(宝永4)年、紀州藩主・徳川吉宗の命による小田井用水の開削です。とりわけ第一期工事は宝永の関東大地震による工事中断にもかかわらず1709(宝永6)年、2年で高野口町から紀の川市那賀町の間の第一期工事(高野口~紀の川市那賀町)、第二期工事(紀の川市那賀町~打田町)27㎞を完工したことです。

綿密な水路設計と複数の伏越、通水橋など同時に工事を進めるための工夫の動員、兵糧、給与など紀州藩との密接な調整が必要だったと思いをはせます。また、当時の上司にあたる藩御勘定人、井澤弥惣兵衛為永や、藩主・徳川吉宗とのやり取りはどのようなものであったのでしょうか。江戸中期、元禄から享保年間の間という、歴史上、とりわけ地方の歴史の情報が少ない中での困難さが想像されます。

3. 後世の水利、土木技術への発展

吉宗は紀州藩で活躍した井澤弥惣兵衛為永(1654~1738年)を江戸へ招き、大畑才蔵の紀州流の土木技術を拡大しました。武蔵国の見沼干拓、見沼代用水開削、多摩川

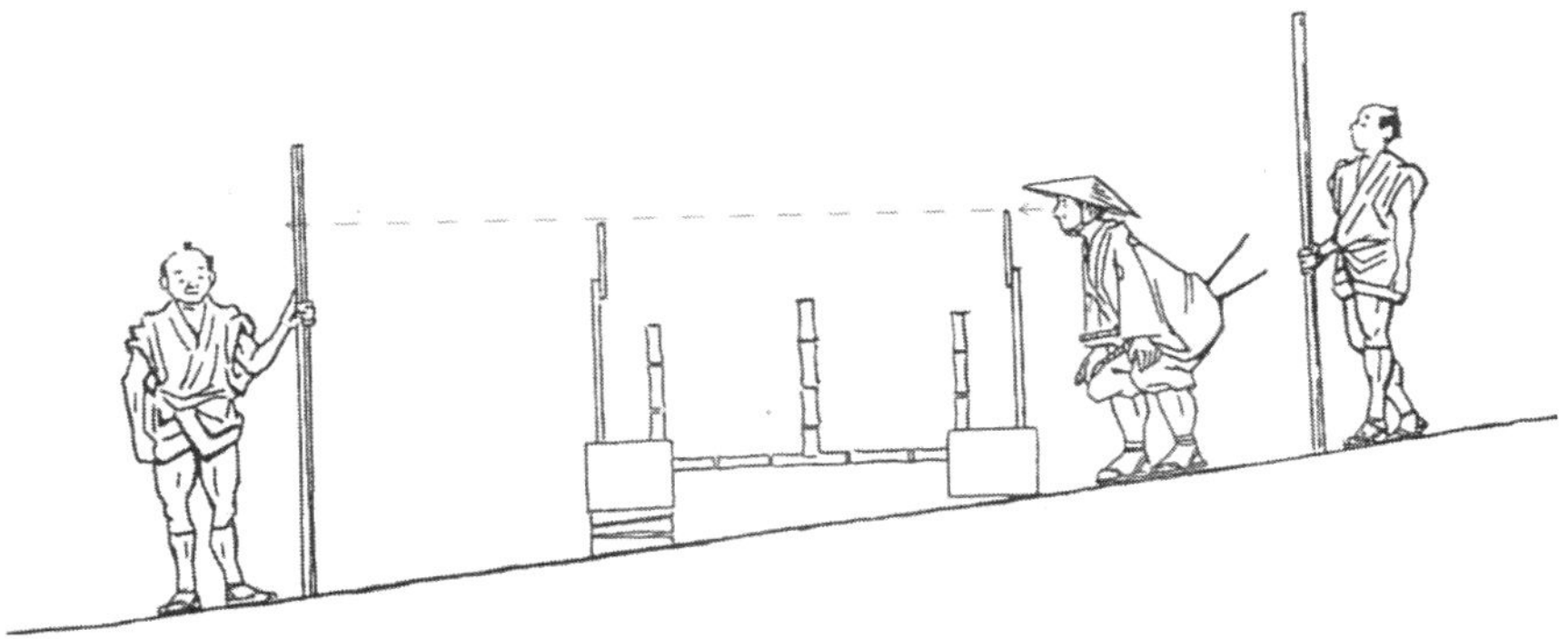

図５　水盛台　作業絵図　（橋本市郷土資料館）

①．伏越（サイホン方式）の模式

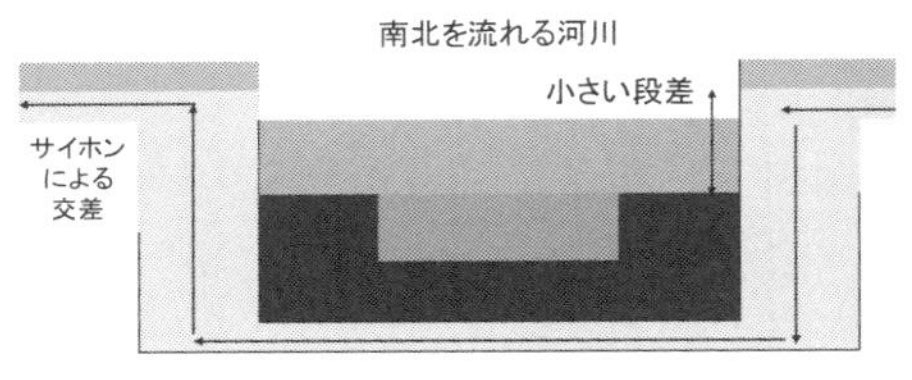

図６．伏越の模式図と現地

紀ノ川市内の現地写真

「イ」上流で伏越に吸い込まれ
「ロ」川底を潜って
「ハ」下流側に抜ける
ＪＲ和歌山線名手駅の北側

②．通水橋の模式図

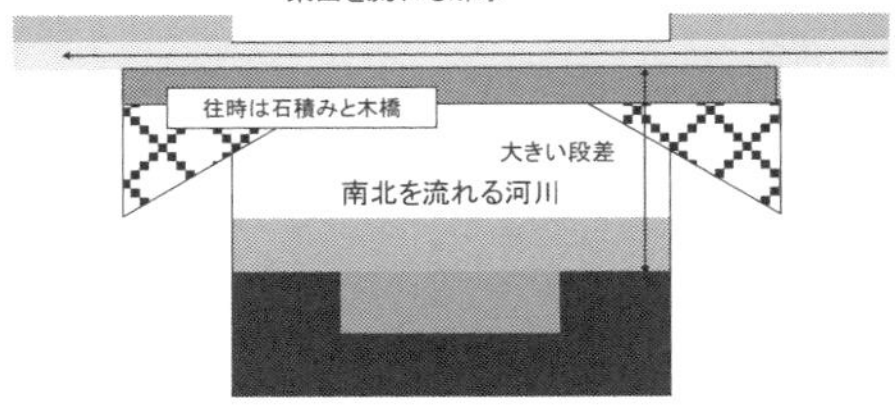

図７．通水橋の模式図と現地

紀ノ川市内の現地写真

ＪＲ和歌山線西笠田駅の西側

改修、下総国の手賀沼の新田開発、木曽三川の改修計画などがあります[6]。彼、井澤弥惣兵衛為永は「水の匠」「水の司」[7]として語り継がれることになりますが、その「源流」は大畑才蔵、徳川吉宗と築いた紀州紀ノ川流域の画期的な水路開削にあったと考えます。

3 フィールド・ガイド

○**小田井取水設備（図2）** ★★
和歌山県橋本市高野口町小田

○**伏越（図6）** ★
和歌山県紀の川市王子

○**通水橋（図7）** ★
和歌山県紀の川市西野山

○**顕彰碑** ★
和歌山県紀の川市粉河2787粉

4 参考文献

1） https://search.yahoo.co.jp/image/search?rkf=2&ei=UTF-8&p=%E5%A4%A7%E7%95%91%E6%89%8D%E8%94%B5#mode%3Ddetail%26index%3D23%26st%3D518

2）『格致算書』
http://base1.nijl.ac.jp/iview/Frame.jsp?DB_ID=G0003917KTM&C_CODE=XSI6-002003

3）『因帰算歌』
http://edb.kulib.kyoto-u.ac.jp/tenjikai/2003/zuroku/pdf/3.pdf#search=%27%E5%9B%A0%E5%B8%B0%E7%AE%97%E6%AD%8C%27

4）『江戸初期和算選書』研成社

5）「領地指南に見る江戸時代中期の測量術」信州大学：吉澤孝和

6）井奈良彦：農業土木学会誌 47．4（1979）p．283

7）『水の匠・水の司―〝紀州流〟治水・利水の祖 井澤弥惣兵衛』高崎哲郎著 など

伊能（いのう）忠敬（ただたか）

1745-1818年

千葉県山武郡九十九里町出身

中瀬 敬子

1 なぜこの人を取り上げるか?

皆さんは定年後の第二の人生をどのように生きますか？今から約200年前、平均寿命が45歳だった頃、伊能忠敬は50歳を過ぎてから第二の人生で日本中を約5千万歩、地球一周分に相当する距離を徒歩で測量し、日本初の日本全国の地図を作り上げました。

私達が伊能忠敬の生き方を通して、充実した第二の人生を過ごすためのヒントを学びたいと思います。

伊能忠敬旧宅

2 人物紹介

(1) 伊能忠敬の経歴

伊能忠敬の経歴は現役時代と隠居後の第二の人生に大きく分けることができます。

現役時代

伊能忠敬は、1745年に上総国山辺郡小関村（現在の千葉県山武郡九十九里町）で生まれ、17歳で下総国香取郡佐原村の伊能家に婿養子として迎えられました。当時の伊能家の資産は3億円程度でしたが、忠敬は隠居するまでに資産を20倍以上にまで増やしただけに留まらず、利根川の工事などに尽力した功績が認められ、名字帯刀を許されました。佐原の利便性を活かし、関東地方が不作の際には大坂からコメを買い付け、近隣には安価で卸し、民の困窮を救ったため、佐原では打ち壊しや一揆は起きませんでした。小野川沿いには忠敬が設計した母屋が現存し、公開されています。

隠居後、第二の人生

忠敬は隠居後、江戸の深川黒江町（現在の江東区深川）に移り住み、19歳年下の高橋至時（たかはしよしとき）に弟子入りをし、浅草の暦局で暦学や天文学に勤しみました。

当時、日本では地球が球体であることは知られていましたが、その形状や大きさはわかっていませんでした。天文観測の結果から深川の自宅から浅草の暦局までの緯度の差が1分半であることがわかっていたので地球の大きさを推定するために、自宅と暦局の間の距離を歩測し、１６３１ｍ（実際は１８４９ｍ）を算出しました。

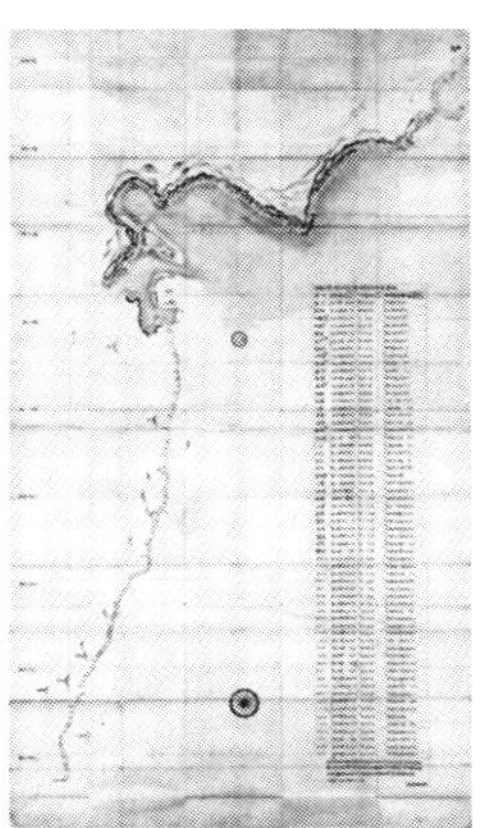

寛政十二年測量小図（伊能忠敬記念館所蔵）
1800（寛政12）年に伊能忠敬が最初に測量してつくった実測図

忠敬は至時にこの結果を報告したところ、至時から緯度1分の距離は江戸と蝦夷地までの距離から算出すべきであると指摘されたので、蝦夷地の地図を作成するという建前で蝦夷地測量を行ない、その成果を大図21枚、小図1枚にまとめました。

この時、忠敬は55歳。１８１８年に74歳で死去するまで、17年間で日本全国を10回測量しました。

忠敬の死後、１８２１年に高橋景保（たかはしかげやす）は大日本沿海輿地全図（だいにほんえんかいよちぜんず）と大日本沿海実録を幕府に提出しましたが、伊能図は秘密図として紅葉山文庫に保管され、明治になるまで公開されることはありませんでした。しかし、高橋景保はシーボルトから世界周航記を譲り受けた代わりに、伊能図の写しを渡しました。このことが発覚し、伊能図は没収され、景保は獄死、シーボルトは永久追放となりましたが、密かに写しを作り、国外に持ち出し、帰国後に著書『日本』の中で伊能図を紹介しています。源空寺には徳富蘇峰（とくとみそほう）のシーボルト記念碑があり、その裏面には著書『日本』の一部分が抜粋されています。

（2）関連技術分野

測量という言葉の語源（測天量地）に注目して、伊能忠敬の業績を振り返ってみましょう。

1．測量

日本各地の村単位では治水などの測量・土木工事、築城や検地などの必要性から実測した地図はありましたが、実測値に基づいた日本地図はなく、地球上における日本の形、大きさ、位置が忠敬により初めて明らかになりました。

第一回の測量では、江戸から蝦夷地（根室の近くの別海）まで往復3200kmを約半年かけて、日中は歩測、夜は象限儀を用いて恒星の高度を測定し、蝦夷地での測量成果として伊能図を作成しました。この伊能図に感心した幕府は、忠敬に測量を命じ、以後、全10回、17年間、日本全国の測量が続けられました。

忠敬の測量方法は、導線法、交会法とよばれる初歩的な技術でしたが、当時の測量機器である方位盤や象限儀に工夫を加え、精度を高めました。

2．天文

忠敬が伊能図を製作する間に徳川吉宗の科学顧問であった数学者・建部賢弘は広範囲の地図を製作するために天文学を用いることを提唱しましたが、実際に天文学を用いて測量を行なったのは忠敬が初めてでした。

忠敬は観測地点の緯度を測定するために北極星など20－30個の恒星を観測し、その平均を取りました。伊能図をよく見ると、天文観測を行なった場所には朱色の側線の近くに☆印が記載されています。

伊能図　中図　富士山付近
（伊能忠敬記念館所蔵）

間縄（撮影協力：国立科学博物館）

わんか羅鍼（杖先方位盤・小方位盤）（伊能忠敬記念館所蔵）

象限儀（伊能忠敬記念館所蔵）

3．地図

当時は地図の原図を1枚製作し、これを写すのが一般的でしたが、忠敬は正確に複写するために初めから針穴を使って下図を描き、その針穴を使って複数の地図を製作しました。伊能図をよく見ると複数の針穴があるのはそのためです。

3 フィールド・ガイド

○国立科学博物館・上野本館　★★★

東京都台東区上野公園7-20

幾つかのフロアに分かれて、測量器具、地球儀、和時計などが展示されています。

○源空寺　★★

東京都台東区東上野6丁目19-2

佐藤一斎による墓碑銘が3面にわたって漢文で記載された忠敬の墓があります。その隣には師匠である高橋至時の墓があり、至時の子でシーボルト事件で獄死した景保の墓と、シーボルトが日本について記載した書籍の一節がドイツ語と日本語で記載された石碑も設置されています。

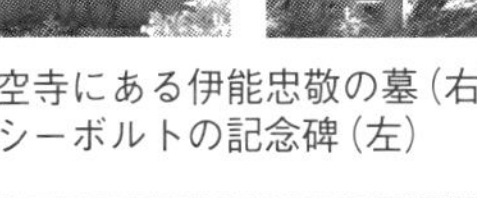

源空寺にある伊能忠敬の墓（右）とシーボルトの記念碑（左）

○富岡八幡宮　★★

東京都江東区富岡1-20-3

忠敬は測量に出かける前には富岡八幡宮を必ず参拝していました。鳥居の近くには忠敬の像とともに伊能忠敬・測量開始200年を記念し、日本のGPS基準点となる「三等三角点」が設置されています。

○芝公園　伊能忠敬測地遺功表　★

港区芝公園一・二・三・四丁目

明治以降、忠敬の業績が高く評価され、1833年に正四

富岡八幡にある伊能忠敬像

位の贈位が行なわれ１８８９年に青銅製の遺功表が建立されました。しかし戦時中に金属拠出で撤去され、１９６５年に現在の遺功表が建てられました。

○高輪大木戸跡　★

東京都港区高輪２丁目19

忠敬は江戸の入り口である東海道・高輪の大木戸を起点として測量を行ないました。当時は東海道の両側に石垣が設置されていましたが、現在は東側の石垣が残っています。

○伊能忠敬記念館　★★★

千葉県香取市佐原イ１７２２-１

子どもから大人までが伊能忠敬の生涯を楽しく学べるように映像と展示を用いてわかりやすく説明しています。

○重要文化財・伊能忠敬旧宅　★★

千葉県香取市佐原イ１９００-１ 伊能忠敬旧宅

伊能忠敬記念館の対岸にあり、伊能忠敬が設計した母屋の内部が公開されています。

○伊能忠敬像　★

千葉県香取市佐原イ１７７１（佐原公園内）

○観福寺　★

千葉県香取市牧野１７５２

○国立歴史民俗博物館　★★★

千葉県佐倉市城内町１１７

伊能図やシーボルト図だけでなく、当時の数学や医学に関する資料などが展示されており、当時の科学技術のレベルを知ることができます。

○鹿山文庫　★★★

千葉県佐倉市鍋山町18

天明３年に作成された世界地図をはじめ、日本初の蘭和辞典「ハルマ和解（わげ）」をはじめとする辞書や医学書などの書籍類を中心に展示しています。

○伊能忠敬銚子測量記念碑　★

千葉県銚子市潮見町地先　銚子マリーナ海水浴場内

○犬若　★

千葉県銚子市犬若

忠敬は測量日誌に銚子の犬若から富士山を測量したと記載しており、現在でも富士山の頂上と屏風ヶ浦を同じ高さに見ることができます。

伊能忠敬銚子測量地点（銚子マリーナ海水浴場・駐車場付近）

犬岩（富士山観測地点）

4 参考文献

・国立国会図書館

大日本沿海輿地全図（伊能図）の画像は下記のURLにて公開されています。

http://www.ndl.go.jp/exhibit/50/html/wb39-6/mokuji.html

■伊能忠敬に関してより深く知りたい方向け

・『伊能忠敬の全国測量』渡辺一郎編著（２０１５年）
・『改訂増補版　伊能忠敬の地図をよむ』渡辺一郎、鈴木純子著（２０１０年）
・『日本史ブックレット　伊能忠敬　日本をはじめて測った愚直の人』星埜由尚著（２０１３年）
・『新しい伊能忠敬　一農民・一商人から地理学者へ』川村優著（２０１４年）
・『天と地を量った男』岡崎ひでたか著（小学生向け）（２００３年）
・『伊能忠敬』水郷佐原観光協会

■江戸時代の科学技術全般について深く知りたい方向け

・『江戸の理系力』洋泉社編集部編（２０１４年）
・『江戸の科学大図鑑』河童書房新社（２０１６年）
・『八百八知恵　江戸の科学』鈴木一義監修（２０１６年）

松浦（まつうら）武四郎（たけしろう）（弘（ひろむ））

1818 - 1888年　三重県松阪市出身

都築 正詞

もう一つ、この本で取り上げた理由は、多くの著作、収集品、遺品が現存し、直に目にすることができるからです。

1 なぜこの人を取り上げるか？

北海道人（ほっかいどうじん）、多氣志楼（たけしろう）、雲津（うんしん）（出身地名に因む）、馬角斎（ばかくさい）（開拓判官を辞職後に使用）などいくつもの雅号を持つ文化人…江戸時代の科学者を紹介する本で、なぜ、松浦武四郎を取り上げるのか?と疑問に思われる方も多いでしょう。

旅行家、探検家、好古家、作家、出版者として紹介されることはあっても、どこにも科学者とはありません。

しかし、彼が各地を調査した記録には、地理学、植物学、民俗学的見地が強く反映され、彼の集めた骨董品には考古学的な価値が認められ、そこに科学の眼が感じられます。

２０１８年に北海道は１５０周年を迎え、道内各地で松浦武四郎がとり上げられました。彼が先住民族の文化と言語にもとづく地理的意味を込めて地名として残した功績が、その地の記念に相応しい人物とされたものと思います。

松浦武四郎の写真
（松浦武四郎記念館提供）

2 人物紹介

(1) 松浦武四郎　年譜

〝出生から諸国遍歴〟

松浦武四郎は、１８１８年に伊勢国一志郡須川村（現在の三重県松阪市小野江町、当時は和歌山藩の領地）で、村をまとめる郷士であった松浦家の第四子として生まれます。生家は伊勢神宮を目指す多くの旅人が行き交う伊勢街道沿いにありました。この年は日本全図を作った伊能忠敬の没年です。

7歳（年齢は数え歳で表記、以下同じ）から近くの「真覚寺」で読み書きを学びます。『名所図会』を愛読したと言います。１８３０年、13歳の時には「文政のおかげ参り」が起こり５００万人とも言われる参拝客が伊勢神宮を目指すのを目の当たりにしたはずです。

この年からの3年は津藩の儒学者・平松楽斎（後の「天保の飢饉」では、『食草便覧』などを著し民生家として救済に活躍、学者として、梁川星巌、大塩平八郎とも交流）に学ぶも、16歳で「江戸・京・大坂・長崎・唐又わ天竺へても行候か……」との手紙を残し家出、江戸から連れ戻されます。

17歳に改めて東北から九州まで全国を巡る旅に出ます。旅の途中21歳のとき長崎で大病を患い、病の治癒後は出家して僧「文桂」として平戸「千光寺」で僧侶を務めます。この間にも、壱岐、対馬に渡り朝鮮半島を目指そうとしますが、鎖国のため果たせなかったようです。

１８４３年、26歳になり、長崎でロシアの南下政策により蝦夷地に進出しようとしている話を聞き、蝦夷地の調査に向かう決意をして、17歳以来の郷里に戻り還俗します。

〝全6回にわたる蝦夷地調査へ〟

１８４５年、28歳の時に1回目の蝦夷地調査（函館⇓森⇓有珠⇓室蘭⇓様似⇓広尾⇓釧路⇓厚岸⇓知床⇓根室⇓函館）、翌１８４６年に2回目の蝦夷地調査（江差⇓積丹⇓宗谷⇓南樺太⇓紋別⇓知床⇓利尻・礼文⇓千歳⇓江差）、さらに１８４９年には3回目の蝦夷地調査（函館から船で国後島、択捉島）を、いずれも個人として行ないます。

この間、江差では頼三樹三郎（頼山陽の子、昌平黌で佐藤一斎を師とし梁川星巌に詩文を学ぶ、１８５９年に「安政の大獄」で死罪）と親しくなり、武四郎が印を彫り三樹三郎が詩を担当し「一日百印百詩の会」を催します。

また、吉田松陰（長州藩士。佐久間象山のもとで学び、

1852年に脱藩、武四郎とは再度の江戸留学中に知り合い国防問題などを論じる。ペリー来航時密航を企てるも失敗、「松下村塾」を開くが1859年の「安政の大獄」で死罪)、水戸藩の藤田東湖とも交友を結んでいます。

3回にわたる蝦夷地渡航をまとめた日誌は江戸で評判となり、水戸藩を通じて幕府に献上されます。1854年に「日露和親条約」を締結した幕府は、さらに蝦夷地の山川地理を詳しく調べて新しい道を通すため、武四郎にさらなる蝦夷地調査を命じます。

こうして幕府蝦夷御用御雇となり1856年に第4回(函館⇓宗谷⇓樺太⇓宗谷⇓紋別⇓厚岸⇓襟裳⇓函館)、1857年には第5回(函館⇓石狩⇓上川⇓天塩⇓函館)、1858年、41歳で最終となる第6回(長万部⇓有珠⇓空知⇓十勝⇓釧路⇓阿寒⇓網走⇓斜里⇓弟子屈⇓塘路⇓厚岸⇓根室⇓知床⇓宗谷⇓天塩⇓留萌⇓増毛⇓石狩⇓鵡川⇓襟裳岬⇓虻田)の蝦夷地調査が行なわれます。

“明治政府登用の頃”

1868年に明治維新を迎え、武四郎は大久保利通の推挙により新政府に登用され、国分け・群分けと国名・郡名を付けることに尽くします。武四郎は蝦夷地の名前として「北加伊道」などの6つを挙げます。これを参考に「北海道」が採択されます(カイの音はアイヌがこの地を呼ぶ名から採った……と武四郎はその理由を付しています)。

翌1869年、開拓使ができる(初代長官は佐賀藩主・鍋島直正)と開拓判官に任じられ従五位に叙せられます。同じ判官仲間の島義勇(佐賀藩出身、佐藤一斎に学び、藤田東湖と交友、侍従・秋田県令を歴任の後、1874年「佐賀の乱」で挙兵し敗れ刑死)とも交友を持ちます。新政府の開拓政策に落胆して、間もなく開拓判官の職を辞します。

“骨董収集の晩年”

開拓判官を辞職した後は、趣味の骨董品を収集し、天神信仰の銅鏡や石標を各地に奉納します。珍しい好古物を集めた図録『撥雲余興』(1877年)、『撥雲余興　二集』(1882年)も出版しています。

68歳から三重県と奈良県の境にある大台ケ原に登り、探査、開拓を進めます。

70歳を前に、全国各地の社寺の古材などで用材を集めて自宅に畳一畳分の書斎「一畳敷」を作ります。

70歳で、富士山に登り、これが最後の登山になります。

1888(明治21)年、71歳でこの世を去ります。

（2）関連技術分野

地理学者として…

武四郎の調査以前にも間宮林蔵、伊能忠敬ら多くの探検家たちが蝦夷地を訪れ地図を残していますが、武四郎の地図『東西蝦夷山川地理取調図』は内陸部の地形がケバで描かれ、川の流れと地名が非常に多く記され、情報量の多さで際立っています。その結果、道内各地に地形、河川、動植物など土地柄を反映したアイヌの呼び名が数多く伝わりました。

民俗学者として…

諸国より集まるお伊勢参りの人々を目の当たりにして育ち、山岳信仰にも親しんだ生い立ちゆえ、蝦夷地調査でアイヌと寝食を共にし、異民族文化をよく理解する一流のフィールドワーカーだったのでしょう。先住民と同じ目線で心から交流し、彼らの知恵を得て蝦夷地の情報を収集し、後にはアイヌの処遇に憤る和人（シャモ）となったと察せられます。

考古学者として……

武四郎の骨董品コレクションで特に目を引くのが「肖像写真」「武四郎涅槃図」でも武四郎が首に掛けている大首飾りです。縄文時代の硬玉（翡翠）の大珠、弥生時代の勾玉、古代の水晶や瑪瑙、古墳時代のガラス製の勾玉、管玉、丸玉や金環・銀環が、アイヌの風習にある装飾品の形を取りながらも歴史的な価値にも優れた一品です。

その他には、多くの仏像が含まれますが、これも神仏分離令による廃仏毀釈の中で貴重な文化遺産を守りたかったのだと思います。同じように一畳敷に用いた古材も、寺院が壊される時代だったからこそ収集されたものだと思います。

（3）その他エピソード

◆短かった開拓判官

「北海道の名付け親」として広く知られる武四郎ですが、開拓使を勤めたのはわずか半年間のことで、この間に蝦夷地＝北海道に足を踏み入れることもありませんでした。

彼は、道名・国名・郡名の選定に尽力しましたが、アイヌの扱いなど北海道開拓政策が自らの意にそぐわず、わずか在任8カ月で開拓判官を辞職し、従五位も返上してしまいます。

◆残された貴重な遺品

大量の著書や手紙は、武四郎の実家（松阪・松浦家）と武四郎の直系（東京・松浦家）で保管されてきました。松阪・

松浦家では土蔵に大切に収納される一方、東京・松浦家は、関東大震災と東京空襲で2度にわたって全焼しています。それでも貴重な資料が残されているのは、関東大震災の時には紀州徳川家の南葵文庫に貸し出されていて消失を免れ、戦時中は栃木県佐野市に疎開させて戦禍を免れたからです。

また「一畳敷」書斎も、「死せば毀ちて此材にて亡骸を焼き」との武四郎の遺言にもかかわらず貴重な文化遺産として残されました。1908年には麻布の南葵文庫に移築され、1924年には紀州徳川家の移転に伴い代々木上原の誠和園に、1936年に三鷹の泰山荘へと移設され、1940年には中島飛行機（現スバル）の所有となり、1950年に国際基督教大学（ICU）が取得して現在に至ります。

一畳敷書斎

松浦武四郎誕生地
（松浦武四郎記念館提供）

3 フィールド・ガイド

基本情報……松浦武四郎の遺品が集約管理されている場所

○松浦武四郎記念館　★★★

三重県松阪市小野江町383番地

松浦家で代々保存されてきた武四郎ゆかりの資料を展示。

※松阪市街から少し離れた雲出川の畔といった場所です。

○一畳敷書斎　★★

東京都三鷹市大沢国際基督教大学キャンパス内

1886年、武四郎が五軒町の自宅の片隅に造った書斎で、法隆寺、熊野本宮、伊勢神宮外宮、春日大社、東福寺、久能山など全国の社寺の白鳳時代から江戸時代後期にわたる古材を譲り受け組み上げたものが移築され現存しています。

（日本各地にある松浦武四郎の活躍、ゆかりの足跡）

○松浦武四郎誕生地　★★

三重県松阪市小野江町321番地

武四郎の誕生地、築約200年になります。前を通る道は「伊勢参宮街道」で多くの旅人が行き交いました。

○北海道命名之地　★★

北海道音威子府村筬島地区天塩川流域

天塩川がゆったりと流れる川岸で、武四郎がここでアイヌの長にアイヌ民族が自分たちを「カイノ」と呼ぶことを聞き、蝦夷地の呼称を「北加伊道」とする提案に繋がった地です。

○墓所　★

東京都豊島区駒込染井霊園1種ロ10号2側

武四郎の墓所、ソメイヨシノで知られる霊園です。

○松浦武四郎碑（分骨碑）　★★

奈良県吉野郡上北山村西大台ナゴヤ谷

武四郎が大台ケ原を開拓した記念碑、分骨を納骨。

北海道命名之地（と著者）

4 参考文献

◆松浦武四郎の著書あるいはプロデュースから

・『初航蝦夷日誌』全12巻、『再航蝦夷日誌』全15巻、『三航蝦夷日誌』全8巻（松浦武四郎著、1850年完成）。

・『近世蝦夷人物誌』：アイヌの実像を伝えるルポルタージュ、幕府にも明治政府にも出版は許されず、活字になったのは完成から65年、没後24年のこと（松浦武四郎著、1857年完成、1922年明治末年雑誌『世界』で連載）

・『北海道人樹下午睡図（武四郎涅槃図）』：武四郎自身が亡くなる時の姿を交流のあった画家の河鍋暁斎に描いてもらったもの、武四郎は大好きだった人々や物、動物に囲まれている（河鍋暁斎筆、1886年）

・『木片勧進』：「一畳敷」の書斎の紹介とこれに用いた古材由緒をまとめたもの（松浦武四郎著、1887年）

二足の草鞋を履く雪の殿様

土井利位（どいとしつら）

1789〜1848年
愛知県刈谷市出身

西欧では1611年、天文学者・ケプラーによって雪の結晶が六角形であることが示され、1855年には英国の気象学者・グレイシャーが緻密な雪の観察図を纏めた頃、日本では1832年に寺社奉行、大坂城代、京都所司代、老中などを歴任し、雪の殿様で知られる古河藩藩主・土井利位（44歳）は、長年にわたる多忙な公務の傍らに行なった雪の観察記録の成果として、日本最初の雪の自然科学書である雪華図説を出版しました。

この図説は将軍への献上品として用いられただけでなく、大名や重臣には雪華模様を施した印籠などが贈呈されました。さらに古河から江戸の庶民の間では、雪華模様が一大ブームとなり、着物や小物などの装飾に取り入れ、現在に至っています。

北海道大学の中谷宇吉郎博士は、博士が撮影した雪の結晶の顕微鏡写真と雪華図説の観察図を比較した結果、雪華図説は優れた研究成果であると高く評価しています。

雪華図説には、肉眼で雪の結晶を観測する際には熱伝導率の低い黒塗りの漆器を用いるなど、具体的な観察方法を記載しており、利位が物理学の知識を活用しながら観察を行なっていたと考えられています。

（中瀬　敬子）

日本の近代土木工学のパイオニア

田辺朔郎（たなべさくろう）

1861〜1944年
東京市根津愛染町出身

1861年、江戸で生まれた朔郎は、高島秋帆門下の洋式砲術家の父、孫次郎を幼いころに亡くし、岩倉遣欧使節団の外務一等書記官の叔父の田辺太一のもとに移りました。彼の後ろ盾で朔郎は15歳で工部大学校へ進み、工部大学校で書き上げた卒業論文「琵琶湖疏水工事の計画」が京都府知事の北垣国道の目に止まります。北垣の要請で京都府御用掛として琵琶湖疏水の工事に従事し、1890年に琵琶湖疏水を、1891年に日本初の水力発電所を完成させます。

重要な土木工事の多くが外国人技師に任されていた明治時代初期に、琵琶湖疏水工事を指揮し、測量から設計、施工までを日本人の手によって行なわれた日本初の近代的大土木事業を完成させました。

土木工事用の重機などはなく、ほとんどの作業を人力で行ない、大量のレンガは自営の工場を建設し用意しました。当時日本最長の第1トンネルにおいて、トンネル工事として日本で初めて「竪坑（たてこう＝シャフト）工法」を取り入れました。地表から垂直に掘り下げた竪穴を掘り、到達点から横に掘り進んでいく工法を実現し、工期の短縮と空気、日光を確保していました。第1竪坑は深さ約47mにおよび、所々に足場を設け、今のエレベータに当たる人力巻上機を竪坑上部に使用し人や物を上下に移動させました。

（福井　清）

2 生物、植物、食物分野の技術者

蘭学の祖

青木昆陽（あおきこんよう）

1698-1769年

東京都中央区出身

折田 伸昭

1 なぜこの人を取り上げるか？

青木昆陽といえば、江戸時代にサツマイモの栽培に成功して関東に広め、飢饉から多くの命を救った人物として知られています。しかし、彼が時代劇で有名な大岡越前守（おおおかえちぜんのかみ）によって町人から幕府の役人に取り立てられたことや、徳川吉宗（とくがわよしむね）の命でオランダ語を学び蘭学の開祖となったことはあまり知られていません。

関東でのサツマイモ栽培という当時の農業の一大事業を成功させた昆陽の資質はどのように育まれたのか？　今も「芋神さま」や「甘藷先生（かんしょせんせい）」として青木昆陽が慕われている背景には何があるのか？　ここでは、青木昆陽がサツマイモ栽培以外にも残した優れた業績も紹介します。

子どもの頃に寺子屋で読み書き算盤を習った昆陽が最終的に学者として幕府の役人にもなった江戸時代の教育水準の高さや、江戸の人々の飢饉への畏れと町人の出であった昆陽への親しみを感じていただければと思います。

昆陽神社「昆陽先生甘藷試作之地」の石碑（千葉・幕張）

2 人物紹介

(1) 略歴

青木昆陽は元禄11（１６９８）年、江戸日本橋の魚屋の一人息子として生まれたと言われています。本名は敦書。幼い時から寺子屋で読み書き算盤を習いますが、次第に学問を志すようになります。本を読むことが大好きで、「文蔵」という通称で呼ばれていました。22歳の時、京都の儒学者である伊藤東涯の古義堂に入門して儒学、本草学を学びます。

27歳で江戸に塾を開きますが、享保18（１７３３）年、南町奉行・大岡越前守忠相に取り立てられ、幕府の書物の閲覧を許されます。享保20（１７３５）年、「蕃薯考」を発表し、8代将軍・徳川吉宗に飢饉対策用に甘藷（サツマイモ）の栽培を進言。九十九里と、現在の千葉市花見川区幕張で栽培を始め、苦労の末に試作に成功しました。元文元（１７３６）年、薩摩芋御用掛を拝命し、元文4（１７３９）年には御書物御用達を拝命し幕臣となりました。

その後、徳川家旧領の古文書を調査し、在野の家蔵文書を収集して由緒書を研究。収集した文書を分類して書写し、『諸州古文書』としてまとめました。さらに吉宗の命によってオランダ通詞からオランダ語を学び、『和蘭話訳』（１７４３）、『和蘭文字略考』（１７４６頃）を著しました。こうして得たオランダ語の知識が、門人の前野良沢に継承され、解体新書の翻訳にはじまる蘭学の発展に繋がっていきました。

晩年は富士山を望む景勝地の目黒を好み、大鳥神社裏に別荘を構えて隠居所としました。明和6（１７６９）年、72歳で亡くなり、墓は瀧泉寺（目黒不動）にあります。

(2) 科学技術分野

1. 儒学、本草学

青木昆陽が伊藤東涯の元で学んだ本草学は、病に効果のある動植物の研究を主とする学問です。どんな動植物がどんな病の治療に効果があるのかを調べたり、薬草の栽培方法などを研究している中で、昆陽は甘藷のことを知ったと言われています。

江戸に戻った昆陽は、この本草学の知識を駆使して、病気の父親のために薬を調合したり、大岡越前に取り立てられてからは、飢饉の際の代用食物（救荒食物）について調査し、飢饉対策用にサツマイモ栽培を進言しました。この時に書かれたのが『蕃薯考』ですが、苦労の末に試作に成功した後には、庶民向けのサツマイモ栽培マニュアルである『甘藷記』も著しています。

2. 蘭学

海外の物産に関心を示した徳川吉宗は、享保5（1720）年、キリスト教に関係のない漢訳洋書の輸入を解禁しました。当時、オランダ語の学習は、長崎出島のオランダ商館で通訳や貿易事務などに従事したオランダ通詞（つうじ）に限られていました。しかし、オランダ書に興味を持った吉宗は、元文5（1740）年頃に昆陽と医師の野呂元丈（のろげんじょう）にオランダ語の学習を命じます。それまで読み書きを禁じられていたオランダ語の学習が、どれほど大変だったかは想像に難くありません。

オランダ通詞は長崎奉行に属する世襲制の地役人で、1年に一度、オランダ商館長一行が将軍への拝礼に江戸へ参府する折に同行し、通訳を行なっていました。昆陽もはじめは江戸でオランダ通詞からオランダ語を学び、延享元（1744）年から2年間は長崎に遊学してオランダ語を学びますが、辞書もない時代で400語程しか習得できなかったようです。

その後、江戸に戻ってからも十数年にわたってオランダ語の学習を続け、『和蘭文訳』、『和蘭文字略考』を著しました。これらはオランダ語の辞書や学習入門書にあたるものです。また、晩年の随筆集『昆陽漫録』（1763）では、天文学・暦学に関する単語の説明の中で、西洋の天文学の優秀さを率直に褒めるなど、蘭学の知識も豊富に見られます。昆陽は西洋の学問に関する研究書は著していませんが、多くの漢訳洋書やオランダ書を読んでさまざまな西洋の知識を吸収していたと思われ、それが次代の蘭学発展の礎となったことは確かです。

3. サツマイモ栽培

享保の大飢饉（1732）は西日本を中心に1万2000人とも言われる（一説には数十万人とも）餓死者を出し、江戸では米価が高騰し、市中で打ち壊しが多発しました。大岡越前の要請で昆陽は『本草綱目』をはじめ、凶作の対策について書かれた書物を読み漁り、飢饉の際に栽培する作物を徹底的に調べました。そしてサツマイモの栽培を進言します。サツマイモは当時、九州では栽培が始まっていましたが、江戸ではまだ未知の作物でした。

昆陽の書いた『蕃藷考』には、サツマイモが持つ13の優れた効能と、穀物の代わりとなることや、風雨やイナゴの害を受けないことも記されていました。

しかし、サツマイモの試作成功までには、多くの困難がありました。一つ目は栽培方法。当時から江戸では、里芋や長芋の栽培はすでに行なわれていましたが、その栽培方法は土の中に穴を掘り、直接種芋を埋めて育てるというものでした。

一方サツマイモは、まず種芋を植え、そこから生えてきた蔓を切り、地中に埋めると、その蔓が根を張り、やがて芋ができるという具合で手間のかかるものでした。

二つ目が、試験栽培を行なう場所の確保。当時は、サツマイモには「毒がある」との俗言があり、試験栽培の土地を貸してくれるものがありませんでした。窮地の中、大岡越前の助けにより、江戸・小石川にある幕府直轄の薬草園、九十九里にある大岡の土地と幕張、何とか3箇所の試験栽培地を確保することができました。

そして三つ目は栽培時期。昆陽は、苗を植える適切な時期が彼岸過ぎであることを導き出しますが、江戸の冬の厳しい寒さのため、保管していた種芋に霜が降り、その水分によって大半が傷んでしまいました。１５００個の種芋の中から何とか無事であった５００個の種芋をより分け、彼岸が過ぎた頃、種芋を植えます。

大切な芋がイノシシに食べられないよう畑の四方を柵で囲い、そのすぐそばで寝泊まりし、24時間監視を続けたと言われています。およそ3週間後、種芋は蔓を伸ばし、この蔓を苗として畑に植え付け、ようやく栽培に成功しました。

こうして関東にサツマイモが普及したおかげで、後の天明の大飢饉（１７８２〜１７８７）では多くの江戸庶民が餓死から救われました。

このように、青木昆陽と言えばサツマイモに関するエピソードが有名ですが、彼がオランダ語を学び始めたのは40歳を過ぎてから。それまでの儒学や本草学とは全く異なる学問分野に挑戦し、晩年も弟子にオランダ語を教え続けたことが、後の蘭学の発展に繋がります。

子どもの頃に好きになった学問を生涯続けることで次代を拓く教育者となったことが、青木昆陽の最大の業績だと言えるでしょう。

3 フィールド・ガイド

○青木昆陽甘藷試作地　★★

千葉市花見川区幕張町4-598-1

○昆陽神社　★

千葉市花見川区幕張町4-803

青木昆陽が甘藷の試作を行なった千葉市花見川区幕張（京成幕張駅の近く）には、昆陽を祀った昆陽神社と甘藷試作地

青木昆陽の墓

の石碑が建っています。昆陽神社は現在、京成千葉線と総武本線の地下をくぐる県道57号線の上が新しい境内となっており、その横には幕張昆陽地下道と名付けられた地下道があります。

幕張の甘藷試作地は千葉県指定史跡となっており、昆陽神社の脇の住宅街の中に「昆陽先生甘藷試作之地」の石碑がひっそりと佇んでいます。

○青木昆陽墓（国指定史跡）　★★

東京都目黒区下目黒3-5　瀧泉寺墓地

○瀧泉寺（目黒不動）　★

東京都目黒区下目黒3-20-26

青木昆陽の墓は瀧泉寺（目黒不動）の墓地にあります。瀧泉寺を訪れると、仁王門の脇にそびえる巨大な銀杏の木と甘藷先生の石碑が目に入ります。本堂裏手の墓地にあるお墓にはサツマイモが供えられており、昆陽が今も甘藷先生として親しまれ、芋神さまとして大切にされていることがわかります。目黒不動は江戸時代から行楽地として賑わった場所で、今も毎年10月28日には「甘藷まつり」が盛大に催されます。また、付近の大鳥神社の「酉の市」（11月の酉の日）も有名です。

この他に九十九里、小石川植物園にも青木昆陽甘藷試作地跡はあります。興味のある方は訪ねてみてください。

○青木昆陽不動堂甘藷試作地　★
千葉県山武郡九十九里町不動堂

○小石川植物園甘藷試作跡　★
東京都文京区白山３-７-１

○長崎屋跡　★
東京都中央区日本橋室町４-４-10

長崎屋は、オランダ商館長一行が江戸へ参府した際の定宿でした。ＪＲ新日本橋駅４番出口の脇には、長崎屋跡のプレートが掲げられています。当時の長崎屋は西洋文明に触れられる江戸で唯一の窓口であり、青木昆陽をはじめ、杉田玄白・平賀源内など、多くの学者や文化人などが訪れました。

4　参考文献

・THE 歴史列伝 #53「江戸のサツマイモ先生　青木昆陽」
http://www.bs-tbs.co.jp/retsuden/bknm/53.html
・長崎大学薬学部　長崎薬学史の研究
http://www.ph.nagasaki-u.ac.jp/history/research/material/material1.html
・国立国会図書館　江戸時代の日蘭交流
http://www.ndl.go.jp/nichiran/index.html
・『堀留夜話』～大江戸物語～　エピソード
http://horika.co.jp/episode.html
・蘭学事始　浅原義雄
http://sucra.saitama-u.ac.jp/modules/xoonips/download.php/atomi-KJ00006033261.pdf?file_id=17580
・『福井県史』通史編4　近世二
http://www.archives.pref.fukui.jp/fukui/07/kenshi/T4/T4-00.htm
・国立天文台三鷹図書室　貴重資料展示室
http://library.nao.ac.jp/kichou/open/048/
・『江戸期のナチュラリスト（朝日選書３６３）』木村陽二郎著　朝日新聞社（１９８８年）
・『年譜　青木昆陽伝』青木七男著（２００４年）
・『青木昆陽　伝記、事蹟』青木七男著（２０１２年）

伊藤(いとう)　圭介(けいすけ)

1803-1901年

愛知県名古屋市出身　川島　卓也

1　なぜこの人を取り上げるか？

筆者は愛知県名古屋市出身で、名古屋市立名城小学校を卒業しています。今から四十年前の当時、この小学校では、伊藤圭介の生家の近くであるということで、「伊藤圭介先生の歌」が歌われていました。その歌詞は次のようでした。

きのね　いわがね　よじのぼり
みやまの　おくに　わけいりて
たぐいも　まれの　くさきをば
まなびの　みちの　ためにとて
あつめし　かづは　いくまんしゅ

この歌の歌詞の中に圭介の業績のほとんどが示されていると言っていいと思います。筆者は、この歌を諳んじて歌えますが、当時の校長先生が伝えた圭介の業績にも心惹かれ、科学者の道を志したと言っても過言ではありません。

伊藤圭介は、江戸時代後期から明治中期までの約100年の間を生き、日本古来の本草学と、江戸時代中期に始まった蘭学、そして幕末の洋学を親和させることに重要な役割を演じた人物で、日本植物学の始祖といっていい人物です。

2　人物紹介

(1)　伊藤圭介の経歴

伊藤圭介は、1803（享和3）年、町医者の西山玄道の次男として名古屋呉服町に生まれました。幼き頃より父兄に従って儒学と医学とを学び、尾張本草学者の水谷豊文(ほうぶん)（助六）に師事して本草学についても造詣を深めました。

1820（文政3）年、17歳で医業を開きました。18歳の時、京都に遊学し、藤林普山に蘭学を学びました。1826年、23歳の時、圭介は、熱田の宮宿でシーボルトと会見しました。ここから、シーボルトの熱心な誘いを受けて、1827年、長崎に赴き、シーボルトに植物学を学びました。これが圭介の学者として飛躍する契機となりました。この時、シーボルトが開いた鳴滝塾の塾頭は、高野長英であり、以後、圭介は高野と親交を持つことになりました。圭介は翌年3月にシーボルトの元を辞しました。それから1年経たずしてシーボルト事件が起きています。

その後、27歳の時、『泰西本草名疏』を訳述刊行しました。ここで、おしべ、めしべ、花粉という言葉をはじめて使用しました。以後、『日本産物志』『日本植物図説草部』等、多くの著作を残しました。

また医者としては、種痘を始めた功績があります。1852（嘉永5）年、50歳の時、尾張藩主から種痘法取調を命ぜられました。

1870（明治3）年、68歳の頃、明治政府の要請を受けて東京に転居します。1881年、旧制東京大学教授に任ぜられ、1888年、85歳の時、日本で初めて理学博士の学位を受けました。1901年、98歳で逝去しました。

(2) 伊藤圭介の科学技術者としての分野

18世紀までの日本の本草学は、中国本草学書の漢名に和名を当てはめる程度の学問でした。圭介の師である尾張本草学の盟主であった水谷豊文は、そこに採集、品評、討論という実証的考察を加えたことで本草学を進化させていました。

このような学究環境を背景に、1827（文政10）年から1828年にかけて、圭介は、シーボルトに学び西洋的な学術考究の素養を深めました。主に植物学を学び、シーボルトの標本作製に協力しました。圭介が採集した植物には、圭介の名前が学名としてあるものが多いのです。次頁の表に圭介の名を学名につけた主な植物を示します。

また、幕末という時代背景から、尾張藩より重用され、蘭学者として加農砲を鋳造し藩主に献じました。さらに火薬の研究も行なっています。

表　伊藤圭介の名を学名につけた主な植物

和名	科名	学名
しもばしら	しそ科	Keiskea japonica Miquel.
ひかげつつじ	つつじ科	Rhododendron keiskei Miquel.
いわちどり	らん科	Amitostigma keiskei Schltr.
いわなんてん	つつじ科	Leucothoe keiskei Miquel.
おおびらんじ	なでしこ科	Silene keiskei Miquel.
すずらん	ゆり科	Convallaria keiskei Miquel.
ゆきわりいちげ	きんぽうげ科	Anemone keiskeana T.Ito.
せりばしおがま	ごまのはぐさ科	Pedicularis keiskei Franch et Savant.
いぬよもぎ	きく科	Artemisia keiskeana Miquel.
あぜとうな	きく科	Crepidiastrum keiskeanum Nakai
まるばすみれ	すみれ科	Viola keiskei Miquel.

3 フィールド・ガイド

伊藤圭介先生誕生之地碑

○伊藤圭介先生誕生之地碑　★★★

愛知県名古屋市中区丸の内3‐10

圭介の生家は太平洋戦争末期の空襲で焼失し、現在その地に、碑が立っています。

○名古屋市立丸の内小学校　★★

愛知県名古屋市中区丸の内3‐3‐35

伊藤圭介生誕地から北へ100メートルほど行くと丸の内小学校があります。名城小学校の正門を入ってすぐの所の中庭に圭介の銅像があり、その周りは植物で囲まれ、圭介の発見したシモバシラも植えられています。小学校は関係者以外立ち入り禁止ですが、正門の外から見ることができます。

○旭園跡地　★

愛知県名古屋市中区錦‐14

伊藤は、１８５８（安政５）年、別荘の旭園を開設しました。この庭で様々な植物を育て、薬草園となっていました。２０１２年まで碑がありましたが、今は撤去されてありません。ここは、薬品会が開かれた尾張医学館（現在の中区錦２丁目19付近）に近く、応援のための場所でもありました。

○東山動植物園（伊藤圭介記念室）　★★★

愛知県名古屋市千種区東山元町３‐70

東山動植物園の植物会館に伊藤圭介記念室があります。ここに伊藤の業績が端的に示されています。圭介の長崎行の日記である『瓊浦游紀』や訳書『泰西本草名疏』を展示しています。

○宮の渡し公園　★★

愛知県名古屋市熱田区内田町ほか

宮の渡し公園は、江戸時代に旧東海道の桑名までの海路「七里の渡し」の船着き場であった所を、公園として整備した場所です。当時のものを再現した常夜燈や時の鐘を見ることができます。常夜燈は、１６５４（承応３）年から、現在の位置にありましたが、その後荒廃して、１９５５年に復元されました。時の鐘は、１６７６（延宝４）年熱田蔵福寺に建設されたものを、１９８３年に復元したものです。

伊藤圭介先生銅像
（丸の内小学校内）

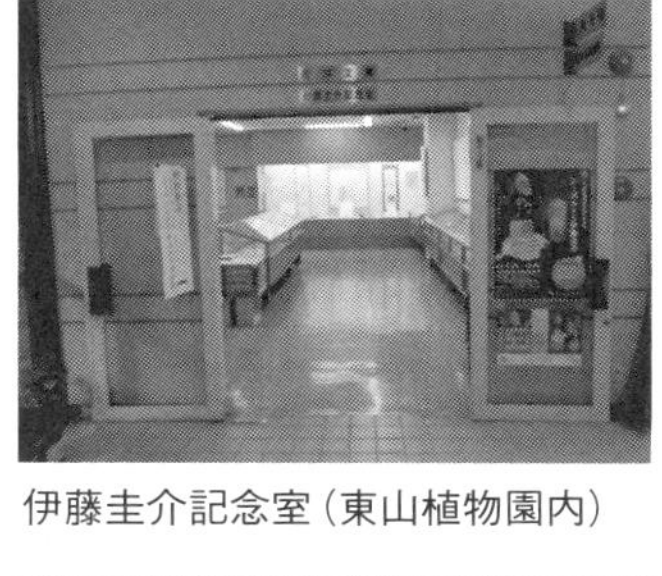

伊藤圭介記念室（東山植物園内）

宮の渡し公園にある
常夜燈（中央）時の鐘（左側）

○鶴舞公園（伊藤圭介銅像）★

愛知県名古屋市昭和区鶴舞1‐1‐168

鶴舞公園は、1909年に、名古屋市が最初に設置した公園として開園した総合公園です。サクラ、バラ、ハナショウブなどの花の名所として有名です。この鶴舞公園内にある鶴舞中央図書館前に、晩年の伊藤圭介の座った姿の全身銅像が設置されています。

○平和公園（伊藤圭介之碑）★

愛知県名古屋市千種区平和公園1ほか

名古屋市が墓園として整備した平和公園に伊藤圭介之碑があります。碑の場所は、猫ヶ洞池付近の光勝院募域にあります。この碑には満月梅花図が彫られています。

伊藤圭介銅像（鶴舞中央図書館前）

○シーボルト邸跡（鳴滝塾跡）★★

長崎県長崎市鳴滝2

シーボルトの名声を慕って多くの人々が集まったため、長崎奉行は鳴滝に塾舎をかまえ、教授することを許可しました。シーボルトはオランダ通詞中山作三郎が所有していた別荘を購入し、そこで弟子たちに講義を行ないました。その邸宅跡であり、隣接してシーボルト記念館が建てられています。

○伊藤圭介住宅跡 ★

東京都文京区本郷4

1870年、明治政府から大学出仕を仰せ付けられ、東京に転居しました。その1年後、圭介は、本郷真砂町の本妙寺坂沿いに住居を構えました。現在は、圭介が住んだ痕跡は何もありません。

○小石川植物園 ★★

東京都文京区白山3‐7‐1

小石川植物園は、1684（貞享元）年に、徳川幕府が設けた「小石川御薬園」が前身です。1721（享保6）年、8代将軍吉宗の頃、御薬園が御殿地全体に拡張され、面積約4万5千坪のほぼ現在の植物園の形となりました。

大木となったユリノキ（小石川植物園内）

圭介が晩年に勤務した小石川植物園には、圭介が種子から育てたユリノキが大木になっており、圭介の時代から、多くの年月が過ぎたことが感じられます。

○谷中霊園 ★

東京都台東区谷中7-5-24

圭介の墓は、谷中霊園乙8号6側にあります。1メートル以上ある大きな墓であり、正面に「従四位勲三等理学博士男爵伊藤先生墓」と大きく書かれています。

その他

名古屋市内には、昭和区の吹上小学校にも銅像があります。

伊藤圭介先生の墓（谷中霊園）

4 参考文献

・『人物叢書伊藤圭介』杉本勲著　吉川弘文館（1960年）
・『伊藤圭介日記』第1～20集　伊藤圭介著　圭介文書研究会編　名古屋市東山植物園発行（1995～2010年）
・名古屋市博物館編　「伊藤圭介と尾張本草学」（図録）2001
・名古屋市東山植物園編　「伊藤圭介の生涯とその業績」（図録）2003

将軍にも認められた園芸プロデューサー

伊藤伊兵衛（三代目三之丞）

1676〜1757年
東京都豊島区出身

ソメイヨシノのソメイは、江戸染井村に因みます。有名人が数多く眠る染井霊園でも知られる地域です。ソメイヨシノ誕生の経緯は謎に包まれていますが、染井村の植木職人によって、自然にできた雑種が増やされ広まったと考えられます。

中国から茶の木を盗み出しインドを茶の大産地したプラントハンター、ロバート・フォーチュンが、染井を訪問した際に驚き称えたように、日本の園芸技術は世界最先端を走っていました。その中心にいた人物が伊藤伊兵衛だったのです。当代一の植木屋として知られた伊兵衛は、江戸でツツジを大流行させました。栽培や増殖技術だけでなく、宣伝にも長けていたからです。335品種ものツツジとサツキについてイラスト入りで解説し、それぞれの栽培方法をまとめた『錦繡枕』。さらに園芸植物全般についての解説書である『花壇地錦抄』を見れば、植木屋のイメージが覆るでしょう。伊兵衛の屋敷の庭は、9代将軍家重が訪問したほどでした。

伊兵衛は1736年には、幕府から根を与えられたチョウセンニンジンの栽培にも取り組みました。まだまだ超貴重な時期にですから、褒美というよりも栽培技術の腕を見込まれてのことでしょう。

息子の四代目伊藤伊兵衛政武も優れた植木屋として知られ、多種多様なカエデの品種を大流行させています。

（竹下 大学）

幕府の隠密との噂もあるプラントハンター

植村左平次

1695〜1777年
三重県松阪市出身

植村左平次は徳川吉宗が将軍になった際に、江戸に随行した紀伊藩の御庭番でした。御庭番とは、殿様の身近で庭の管理だけでなく隠密としても活動する仕事です。

1716年、22歳で江戸城本丸の御庭番となった左平次は、その後採薬使として頭角を現します。医者や本草学者からではなく、珍しく御庭番から採薬使に登用されていることをみても、左平次は抜きんでた栽培技術を有していたのでしょう。

1720年に駒場御薬園が開設された際には、初代管理者に就いています。御薬園の整備をしながら、全国各地で薬草を探し求め、採集した薬草の栽培と増殖に取り組みました。採集、検分、指導のための出張はとても多く、毎年100日は地方を歩き回っています。左平次は、これを60歳近くまで続け、『諸州採薬記』にまとめました。

中央本線塩山駅前には甘草屋敷（旧高野家住宅）があります。甘草は栽培がとても難しい薬草で、その栽培に成功した高野家は幕府に上納することで年貢を免除されていました。ところが1723年に左平次が検分に来た際に、ほとんどの株を江戸に持ち帰ってしまったとする記録が残されています。

息子左源次は駒場薬園の管理を引き継ぐとともに、田村藍水をサポートして朝鮮人参の安定供給に貢献しました。

（竹下 大学）

日本の本草学の完成させた集大成者

小野蘭山（おのらんざん）

1729～1810年
京都府上京区出身

小野蘭山は、シーボルトに「日本のリンネ」と称されたほどの本草学者です。13歳で松岡恕庵（じょあん）の弟子になった蘭山でしたが、18歳で恕庵を亡くした後は、独学で日本の本草学を完成させました。

虚弱体質だった蘭山は、25歳で京都に私塾「衆芳軒」を開きました。当時は、師は秘伝を高額で弟子に売るのが当たり前。しかし蘭山は薬については秘伝を作らないポリシーを貫きました。こうした対応によって、蘭山のもとには弟子を通じた全国の情報が集積し、人脈のハブにもなっていったのです。

蘭山に一大転機が訪れたのは71歳の時。幕府唯一の医学専門校であった江戸の医学館に、教師として招聘されたのです。肩書は前代未聞の「物産者」でした。73歳から77歳にかけては、それまで一度もしたことがない長期の採薬旅を6回も行なっています。60歳の頃には丈夫な身体を誇ったそうですから、本草学の効果を自ら体現して見せたともいえるでしょう。75歳では『本草綱目啓蒙』48巻を出版。これは日本の動植鉱物の1882種についてすべて文字で著した講義録で、国内の本草を初めて網羅した一大博物誌となりました。

蘭山は82歳で亡くなりましたが、死の2日前まで講義を行ない、育てた弟子の数は1000人を超えたと伝えられています。

（竹下 大学）

蒟蒻の製法にイノベーションを起こした神様

中島藤右衛門（なかじまとうえもん）

1745～1825年
茨城県常陸大宮市出身

蒟蒻の産地というとすぐに群馬県を思いつきますが、現在皆さんが普通に食べている形の蒟蒻の製造法発祥の地は、茨城県奥久慈地方だったのです。それ以前は、蒟蒻芋の状態で腐りやすく運搬には不向きで、商品価値が低いものでした。この蒟蒻をどうにかして保存・持ち運びに便利になるように開発したのが、この地に生まれた中島藤右衛門でした。彼はあるとき蒟蒻芋が鍬に当たり粉が付いていたことから蒟蒻を粉にすることを発想します。ここから15年余の研究を経て粉蒟蒻の製法を開発、1776（安永5）年に完成しました。このとき藤右衛門は32歳。その後蒟蒻は水戸藩代表する特産物の一つとなり藩の財政を潤し、藤右衛門は、藩から功績が認められ、名字帯刀裃着用が許されました。奥久慈地方では、藤右衛門講なるものが興り人々が集い、また、久慈郡大子町には蒟蒻神社なるものがあり、藤右衛門が農耕神として祀られています。それだけ彼が開発した製法は画期的なものでした。

一方、同じころ、奥久慈地方では、蒟蒻を保存する別の試みもなされており、凍み蒟蒻が開発されています。寒村でも何とかして食料を得ようとする昔の人の努力がうかがえます。

（岩堀 伸彦）

南方(みなかた) 熊楠(くまぐす)

1867～1941年
和歌山県和歌山市出身

南方熊楠は、慶応3年＝江戸時代最後の年に生まれました。中学を卒業して上京、明治17年に大学予備門（今の東京大学）に入学するものの中退、明治19年の暮れに自由な学問のできる新天地を求めて渡米、さらに明治25年より渡英、日本に帰国するのは明治33（1900）年のことになります。

帰国後は、和歌山、熊野、田辺に住まい、植物や菌類を採集・研究して、海外学術誌に投稿を続けます。昭和4年、昭和天皇の南紀行幸の折には、戦艦「長門」艦上でご進講、粘菌標本をキャラメル箱に入れて献上したとの逸話が残ります。

また最近になって、「南方曼荼羅」と呼ばれる森羅万象を（物質と精神までも）一つに扱う熊楠独自の考え方が注目されています。因・果・縁、萃点(すいてん)、物・心・事・理、偶然と必然、顕在と潜在、やりあて…などに通底する思想を以て解き明かしていくことに興味を抱く人も多いのではないでしょうか？

その活躍は明治以降になりますが、欧米に学んだ上で、新境地を開いた「知の巨人」としてここに紹介しておきます。

（都築 正詞）

3　医学・薬学分野の技術者

朝鮮人参の国産化を実現した立役者

田村藍水（たむららんすい）

1718-1776年

東京都千代田区出身　竹下大学

1 なぜこの人を取り上げるか？

「一番有名な薬草は？」と聞かれた時に、最初に頭に浮かぶものは何でしょうか？

迷うことなく「朝鮮人参」、と答える人がほとんどなのではないかと思います。病院やドラッグストアでいくらでも薬を手に入れられる現代でさえ、こうなのです。不老長寿の万能薬だと信じられていた江戸時代には、朝鮮人参はいまでいう万能ワクチンのような存在だったに違いありません。

江戸で一大朝鮮人参ブームが起きたのは、四代将軍家綱の頃。それこそ、朝鮮人参を飲ませないで親を死なせたら親戚に顔向けできない、ぐらいの世相にまでなりました。

植物としてのチョウセンニンジンの原産地は、その名の通り朝鮮半島から中国東北部にかけてで、日本列島には自生していません。そのため対馬藩経由で朝鮮から生薬を入手するしかなく、鎖国下でも輸入量を増やし続けなければなりませんでした。

さらに1700年代前半には、疫病が繰り返し発生するようになりました。徳川吉宗が八代将軍になった1716（享保元）年夏には、インフルエンザと推測される熱病が流行し、江戸では一カ月間に8万人もの人が亡くなったとされています。この状況を打開しようと、吉宗が享保の改革で掲げた殖産政策のひとつが、朝鮮人参の国産化だったというわけです。

とはいえ当時は、チョウセンニンジンは栽培できないものとされており、まさに不可能に挑む一大国家プロジェクトでした。イメージはニホンウナギの完全養殖に通じます。

結論を先に述べてしまいますと、自生地で採れた種子をその土地に播く程度のことしかせずに、乱獲により朝鮮人参の輸出ができなくなっていった朝鮮に対して、日本は世界に先駆けてチョウセンニンジンの人工繁殖に成功し、生薬に加工した朝鮮人参の輸出で外貨を稼ぐまでになったのです。

享保年間には、国内でまだ10株ほどしか育っていなかった状態から、27年後の1763（宝暦13）年には100万株にまで増えていたと伝えられています。

ここに至るまでの経緯を振り返ってみますと、まずは生きた根を入手することから始まりました。生薬として加工された根は死んでいて、芽が出ることはないからです。吉宗は、朝鮮貿易を独占していた対馬藩に、朝鮮から根と種子を入手するように密命を下しました。

こうして対馬藩から届けられた根を用いた、チョウセンニンジンの栽培が日本で初めて試みられたのは1721（享保6）年。ちょうど小石川御薬園（現小石川植物園）が4万坪にまで拡大された年でした。この時には、採薬使として雇われたばかりの阿部将翁ですら枯らしてしまい、栽培できた者はいませんでした。ただ、さすがは阿部将翁です。4年後の1725年には、小石川御薬園で初めて発芽に成功しました。ただ再現性はなかったようです。

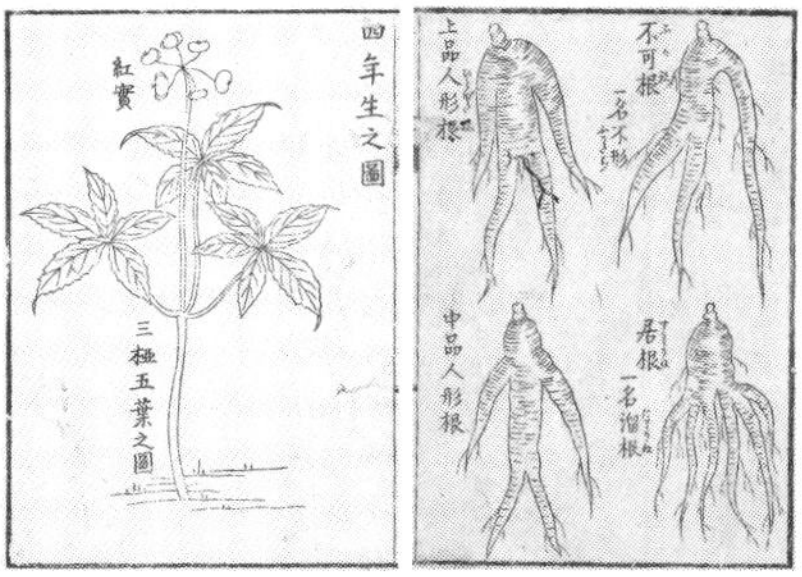

朝鮮人参の地上部と地下部
『朝鮮人参耕作譜』国会図書館

採種→発芽→採種という人工繁殖を最初に成功させた地は、佐渡島でした。1730（享保15）年のことです。おそらく佐渡で得られた知見が応用されたでしょう。続いて日光の今市でも人工繁殖に成功。佐渡よりも日光周辺のほうが栽培に適していたため、幕府が全量買い上げる条件で農家への委託栽培が開始されました。これには、吉宗が紀伊から呼び寄せた採薬使の植村左平次が大きく貢献しています。

イノベーションのフェーズで示すと、0→1は佐渡奉行小浜久隆の、1→10は植村左平次の成果だと言えます。では、10→100の産業化、すなわち原料となるチョウセンニンジンの高品質な大量安定生産と、生薬である朝鮮人参の高品質な大量加工技術を確立した人物は誰か。これこそが、阿部将翁の一番弟子とされる田村藍水でした。

純国産の生薬が初めて販売されたのは、1746（延享3）年。その後、国産朝鮮人参の売買は幕府専売となり、勘定奉行が統括しました。

ちなみに当時、野菜のニンジンは日本ではまだあまり普及していなかったうえに、胡蘿蔔（こらふ）と呼ばれていました。江戸時代は、人参といえば朝鮮人参のことだったのです。

2 人物紹介

(1) 田村藍水の経歴

田村藍水は土木系下級役人大谷出雲の次男として、1718(享保3)年に江戸神田で生まれ、15歳で医学を学び始めました。医者を志した藍水は町医者田村宗宣の養子となり、20歳で宗宣の娘と結婚しています。

藍水が朝鮮人参と関わるようになったのは、1737(元文2)年、19歳の時。幕府から20粒の種子を拝領し、田端にあった薬園で栽培し始めたのです。同じ年に、根が薬用となる各種植物のイラスト入り解説書『人参譜』を出版していることから、藍水は若くして幕府の目に留まるほどの本草学者になっていたと思われます。

日光で確立された発芽方法のおかげもあったのでしょう。藍水自身も発芽させることができ、育てた株から採種まで成功させました。1748(寛延元)年、30歳の時に、チョウセンニンジンの栽培方法についてまとめた『人参耕作記』を出版しています。

江戸の本草学の第一人者となった藍水は、1757(宝暦7)年には、日本初の東都薬品会を江戸湯島で主催しました。薬のもとになる原料の展示会であった薬品会は、日本の本草学発展に大きく貢献しただけでなく、明治の博覧会にも繋

田村藍水肖像画
『万年帳』国会図書館

『人参譜』
東京大学学術資産等アーカイブ

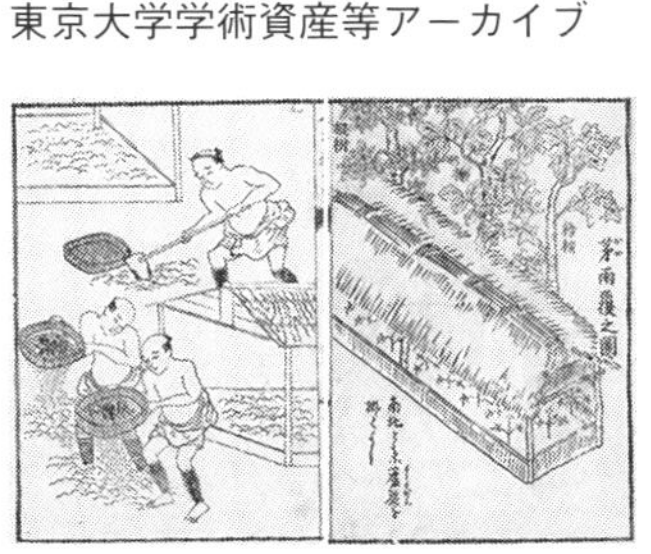
栽培方法の図
『朝鮮人参耕作譜』国会図書館

がっていったのです。

その後『人参耕作記』の版木が火事で失われた際には、すぐに増補版『朝鮮人参耕作記』を完成させました（１７６８）。日本各地にチョウセンニンジン栽培が広まったのは、藍水が栽培マニュアルを作ってくれたおかげだといえます。幕府が各地に種子を提供したこともあって、朝鮮人参は１７６８（明和5）年頃から御種人参と呼ばれるようになったのです。

１７６３（宝暦13）年、藍水は46歳で、医師ならびに人参御用として幕府に登用されます。与えられたミッションは生薬としての朝鮮人参の増産で、藍水は栽培と加工の責任者となりました。その8月に栃木で生人参を買い上げるための買上御用を行なっています。これは江戸城田安門の近くに新設された敷地面積８００坪の人参製法所で、9月から朝鮮人参製造を本格稼働させるためでした。人参製法所とは、日光および野州（栃木県）から集められた生の朝鮮人参を、選別、調整、煮沸、乾燥させるための加工所です。藍水は工場長も兼ねていたというわけです。そして11月には神田紺屋町に設けられた人参座での売買が開始されました。

幕府のお抱えとなった藍水は、神田紺屋町二丁目に屋敷を与えられました。場所はまさに職住接近。いまは埋め立てられてしまった竜閑川（千代田区と中央区の境界線）沿い、人参座の隣でした。しかしこの屋敷は人参製法所から離れていたため、藍水は人参製法所近くに住むことを望み、これは叶えられています。場所はいまの飯田橋駅西側の外堀の内側でした。

幕府お抱えとなってからは、公務として植物調査のために全国を歩き回り、師である阿部将翁の研究スタイルを踏襲しています。その時の成果は、『中山伝信録物産考』や『琉球産物志』にまとめられました。

藍水は１７９３（安永5）年、59歳で死去し、その仕事は息子の田村西湖に引き継がれています。

(2) 技術分野

医者としての藍水がどの程度活躍したのかは記録には残されていません。医者だからこそ、朝鮮人参の薬効を目の当たりにしてきたでしょうし、その品質向上と安定供給に心血を注いだのだと思われます。

本草学者として若くして幕府から期待されたのも、文献調査中心ではなく、栽培の実践とその成果を文字と図で著す能力も買われてのことでしょう。栽培が難しいうえに、種子を播いてから根を収穫するまでの4～6年かかるチョウセンニンジンの栽培が、短期間のうちに日本各地に広まったのも、藍水が平易な文章とイラストを用いてマニュアル化した成果です。

朝鮮人参の安定供給を実現した後は、植物学者として時代をリードしました。島津重豪の依頼を受けて、薩摩藩が採集していた奄美諸島から琉球列島の植物をまとめた『琉球産物志』は、藍水自らが描いたカラー図鑑です。また、『万年帳』には藍水と西湖の二代にわたる公務が記されており、文書に残すことのなかった阿部将翁との違いが見てとれます。

生薬加工については最重要国家機密だったこともあり、詳しい内容は書き残されていません。ただ藍水が工場長として高品質大量生産を実現したことは事実です。弟子には、平賀源内、中川淳庵、後藤梨春、木内石亭という錚々たる面々が名を連ね、長男の田村西湖と次男の栗本丹洲はどちらも優れた本草学者となりました。獄中死した異能の天才平賀源内を大活躍させた藍水は、人のマネジメントにも長けていたといえそうです。

藍水が描いたパイナップル
『琉球産物誌』国会図書館

幕府から藍水に下賜されたヤマアラシを息子の栗本丹洲が描いた「豪猪真図」国会図書館

3 フィールド・ガイド

○小石川御薬園跡（小石川植物園）★★
東京都文京区白山3-7-1
御薬園時代に栽培されていた薬草約120種を集めた薬園保存園がある。

○人参製法所跡（千代田区立九段中等教育学校）★
東京都千代田区九段北2-2-1
記念碑ひとつないが、江戸城田安門や武家屋敷が立ち並んでいた飯田橋駅南側との位置関係を体感できる。

○人参座跡（千代田区立地蔵橋東児童遊園周辺）★
東京都千代田区岩本超１・１・３
神田八丁堀跡の解説版にも人参座のことは触れられていない。田村藍水住居は人参座の東隣にあった。

○日光市歴史民俗資料館・二宮尊徳記念館 ★
栃木県日光市今市３０４・１
事前依頼すれば朝鮮人参関連の古文書を閲覧できる。

人参座跡地の一部である地蔵橋東児童遊園にある神田八丁堀跡の看板

人参座の南側を流れていた竜閑川（神田堀）埋立記念碑、地蔵橋公園

○田村藍水墓（真龍寺）
東京都台東区松が谷２・11・３
宗家によりお参りは許可されていない。

4 参考文献

・『江戸期のナチュラリスト』木村陽二郎著　朝日出版社（１９８８年）
・『博物学者列伝』上野益三著　八坂書房（１９９１年）
・『権力者と江戸のくすり―人参・葡萄酒・御側の御薬―』岩下哲典著　北樹出版（１９９８年）
・『明治前日本薬物学史　増訂版』日本学士院日本科学史刊行会編　日本古医学資料センター（１９７８年）
・薬種の国産化：田村元雄の事績を中心に　浦部哲郎著（２０２２年）
・『朝鮮人参秘史』川島祐次著　八坂書房（１９９３年）
・『越佐研究第五十六集』
・近世越後佐渡における朝鮮人参栽培史覚え書き　小村弌著（１９９９年）

ジェンナーよりも前に天然痘予防法を著作

廣瀬中庵（ひろせちゅうあん）

１７３２‐１８０９年

山梨県市川三郷町出身

中谷 康雄

1 なぜこの人を取り上げるか?

風疹・おたふく風邪・水痘（水ぼうそう）のような感染症は子どもの頃に一度かかれば、多くの場合は重症化することなく回復し免疫を獲得するものです。

しかし、天然痘は発症すると致死率が高い上に回復したとしても痘痕（あばた）が残ること、失明といった重い後遺症が残る場合もあります。天然痘は種痘法が確立するまでは人々から非常に恐れられていました。

江戸時代ではこの病気は疱瘡神の仕業と考えられ、魔除けのお神札を貼ることや祈祷が対策でした。夏の京都で行なわれる祇園祭もその起源は疫病退散を願うものでした。廣瀬中庵は医学を学ぶ中で中国から伝えられていた医学書「痘科鍵」を知り、それを元に天然痘の研究を行ない、その成果を「痘科鍵抜粋」として著述しました（１７８２年、中庵51歳）。それはエドワード・ジェンナーが牛痘法を公表する16年も前のことでした。

明行寺入り口にある案内板

中庵の墓と墓碑

2 人物紹介

(1) 経歴

1. 市川大門から藤田へ

廣瀬周平（中庵）は1732年、甲斐国市川大門の医師廣瀬保益の子として生まれました。廣瀬家は代々医師の家系で遠くは武田家に仕えた武士で、後には徳川に仕えていましたが医業を営むようになりました。中庵は兄弟の中でも特に聡明であったことから父保益は中庵を近隣の藤田（とうだ）で私塾を開いていた五味釜川（ごみふせん）に弟子入りさせました。ここ甲斐国は幕府直轄地であった故に藩校がなくこの釜川の下には多くの子弟が学びに来ていたそうです。中庵は市川八万石中第一の秀才と呼ばれるほどになりました。藤田村の豪農で五味家の当主秀政はこの中庵に目を付け、娘の花との結婚と五味家の所有する400石余の土地の半分を分け与えることを申し出ました。中庵はこの申し出に対して、廣瀬の名を残したままで良いならば、という条件を付けてこれを受け入れました。

これが藤田廣瀬家の始まりです。400石ともなれば優に20ha以上はあったはずで、その半分となると相当な資産になります。このおかげで金銭面に苦労することなく勉学に専念することができたと考えられます。師匠の釜川は元々江戸で儒学と医学を学んでいましたが、この頃京都において医学改革（名古屋玄医、続いて後藤艮山による復古説の始まり）がありました。おそらくその動きを知った釜川は医学を学びなおすため京都　古医方一本派の初代香川修庵の元へ行きました。釜川は修庵の医学を習得し藤田に戻ったものの37歳の若さで世を去ってしまいました。

2. 京都に遊学する

釜川から最新の医学を学ぼうとしましたがその機会を失った中庵は、志を立て自ら京都に遊学します。これは1756年、中庵25、6歳の頃です。京都では古医方一本派の当主は香川修庵から2代目香川南洋に代替わりしていました。この南洋の所には中国から伝わった医学書が多くあり、それらの書の中には天然痘に関するものもいくつかあったようです。中国では古くから人痘を使った予防法が行なわれており、宋・元の時代以降にはその方法が著述されていたのです。ただし、この予防方法は、後世の牛痘とは違い、人痘を使うものであったので日本では誰もがその方法を信じなかったため実行されることはなかったようです。現在の知識では、天然痘には致死率が20～50％にもなる強毒性のものと致死率１％未満の弱毒性のものの２種類があることはわかっています。しかし当時の人にしてみればそのような統計的データもなかったのでただ恐れるばかりであったものと思われます。中庵はこれらの書を見比べているうちに明の朱巽による「痘科鍵」が優れていると考えその内容の理解に努めました。そんな中、京都で天然痘の流行が起きました。間近に起きた災厄を放置できず、意を決し実行に移しました。

この時、どのくらいの規模で実行されたのかは資料がないのでわかりませんが、中国からの医学書である医宗金鑑には８０００～９０００人に実施して20～30人は救えなかったとあります。弱毒性の天然痘は致死率１％未満という数字には合っていますので１％未満の失敗と考えて良いと思います。この時のことを中庵は痘科鍵抜粋に「その得るところを試用するに効を取るところ少なからず。これに哲人の我を欺かざるを知るなり」と記しています。京都で医学を学んでいたのは25、６歳の頃と考えられるので中庵による人痘種痘の実施は１７５７年頃となります。

３. 医業を始める

香川南洋の元で医学を修めた後、藤田に戻り中庵を名乗り医業を始めました。中庵は名医と称えられ、症状複雑な難病は中庵先生に死生を決めてもらえと言われていたそうです。仁者として診療に当たったことは中庵の墓碑に次のように書かれています。「貧しい人が病気になれば診療に際し薬と一緒に米を与えた。病気が治癒すれば報酬は草木で良い、としたので中庵先生の家の庭には多くの杏、梅、柿、栗などが植えられていた。」

医業に忙しい中、暇を作っては自分が研究してきた天然痘予防法のまとめとして「痘科鍵抜粋」を執筆しました（１７８２年）。これはこの方法を世に問うものではなく、師弟に諭すものであると書いていることから聞きかじった内容ではなく、自らの臨床に基づくものであることへの自信の現れが感じられます。

中庵は１８０９年、78歳で亡くなり明行寺に葬られました。中庵の息子二人は、中庵の墓碑の撰文を当時の儒学の大家である山本北山に依頼するため江戸に赴きました。北山は、もう自分は高齢なので文章の求めには応じないことにしていたが中庵先生は特別であるとして撰文に応じたことが墓碑に書かれています。

(2) 中庵の科学技術者としての分野

当時の医学は蘭学が入る前であったので漢方医学でした。その中でも唐・宋時代に陰陽五行説と結びついて理論展開した後世派と呼ばれる漢方でした。名古屋玄医（1628〜1696）は観念的な理論ではなく、親試実験、実証こそ重要であると唱え、陰陽五行説と結び付く前の古い漢方に戻ろうという改革を起こしました。これが古医方派と呼ばれるものです。この改革により後漢末期に編纂された「傷寒論」が再評価されることになりました。この「傷寒論」は伝染性の病気に対する治療法などが書かれたもので、1715年に香川修庵が「小刻本傷寒論」を刊行し大流行しました。これが後の華岡青州の話に繋がっていきます。また、親試実験・実証という考え方は後の蘭学の受け入れを容易にする素地となったと考えられます。因みに、温泉療法や肉食による食事療法は名古屋玄医が提唱したものと言われています。

天然痘は感染力が非常に強く、天然痘患者から剥がれ落ちた瘡蓋（かさぶた）は1年の後でも感染力があると言われています。人痘法はこれを応用したもので、軽傷の天然痘で済んだ子どもの瘡蓋を集め、これを乾燥させて粉末にします。その粉末を鼻の奥の粘膜に付けることで強制的に感染させるというものでした。こうして弱毒性の天然痘になった子どもは多少なりとも瘡蓋を作るので発症したかどうかが分かり、そのまま生涯免疫を獲得することになります。そしてその瘡蓋を集めておけばまた次に使えるというわけです。

(3) その他のエピソード

・蘭学者として有名な廣瀬元恭は廣瀬家三代目廣瀬和達の弟で中庵の孫です。元恭は京都にて蘭学塾「時習堂」を開き、その塾生として陸奥宗光、佐野常民、田中久重らがいました。なお、廣瀬元恭の妻は田中久重の妹です。

・三代目廣瀬和達の時代になって西洋から日本に牛痘が持ち込まれました。それが京都にいた元恭より甲州にいた兄の和達に送られ、当時小さな子どもであった四代目和育（ちかやす）に種痘されました。これが甲州における最初の牛痘法の実施例となりました。ここから和達の手により甲州で3000人以上の子どもに牛痘法が実施されました。これも祖父中庵の研究があったればこそ、と思います。

・咸臨丸で有名な万延元年の遣米使節団の勘定方組頭　森田岡太郎は甲斐国市川大門の代官の経験があったことから、自分の従者として市川宿の医者であった廣瀬格蔵保庵を誘い、その保庵がさらに従者として義兄弟の五味安郎右衛門を誘います。五味安郎右衛門は当時61歳で使節団では最高齢者でした。万延元年の遣米使節団にはこの2名の中庵一族がいたのです。

・五味釜川は没後170年に朝廷より従五位が贈られ名誉を回復しました。これを機に建てられた碑の文章は廣瀬家四代目和育（ちかやす）によるものです。曽祖父中庵の師匠に対する強い敬意が感じられます。

・牛痘について2017年に興味深い医学論文がブラジルの研究者Damasoより発表されました。天然痘ワクチンである「種痘」に使われたウイルスについての研究論文です。ジェンナーの種痘をゲノム解析したところ牛痘ではなく馬痘でしたという研究報告です。つまり、馬痘に感染した牛からジェンナーの種痘が作られていたということで牛痘とは別種と判明したということです。種痘＝牛痘というこれまでの定説が覆されました。

最後に他のイノベータについてもう一つ紹介します。

天領（幕府直轄地）では行政官として江戸幕府より代官が派遣されました。代官というと時代劇に登場する悪代官を想像しがちですが、江戸出身の代官にとって赴任地では風俗習慣の違い、方言による言葉の違いなどからしばしば誤解を生じ、時には一揆にまで発展することがありました。甲斐国では1837年、天保の飢饉をきっかけに甲斐騒動と呼ばれる大規模な打ち壊しが発生しました。騒動そのものは幕府の武力により鎮圧されましたが問題はこの後で、特に騒動の激しかった甲斐国都留郡の統治を誰に任せるかでした。この難題に対して幕府は韮山代官江川英龍の他にないと判断し、英龍に兼務させることで当地の治安回復に成功しています。英龍が単なる技術者であっただけでなく優れた人格者であったというエピソードです。

3 フィールド・ガイド

○中庵の墓　★★★

山梨県南アルプス市藤田304明行寺

中庵の墓の隣には山本北山の撰とされる碑があります。

○五味釜川の墓　★★

山梨県南アルプス市藤田410泉能寺

○山梨県立博物館　資料閲覧室　★★

山梨県笛吹市御坂町成田1501-1

電子化された中庵の著作の閲覧とコピーができます。

五味釜川の墓（一番奥）

山縣神社にある説明板

○山梨県立図書館　★
山梨県甲府市北口2丁目8－1
　中庵に関する昭和14年の文献があります。

○山縣神社　★
山梨県甲斐市篠原190
　五味釜川の門下生で中庵の学友であった山縣大弐を祀った神社です。境内には中庵と大弐の交流があったことを記した説明板があります。

4　参考文献

・『甲州の種痘医広瀬平五郎とその一門　佐藤八郎遺稿集』（1965年）
・『廣瀬元恭祖父中庵翁』安西安周著（1939年）
・『19世紀初頭の日本における痘瘡対策　日本医史学雑誌第59巻　第2号（2013）』西巻明彦著
・『郷土史にかがやく人々』青少年のための山梨県民会議（1981年）
・『甲斐国医史』村松学佑著（2002年）
・『中国医学の歴史』傅維康著　東洋学術出版社（1997年）
・『中国の医学と技術　イエズス会書簡集』矢沢利彦編訳（2002年）
・『天然痘ワクチンに使われたウイルスの正体』廣川和花（専修大学）著
https://igakushitosyakai.jp/article/post-269/

杉田玄白

１７３３－１８１７年

東京都（福井県小浜藩邸）出身

川島 卓也

1 なぜこの人を取り上げるか？

杉田玄白は、目的を達成するために有能な人材を集めて事を進めるという、現代のプロジェクト制を江戸時代に行なった人物です。玄白は、当時の藩制の枠組みを超えて前野良沢、中川淳庵、桂川甫周らと解体新書を著しました。その事跡は、緒方洪庵や福沢諭吉など、後の偉人にも影響を与えています。

玄白が晩年に著した蘭学事始には、「一滴の油」という一節があります。一滴の油が水面に落ちると、どこまでも拡がっていくことを、蘭学の隆盛の例えとして感慨をもって表現したものです。筆者は、玄白のように、世の中に新しい衝撃を与えることに憧れを抱いています。

2 人物紹介

(1) 杉田玄白の経歴

杉田玄白は、１７３３（享保18）年、江戸、牛込の小浜藩酒井家の下屋敷（現在の新宿区矢来町）に生まれました。１７４０（元文５）年、7歳の頃、父の甫仙に従って小浜へ移り、少年期を過ごしています。１７４５（延享２）年、12歳の時に、父の甫仙と共に江戸に戻りました。

１７５２（宝暦２）年、19歳で玄白は小浜藩医となりました。この2年後に京都で山脇東洋が、死体の腑分け（人体解剖）を実施して、玄白が『ターヘル・アナトミア』の翻訳を志すきっかけとなりました。

１７５７年、玄白24歳の時、江戸、日本橋通四丁目で開業し町医者になりました。同年7月には、江戸湯島で平賀源内らが第一回の物産会を開催しています。玄白と源内の交流は、この頃に深くなったと思われます。1765（明和2）年に藩の奥医師になりました。1769年に父の甫仙が死去したことから、家督と侍医の職を継ぎ、新大橋三叉にあった酒井家中屋敷へ詰めるようになりました。

1771（明和8）年、38歳の時、同僚の中川淳庵が長崎屋に止宿していたオランダ商館長一行から借りたオランダ語医学書『ターヘル・アナトミア』をもって玄白のもとを訪れました。玄白はオランダ語を理解できなかったが、図版の精密な解剖図に驚き、藩に相談して資金を得てこれを購入しました。その直後、「千寿骨ヶ原」（現東京都荒川区南千住小塚原刑場跡）にて、良沢、淳庵と死体の腑分けを実見しました。ここで、『ターヘル・アナトミア』の解剖図が正確であると確認しました。玄白、良沢、淳庵は腑分けの実見の帰り道を同行し、三人で『ターヘル・アナトミア』の翻訳に挑戦することを決めました。

杉田玄白の像
（公立小浜病院前）

さっそく翌日に玄白らは、良沢の家に集まり翻訳を開始しました。しかし、その翻訳は困難を極めました。それを玄白は、「艪も舵もない船が大海原に乗り出したよう」と表現しています。はじめのうちは、一日かけても一行も訳せないこともありましたが、次第に訳せるようになり、一年半後には、一応最後まで草稿が出来るに至りました。そこで、1773年（安政2年）に、『解体約図』を出版しました。これは、『解体新書』の予告編にあたるもので、五枚一組の印刷物に封皮をかけて出版したものです。玄白は、まず予告編で世間の評判を聞こうとしたのです。玄白の慎重な性格が伺い知れます。こうして、1774（安永3）年に玄白、良沢、淳庵、桂川甫周らは『ターヘル・アナトミア』を翻訳した『解体新書』を刊行しました。そして玄白の友人桂川甫三（桂川甫周の父）に依頼して将軍家に献上しました。

1776年、43歳の時、日本橋浜町に外宅し、医業とともに天真楼塾を開きました。この塾には、養子の伯元や、後に蘭学の隆盛に貢献した大槻玄沢が入門しました。

最晩年には解体新書発刊から蘭学の隆盛を回想して「蘭学事始」を残しました。1817年6月1日（文化14年4月17

日）に84歳で没しました。

（2）科学技術者としての分野

杉田玄白は、ただ、医学の発展のために、『ターヘル・アナトミア』の翻訳を志しましたが、他の仲間は、また別の思いがありました。前野良沢は、ただひたすらに蘭学の考究に勤しみました。杉田玄白の同僚である中川淳庵は、元々医師で本草学者でしたが、化学者としての素養が高く、平賀源内とともに独自に火浣布（かかんぷ）（燃えない布）をつくりました。これは、両人が中国書等を研究し、秩父山中で採掘した石綿を、紙をつかって観世よりにし織り込んで布状にしてから焼いて紙をなくし、石綿の繊維だけにすることで、1764（明和元）年につくり上げました。

平賀源内が著した火浣布略説
（復刻版　筆者蔵）

（3）その他エピソード

・解体新書には、翻訳の中心的存在であった前野良沢の署名がありません。そのため後世になって、様々な解釈がなされてきています。筆者の個人的な見解としては、玄白と良沢の関係がその後も続いていることから、当時は、それが特に問題になるものではなかったのだと想像しています。

・杉田玄白と平賀源内は友人であり、源内が非業の死を遂げた後、玄白は源内の墓碑に哀悼の意を刻んでいます。また、源内が代々の奥医師である桂川家を使って薬品会を軌道にのせたように、玄白は、それに習い『解体新書』を桂川甫三に依頼して将軍家に献上しました。

3 フィールド・ガイド

○矢来公園（杉田玄白生誕地）★★

東京都新宿区矢来町38

杉田玄白生誕地の碑がある矢来公園は、江戸時代の小浜藩酒井家の下屋敷の一部にあたります。古地図と照らし合わせると、酒井家の下屋敷の広大さが感じられます。

矢来公園　杉田玄白誕生地

小塚原刑場跡　観臓記念碑

○長崎屋跡　★★

東京都中央区日本橋室町4-4-10

江戸幕府の将軍に拝謁するために、オランダ商館長は年に一度、献上品を携えて参府としていました。その時、江戸の宿所が長崎屋でした。ここに、最新の知識を学ぼうと様々な人が訪問しました。玄白や、良沢も訪れています。

淳庵は、ここで、『ターヘル・アナトミア』を借り出して玄白に見せています。そこから、解体新書の物語は、はじまりました。

現在はJR新日本橋駅の横に案内板が掲示されています。実際の所在地だった所は、路地に入った場所にあります。

○小塚原刑場跡、南千住回向院（腑分けの地）　★★★

東京都荒川区南千住2-34-5

1771（明和8）年に、玄白が死体の腑分けを実見、解剖図が正確であることを確認し、『ターヘル・アナトミア』の翻訳を決意した場所です。

この見学では、南千住駅から都バスを使って都心に出るのも一興だと思います。玄白らが翻訳を志した道中を通るため、より臨場感を味わうことができると思います。

○蘭学事始地碑（豊前中津藩奥平家の下屋敷跡　前野良沢旧宅）　★★★

東京都中央区明石町9

前野良沢は、1723（享保8）年に生まれました。幼い頃に両親を亡くし、母方の大叔父で淀藩の医者宮田全沢に養われます。1748（寛延元）年、全沢の妻の実家で中津藩の医師前野家の養子となり、中津藩医となりました。

晩年の青木昆陽に師事して蘭学を学んだ後、1769（明和6）年、長崎へと留学し、その時、西洋の解剖書『ターヘル・アナトミア』を入手しました。良沢は、玄白らと、解剖を見学した次の日、仲間を自宅に集めて『ターヘル・アナトミア』の翻訳を開始しました。そして3年5カ月で翻訳し

『解体新書』を編纂しました。ここは、その蘭学を仲間と共に始めた場所になります。

良沢は、蘭学に没頭するあまり、中津藩主奥平昌鹿より「蘭学の化け物」と揶揄され、それから「蘭化」と号しました。

碑は、以前は聖路加国際大学内にありましたが、現在は、居留地中央通りと聖ルカ通りの三角地に移されています。

蘭学発祥の地

○桂川甫周屋敷跡　★

東京都中央区築地１‐10

玄白らとともに解体新書を著した桂川甫周の屋敷跡は、蘭学事始の付近です。現在同地に碑が立っています。

○栄閑院（杉田玄白墓所）　★★

東京都港区虎ノ門３‐10‐10

杉田玄白の墓の正面には、「九幸杉田先生之墓」（＊杉の字は旧字体）と書かれています。九幸とは、一に泰平に生まれたること、二に都下に長じたること、三に貴賤に交わりたること、四に長寿を保ちたること、五に有禄を食んだること、六にいまだに貧を全くせざること、七に四海に名たること、八に子孫の多きこと、九に老いてますます壮なること、の意で、晩年の玄白は好んで「九幸」の号を使用しました。

○杉田玄白記念公立小浜病院　杉田玄白コーナー　中川淳庵顕彰薬草園　★★★

福井県小浜市大手町２‐２

杉田玄白記念公立小浜病院は、正面に杉田玄白の銅像があります。そして、院内に杉田玄白コーナーが設置されており、玄白の業績をわかりやすく展示してあります。『解体新書』や『前野良沢の書』などを見ることができます。また、同地には玄白の同僚である中川淳庵を顕彰した薬草園もあります。薬草園には、淳庵が物産会に出品した薬草を中心に、約１００種が植えられています。

○福井県立若狭歴史博物館　★★

福井県小浜市遠敷２‐１０４

福井県立若狭歴史博物館には、『解体新書』の実物が常設展示してあります。

公立小浜病院にある杉田玄白コーナー

中川淳庵顕彰薬草園

小浜城址

○小浜城址　★

福井県小浜市城内1-7-55

　玄白は、1785（天明5）年に藩主酒井忠貫に従って中川淳庵と共に小浜を訪れています。その時に小浜城にも足を運んでいると予想されます。

○一関市博物館　★★

岩手県一関市厳美町字沖野々215番地1

　杉田玄白と前野良沢の弟子で、両者の名前から一字ずつもらっている大槻玄沢は、玄白の命により、『ターヘル・アナトミア』の完訳を行ない、『重訂解体新書』として1826（文政9）年に出版しました。

　ここには郷土の偉人である大槻玄沢関連の展示があり、『和蘭医事問答』、『蘭学階梯』、『重訂解体新書』等が展示され、玄白以後の蘭学の拡がりを知ることができます。

4 参考文献

・『新装版 解体新書』杉田玄白著　酒井シヅ現代語訳　講談社学術文庫（1998年）
・『蘭学事始』杉田玄白著　片桐一男全約注　講談社学術文庫（2000年）
・『人物叢書　杉田玄白』片桐一男著　吉川弘文館（1986年）
・『前野蘭化（1）～（3）』岩崎克己著　平凡社（1996～1997年）

世界初の全身麻酔外科手術を実現

華岡青洲（はなおか せいしゅう）

１７６０－１８３５年

和歌山県紀の川市出身

福井 清

1 なぜこの人を取り上げるか？

華岡青洲という江戸時代の麻酔医の名前をご存じでしょうか。医療に携わる方、江戸時代の医療技術に関心のある方、さらには、時代小説に関心のある方はご存じかもしれません。江戸時代の後半、１８０４（文化元）年に世界に先駆けて全身麻酔を使った外科手術に成功した当時の紀州藩（今の和歌山県）の医師です[1)]。

発見した麻酔薬は漢方の麻酔成分です。麻酔の有効性と、術後の麻酔からの覚醒の安定性など、創薬に関するイノベーションには多くの困難がありました。臨床試験を母親と妻で行なった史実は、小説にもなり有名なエピソードです[2)]。海外の情報もほとんどない江戸時代にどのように全身麻酔の外科手術を発見して広めたのか。華岡青洲の生い立ちからその後の江戸時代の医療の進歩へもたらした功績を追います。

図１　華岡青洲　紀の川市フラワーヒルミュージアムの銅像と公立那賀病院玄関のレリーフ

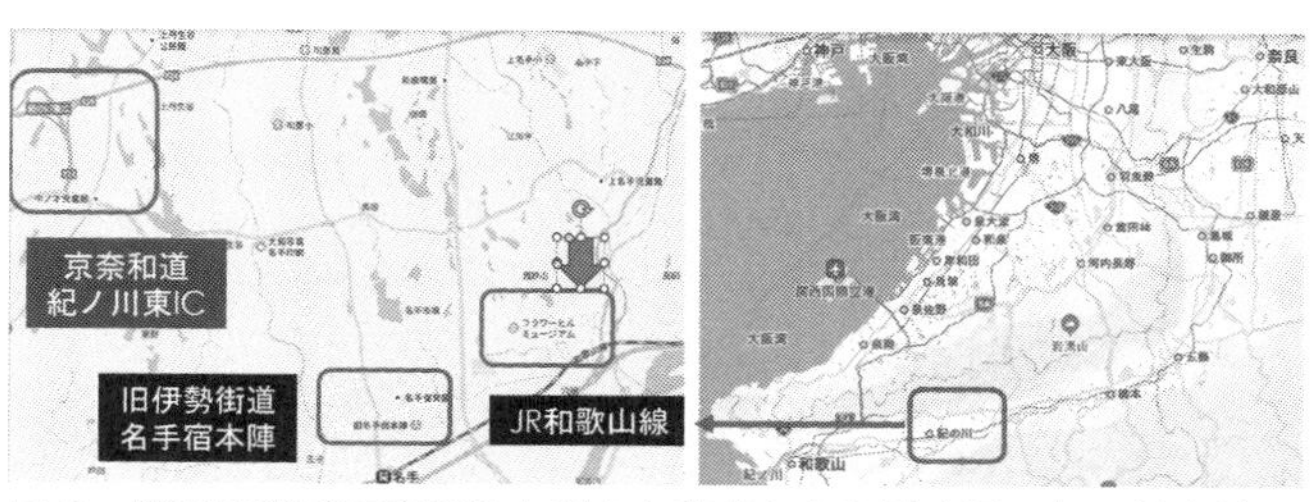

図２　華岡青洲が医療活動と門人を育成した和歌山県の紀の川市地図

2　人物紹介

(1) 華岡青洲の経歴

華岡青洲は江戸時代中期の1760（宝暦10）年、紀伊国那賀郡名手荘西野山村に生まれ、江戸時代後期1835（天保6）年、75歳で没しています。

①生い立ち

華岡家は祖父の代から「隋賢」の称号で医療に携わる家系でした。父親の華岡直道は、大坂の医師、岩永審源で南蛮流外科を会得した後、紀州藩名手荘西野山村に戻り、療養所を開業していました。父の診療所で、当時はまだ病気の原因が不明であった癌など、患者が苦しみながら亡くなる実情を目の当たりにしてきたようです。当時の外科医療は、メスで腫物の膿を出すぐらいにとどまっていました。父のもとで医療を会得しつつ、腫瘤の切除など無痛での外科治療のさらなる向上が必要と考えた青洲は、京都への遊学を家族に懇願し、1782～85（天明2～4）年に、22～25歳の時に遊学を果たしました。

図3　青洲が作成した標本

図4　曼陀羅華の花

②修習時代

京都では、内科では古医法『傷寒論』の吉益南涯に、外科では、オランダ流カスパルの大和見立に師事しました。さらに見水の師・伊良子道牛が確立した「伊良子流外科」を学びました。その後も長く京都に留まり、医学書や医療器具を買い集めました。その中でも特に影響を受けたのが永富独嘯庵の『漫遊雑記』でした。そこには乳癌の治療法の記述があり「欧州では乳癌を手術で治療するが、日本ではまだ行われておらず、後続の医師に期待する」と書かれていることを知りました。当時、オランダや中国渡来の麻酔薬は存在していました。しかし、複数の麻酔薬には強い副作用があり、信頼性も低いため実用上問題がありました。青洲は、これら麻酔薬の情報を探し、三世紀頃の古史「魏志」三国時代（220～280年）に大規模全身麻酔手術を施したといわれる中国人・華陀の麻酔薬の記述資料から市中の渡来薬にある花の名前が含まれることを見つけたようです。花の名前は「マンダラゲ（曼陀羅華）」で、チョウセンアサガオの一種です。しかし当時、その抽出物を単独で服用すると狂乱酩酊状態になり、全身麻酔薬として、穏やかな麻酔と覚醒は困難でした。

(2) 華岡青洲の科学技術者としての分野

① 全身麻酔薬の創薬

青洲は、曼陀羅華を主成分に、その副作用を抑え、また、麻酔の導入と覚醒を安定させるために複数の漢方薬の調合を試行錯誤していきます。取り上げた漢方薬は華鳥頭（ソウウズ）、白芷（ビャクシ）、当帰（トウキ）、川芎（センキュウ）、南星沙（ナンセイシャ）など多くにわたります。創薬に向けた動物実験では、今のようなラットやマウスでの知見はほとんどありませんでした。そこで犬を使った動物実験が始まりました。青洲の麻酔薬の完成までに要した20年の間、紀州藩紀川界隈では犬が減ったとのことです。失敗に終わった亡骸は、青洲の自宅の近くに葬られたそうです。浅間山の大噴火などによる国内の大飢饉（1782~1788年）が続く困難な時代の中、青洲は常に数匹の犬に、それぞれ名前を付けて投薬時の調合記録と容体の経過を記録していました。それらの記録から曼陀羅華、華鳥頭、白芷、当帰、川芎、南星沙の配合を適正にする調整が続きました。大飢饉が終息した後、初めて麻酔導入後、覚醒した犬が現れました。しかし、人体の臨床試験が未確立のままの数年後、遊学を支えてくれた妹に乳がんが見つかります。麻酔手術の準備が間に合わず、妹は亡くなりました。有吉佐和子の小説[2)]では母、妻が、臨床試験の被験者として申し出ました。母は、無事覚醒し、続く妻の臨床試験も覚醒しました。しかし2回目の妻の試験では覚醒後、片目に痛みが出て、徐々に進んで失明に至ったとされています。全身麻酔薬は『通仙酸』と名付けられ、以下の主成分が配合されていました。蔓陀羅華：八分、草鳥頭：二分、白芷：二分、当帰：二分、川芎：二分、南星沙：一分。しかし、患者の適性により配合は前述の6種類の他、12種類の漢方の配合を加え、17種類にもわたったようです。

② 麻酔薬『通仙酸』の投薬方法に関する手順の整備

漢方由来の麻酔薬は、煎じて乾燥させた経口薬になります。『通仙酸』に用いた薬草は、現代の生薬学の本によると、蔓陀羅華の種子、根、茎、葉、花には、ヒヨスチアミン、アトロピン、スコポラミンが含まれ、複数回煮立てるとスコポラミンに変化し、最も脳の中枢神経の抑制作用に効いたようです。

③ 初の全身麻酔による乳がん摘出手術と器具

1804（文化元）年9月、紀の川の上流、大和・五條（奈良県五條市）の老女が、末期の乳がんを患い、青洲に手術を乞うてきました。世界で初めての全身麻酔による乳がんの摘出手術の様子は、紀の川市の道の駅「青洲の里」に復元された青洲の開業院「春林軒」の手術室の蝋人形で再現されています。メス、剪刀には、緻密な手術を可能にする工夫がなされています。江戸時代後期でありながら、現代と同じように乳房周辺の筋肉やリンパ腺までも切除する手術方法が確立されていたようです。

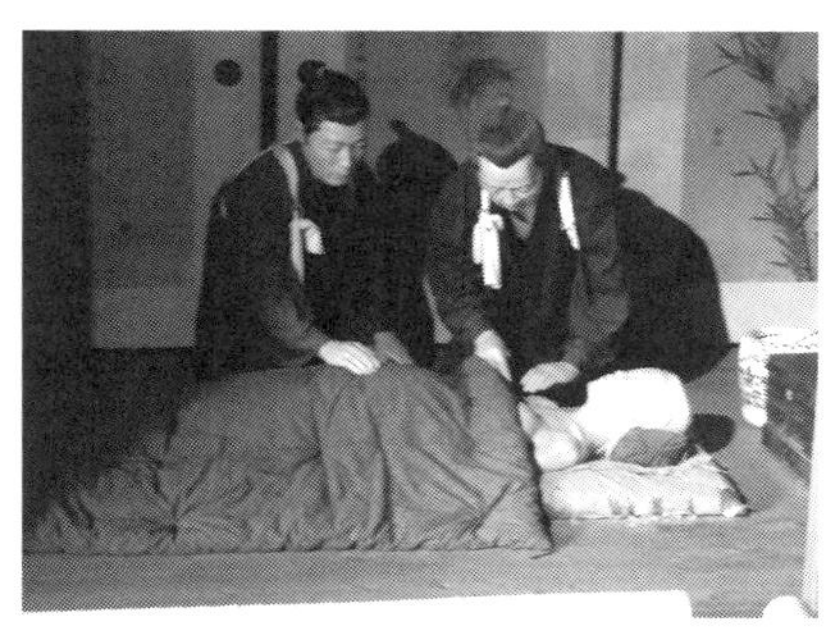

図５　春林軒での乳がん手術の再現

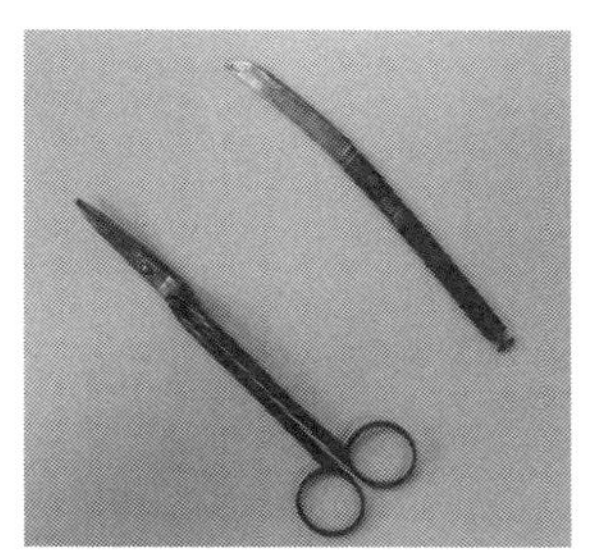

図６　華岡青洲の自作した手術具

乳がんの摘出に始まり、その後、一般外科、脳外科、泌尿器科、整形外科、耳鼻科、眼科、産婦人科まで、麻酔を伴う外科手術は広がっていったようです。手術の成功の噂は国内に広まり、「春林軒」に保存される「乳岩姓名録」には、陸奥から筑前に至る国から150名を超える患者の記録が残されています。

(3) 医療体制の確立と後進の育成

全身麻酔手術の成功により、全国から医学を目指す門人が集まりました。紀州の医療院には春林軒という内塾に高弟を受け入れたほか、外塾と新塾を設け、大坂の新塾を含め新門人にも初歩の課程を設けたようです[3)]。

① 病院と医療体制の整備

青洲は自宅の紀伊国那賀郡名手荘（和歌山県紀の川市）に病院と医療教育の学校を整備しました。内科をはじめ、外科、薬局を備えた現在の病院と同じシステムです。漢方の薬草は、院内の栽培をはじめ各地から集め、病院内で調合をしています。外科患者に対しては、入院施設も整備し、複雑な手術の術後の看護体制も整備されていました。入院可能な収容人数は病院内と近隣の施設を含め五十人に及びました。

② 外科の後進育成

青洲が京都の遊学から戻った直後、父の華岡直道が亡くなります。この時、ここで医学を学んだ門人の数は 47名でした。その後、青洲が『通仙酸』による全身麻酔の手術の成功の後９９４名の門人が入門し、さらに青洲の没後も、この医療院の後継から８２０名の門人が入門しています。

優れた門人として、中川脩亭（紀州・筆頭門人『禁方録』）、本間玄調（常陸・のちに長崎でシーボルトに師事）『放瘍科秘録』他、舘玄龍（越中・青洲に匹敵した秀才、『瘍科髄』、『内科髄』他）その他、多くの著名な医療従事者が輩出されています。

③ 華岡青洲の功績

華岡青洲の全身麻酔のよる外科手術は、米国でウィリアム・モートン（１８１９~１８６８）がマサチューセッツ総合病院における世界初のエーテル麻酔の公開実験（１８４６）より40年も早い成功でした。その功績は、１９５４年にアメリカ合衆国・シカゴの国際外科学会付属栄誉会館に顕彰されています。また、和歌山県立医科大学の校章には、チョウセンアサガオの花があしらわれて、華岡青洲の功績を讃えられています。

3 フィールド・ガイド

○道の駅　青洲の里　★★

和歌山県紀の川市西野山４７３

○春林軒　★★★

和歌山県紀の川市西野山４７３

○顕彰碑　★★

和歌山県伊都郡かつらぎ町妙寺２１９　和歌山県立医科大学附属病院 紀北分院

4 参考文献

１）『華岡青洲先生その業績とひととなり』上山英明（財）青洲の里刊（１９９９年）

２）『華岡青洲の妻』有吉佐和子著　新潮文庫（１９７０）

３）『和歌山県の歴史』安藤精一著　山川出版社（１９７０）

※注２）３）では、臨床試験を母と妻で行なったとされるが、１）では、記録が確認されていない。

図７　春林軒に再現された医療院
右上：全景、左上：薬剤調合作業場、右下：病室、左下：内塾（教室）

江戸時代		欧州・米国	
1754	山脇東洋・人体解剖	オーストリアで打診法	1761
1757	杉田玄白・オランダ流外科講義	フランス・酸素の発見	1775
1774	杉田玄白・解体新書	米国・ハーバード医学校解説	1783
1804	華岡青洲・乳がん全身麻酔手術	ジェンナー・種痘	1796
1823	杉田玄白・蘭学事始執筆	フランスで聴診器が発明される	1816

表　江戸時代の海外との医療技術の比較年表

シカゴの国際外科学会付属栄誉会館

緒方洪庵（おがた こうあん）

1810－1863年

岡山県岡山市出身

望月 学

1 なぜこの人を取り上げるか？

緒方洪庵は一般的には適塾の創設者で福沢諭吉の師として知られています。しかし、本業である医者としての業績はあまり知られていないのではないでしょうか？　洪庵は江戸時代に流行した天然痘とコレラの予防と治療に大きな業績を残しています。洪庵の業績で優れている点は予防法と治療法を普及させたことです。

洪庵は医者として患者のことを第一に考え、教育者として生徒のことを第一に考えていました。それに情熱と広い視野と高い見識が加わることで医学と蘭学を広く普及させることができたのだと思います。

2 人物紹介

(1) 緒方洪庵の経歴

緒方洪庵は文化7（1810）年、備中足守藩家臣佐伯（さえき）惟因（これより）の三男として生まれました。文政8（1825）年、15歳で元服し、田上騂之助惟彰（たがみせいのすけこれあきら）と名乗り、同年、父が大坂の藩倉屋敷留守居役になるに伴い、上坂しました。翌年、中天游門下に入り、オランダ医学の勉強を始めましたが、この際に緒方三平と改名します。

天保元（1830）年、江戸遊学し、坪井信道、宇田川玄真に師事しました。この間、玄真の「遠西医方名物考」の補遺にある度量衡換算（どりょうこうかんさん）の執筆を担当しています。天保6（1835）年に帰坂し、翌年から長崎に遊学しますが、このときに名を緒方洪庵と改めました。

天保９（１８３８）年、28歳の時に長崎遊学から帰坂し、大坂の瓦町で医業を始め、塾を開きます。同年、億川百記の娘である八重と結婚します。洪庵は弘化２（１８４５）年に過書町（現在の北浜三丁目）に町屋を購入して移転し、塾を拡張しています。この建物が現存している適塾です。

嘉永２（１８４９）年、39歳の時に玄真の遺命であった『病学通論』を出版しました。同年、長崎と京都で天然痘の予防法である種痘（しゅとう）が成功したことを聞くと、洪庵は京都の牛痘苗の分苗を受け、大坂の古手町（現在の道修町四丁目）に種痘所（大坂除痘館）を開きました。大坂除痘館は安政５（１８５８）年、洪庵が48歳の時に日本で初めて官許を受けています。同年に洪庵はコレラの治療方法をまとめた『虎狼痢治準（ころりちじゅん）』を出版しました。その後、大坂除痘館は万延元（１８６０）年に尼崎一丁目（現在の今橋三丁目）に移転しています。

洪庵は安政５（１８５８）年から文久元（１８６１）年にかけて『扶氏経験遺訓（ふしけいけんいくん）』を出版しました。これはドイツのベルリン大学教授フーフェランドが著した内科書 Enchiridion Medicum（１８３６）のオランダ語訳を翻訳したものです。全30冊の大作で、約20年かけて翻訳されました。

文久２（１８６２）年、かねてより受けていた江戸幕府の要請に応え、奥医師として江戸に移り住みました。その後に西洋医学所頭取を兼任し、蘭学研究の第一人者となりますが、文久３（１８６３）年に多量に喀血して倒れて53歳で没しました。

(2) 緒方洪庵の科学技術者としての分野

1. 医学

洪庵は医者として２つの大きな功績があります。一つは天然痘の予防法である種痘を普及させたことです。

天然痘とは天然痘ウイルスを病原体とする感染症で、致死率が高く、有史以前から人類を脅かしてきました。感染力も非常に高く、飛沫感染や接触感染によって感染します。発症後は高熱や頭痛・腰痛などの症状がみられた後、水疱状の発疹が顔から全身に発生します。その後、再び高熱になり、このときに嚥下困難や呼吸障害を併発することもあります。

エドワード・ジェンナーは牛の病気である牛痘にかかった人間は天然痘にかからないことに注目し、１７９６年に牛痘を人間に接種することで天然痘を予防する種痘を開発しました。牛痘は人間が罹患してもほとんど症状はみられず瘢痕も残らないことから安全な予防法として世界的に広がっていきました。

洪庵は嘉永２（１８４９）年に長崎と京都で種痘が成功したことを聞くと、京都の牛痘苗の分苗を受け、種痘所（大坂除痘館）を開きました。大坂除痘館は豪商大和屋喜兵衛の経済的支援、日野葛民（かつみん）をはじめとする医師団、洪庵の組織運営能力のおかげで安定して事業を継続していきました。洪庵はさらに大坂除痘館の開設だけに留まらず、ここを中心にして堺や備前、備中、備後などにも種痘を分苗させました。洪庵の業績の中で特筆するべき点は、日本で初めて官許を受けたことです。このことにより医療の質と信頼性が保証されることになり、日本における種痘の普及に大きな役割を果たしました。

もう一つの功績は、コレラの治療方法を普及させたことです。コレラは強い感染力を持つコレラ菌に感染することで発症し、猛烈な下痢と嘔吐を起こします。死亡率も高く、非常に危険な感染症です。

安政５（１８５８）年にコレラが日本中で流行しましたが、これを見た洪庵はコレラの治療方法をまとめた「虎狼痢治準」を出版し、予防法と治療法の迅速な普及に貢献しました。虎狼痢治準は洪庵の治療経験に基づき、モスト、カンスタット、コンラジの書いた３つの医学書からコレラ治療に必要な部分だけを訳出してまとめてありました。コレラの経過中にあらわれる症状に対する適切な治療法（投与する薬物の種類と量や、蒸気浴などのその他の治療法）が書かれています。

虎狼痢治準は５～６日で書き上げられ、無料で配布されました。洪庵は必要最小限の情報をいち早く無料で届けることで、予防法と治療法を速やかに広めようとしたのです。

医者として技術を磨くことも大事なことですが、技術を普及させるための「仕組み作り」をしたことこそ、洪庵の本当の業績であったと言えるのではないでしょうか。

２．教育者として

洪庵には蘭学の教育者としての功績があります。洪庵が開いた適塾では６３６人以上の若者が蘭学を学んだことが記録に残っています。

代表的な塾生は慶應義塾大学を創立した福沢諭吉、日本陸軍の創設者である大村益次郎、政治家で日本赤十字社の創始者の佐野常民、日本で初めての医学博士である池田謙斎などがおり、幕末から明治時代にかけて活躍した人材が多数輩出しています。また、洪庵の死後ではありますが、タカジアスターゼを発見し、三共を創業した高峰譲吉も適塾で学んでいます。

適塾は学力に応じて９等級にクラス分けされており、それぞれ10人から15人の塾生が所属していました。毎月6回原書の会読を開催し、1カ月間の成績によって席次が決まりました。これは他の塾では見られないほど激しいものでありました。

お金に余裕のない塾生がほとんどでありましたが、洪庵は学費を免除したり、原書の写本のアルバイトを与える（つまり、勉強しながらお金がもらえる）などの形で援助をしていたようです。資金源は医業の収入であったと思われます。

適塾は洪庵の死後に一度閉鎖されるものの、後に息子などにより大坂仮病院が設立されます。大坂仮病院はその後に幾たびかの改組・改称を経て大阪大学医学部になり、明治以降の医学の発展に貢献をしています。

（3）その他エピソード

・洪庵が大坂除痘館を開設した当時は牛痘苗は保存ができず、小児から小児へと植え継ぐことで維持されていました。洪庵が京都の除痘館に分苗を依頼したときは、小児をつれて行ったそうです。現在は牛痘苗は仔牛の皮膚に植え継ぎ、そこから取ったウイルス液をガラスの毛細管に入れて保存されています。

・医者としての洪庵の姿勢は扶氏経験遺訓の巻末にある「扶氏医戒之略」に表れています。これは扶氏経験遺訓の原著の巻末にある「医師の義務」という項目の抄訳で、十二箇条にまとめられています。これは洪庵自身の姿勢を示すものですが、塾生が帰郷する際に頼まれて書き与えることもあったようです。

第一条は以下のように書かれています。医者がこの世で生活しているのは人のためであって自分のためではないことを肝に銘じ、唯人を救うことだけを考えなさいという意味です。

一　医の世に生活するは人の為のみ、をのれがためにあらずといふことを其業の本旨とす。安逸を思はず、名利を顧みず、唯おのれをすてて人を救はんことを希ふべし。人の生命を保全し、人の疾病を復治し、人の患苦を寛解するの外他事あるものにあらず。

3 フィールド・ガイド

○適塾（適々斎塾）　★★★

大阪府大阪市中央区北浜3丁目3番8号

洪庵が開いた適塾はほぼ当時の姿のまま残されており、一般公開されています。塾生が勉強に使っていた蘭和辞書「ヅーフ」や、塾生が寝泊まりしていた大部屋に血気盛んな塾生がつけたと思われる刀傷が残されているなど、当時の塾の雰囲気を感じ取ることができます。その他の展示資料も豊富で、必見です。

○除痘館記念資料室　★★

大阪府大阪市中央区今橋3丁目2番17号緒方ビル4F

大坂除痘館の跡地に立つ緒方ビル4階にある資料室です。適塾から徒歩2分です。ビルの入り口には除痘館の跡であることを示すレリーフがあり、除痘館記録や除痘館種痘定日表など除痘館にまつわる資料の展示公開をしています。適塾の一筋南側の通りにあるので併せて見学することをおすすめします。同ビルには緒方洪庵の子孫が経営する病院があります。

適塾

緒方洪庵像

除痘館記念資料室（緒方ビル）

除痘館跡

○除痘館発祥の地　★

大阪市中央区道修町4丁目4番6号

　移転前の大坂除痘館跡に記念碑が建っています。ここで大坂初の種痘が行なわれました。適塾から徒歩7分です。

除痘館発祥の地

4　参考文献

・『緒方洪庵と適塾』適塾記念会（藤野恒三郎監修）適塾記念会（1993）
・『緒方洪庵と適塾』梅渓昇著　大阪大学出版会（1996年）
・『岡山蘭学の群像1』公益財団法人山陽放送学術文化財団吉備人出版（2016年）
・『十六の話』司馬遼太郎著　中公文庫（1997年）
・『緒方洪庵と大坂の除痘館』古西義麿著　東方出版（2002年）
・『緒方洪庵』梅渓昇著　吉川弘文館（2016年）

江戸の実用書・教養書ブームの立役者

貝原益軒（かいばら えきけん）

1630〜1714年
福岡県福岡市出身

貝原益軒は84年にわたるその生涯で約60もの著作を残した学者です。また、シーボルトからは「日本のアリストテレス」と評されたそうです。

幼い頃は病弱だったため読書に勤しみ、長じてからは学んだことを自らの目で見て、あるいは手で触り、さらには口にして確認して、自分のモノとしていました。その興味は、医学、民俗学、歴史、地理、儒学、農業などと幅広く、その中でも中国の薬物学である本草学は彼の代名詞とも言え、益軒の研究以後に多数の学者がその影響を受けました。

益軒はこれらの学問を究めただけではなく平易な和文で著述したことに、その斬新さがあります。結果的に多くの人に読まれることになり江戸の庶民の実用書・教養書となって知識欲を満足しました。実は江戸時代にはこうした実用書や教養書が多数出版されたのですが、その嚆矢のひとりが益軒です。

83歳の時に書かれた『養生訓』は健康についての指南書で江戸時代のベストセラーの一つと言われていますが、現在でも広く読み継がれており海外向けに英訳本も出版されるなど、様々な人に親しまれています。

（宗像　基浩）

女性医師のさきがけ

楠本イネ（くすもと イネ）

1827〜1903年
長崎県長崎市出身

楠本イネは1827（文政10）年、ドイツ人医師シーボルトと日本人女性の瀧との間に生まれ、シーボルトが国外追放になる2歳まで両親と出島に住みました。幼き頃に父のような医師になることを志します。

1845（弘化元）年、18歳の時、イネは、鳴滝塾門下生の二宮敬作を頼り宇和島へ医学修業に行きます。二宮はイネに産科医を薦めました。その後、長崎に帰りますが、1854（安政元）年、二宮が迎えに訪れ宇和島に戻り、翌年、村田蔵六（後の大村益次郎）からオランダ語を学びました。村田塾では「シーボルト先生」と呼ばれ塾生に教授も行ないました。1859（安政6）年、追放処分が解除され再来日したシーボルトと30年ぶりに再会しました。同年、ポンペから産科を学び、続いてボードウィンに学びました。イネは常に向学心を持ち最先端医療の知識と技術を身につけます。1869（明治2）年、京都で大村益次郎が襲撃され、大阪に転院時に、イネは、ボードウィンと共に大村を治療し最期を看取っています。

1871年、異母弟のシーボルト兄弟の支援で東京の築地に開業します。福澤諭吉の推挙により宮内省御用掛となる等、その医療技術は高く評価されました。1903（明治36）年に77歳で死去しました。

（川島卓也）

4　物理、機械・からくり、電気分野の技術者

江戸のレオナルド・ダ・ヴィンチ

平賀源内（ひらがげんない）

1728－1780年

香川県さぬき市出身

出川 通

1 なぜこの人を取り上げるか？

鎖国を行なっていた江戸中期、藩などの枠組みを超えて圧倒的な存在感を持ち活躍した人物がいました。日本史上でも数少ない万能の天才、時代の先駆者が平賀源内です。ここでは江戸時代の本草学者として当時の科学・技術をリードした平賀源内を取り上げます。源内は一般的には「エレキテル」で知られるように、江戸の科学者人気番付でも常に杉田玄白と並んで上位の常連であり、TV番組でもよく取り上げられるほど人気もあります。

平賀源内の肖像
（平賀源内全集より）

一方では、彼は単なるお騒がせ人間という評価もあります。たとえば土用丑（どようのうし）の日のうなぎや、初詣で頂く破魔矢（はまや）も源内の考案といわれ、こうした庶民的な経歴も併せ持っているのも興味を引くところです。また彼の周りにはどういうわけだか、そうそうたる（後には有名となり歴史に残る）人々が集まり、一方では無名の庶民も多く集まってきた人気者でもあり、不思議といえば不思議です。しかしながら彼の活動には失敗も多く、中途半端な人物としてしか評価されていない面もあるのも事実です。

筆者は縁あって、平賀源内の故郷・香川（さぬき）での「21世紀源内ものつくり塾」で10年あまり、中小企業の技術者を相手に「平賀源内の生涯を紹介する役目」を仰せつかってきました。多彩でつかみどころのないといわれる平賀源内をイノベーターとして捉え、彼の役割や技術を探っていくことにします。

2 人物紹介

(1) 平賀源内の経歴

1. 幼少期

江戸中期の１７２８年、讃岐国寒川郡志度浦（現在の香川県さぬき市志度）で高松藩の足軽身分の下級武士の長男として生まれます。小さい頃には掛け軸に細工をして、描かれた人物が酔っ払って顔を赤くしたように見える「お神酒天神」などを作成し大人をびっくりさせる奇才ぶりを発揮しています。これらの評判をもとに藩医や漢学者、儒学、製陶家など一流の人に学び、本草学も学ぶことになります

2. 高松藩勤務期

21歳（１７４９年）で父の死により家督を継ぎ、お蔵番を続けながらも、藩の上役にも目をかけられます。24歳の時には、1年間長崎へ遊学し、本草学とオランダ語、医学、油絵などを学びました。この時訪れた出島で、世界情勢、西欧の科学技術、日本の海外貿易の実態などを初めて目の当たりにしたのが後々の源内の生き方につながります。

その後も彼の多才ぶりは高松藩主・松平頼恭公に評価され、高松藩の栗林公園内の薬草園で、朝鮮人参の栽培に成功したり、「量程器」（現在の万歩計）と、「磁針器」（現在の羅針盤）などを独力で制作します。

27歳（１７５６［宝暦６］年）の時に江戸に出て、本草学の第一人者、田村藍水に弟子入り。植物を主にした漢方医学と漢学を習得、湯島聖堂に寄宿します。3年後、30歳で日本初の薬品会を江戸湯島にて開催しました。

松平頼恭公の命を受けて京都に随行し、大坂、京都でも学び、2回目の長崎へも行き、その道中では鉱山の採掘や精錬の技術を取得・指導することになります。

3. 独立活躍期

32歳（１７６０年）で辞職願を出し、藩主から条件つきで受理してもらい江戸に出ます。徐々に知名度も上がり、各種の豪商や幕府に資源開発などの提案と事業化を行ないます。

まずは秩父での金山再開発に着手するも失敗しますが、めげずに本格的な鉄製錬事業を開始、40代後半には秋田藩などに招かれて鉱山開発の指導や西洋の絵画・蘭画の技法を伝えます（このことがのちに『解体新書』の挿絵につながります）。

49歳では源内櫛を事業化、エレキテル（静電気発生機）を

改良復元、興業見物料を稼ぎ、各種の文芸作品も上梓。

しかしながら1779年のある夜、自宅での口論で2人を殺傷し投獄収監、1カ月後獄死します。享年52で杉田玄白(すぎたげんぱく)らにより葬儀が行なわれました。この件はのちに明治政府によって名誉回復がされています。

(2) 関連技術分野

1. 科学者としての源内(源内の本草学者の実績はすごい!)

源内が科学者といえるかといえば、まず専門分野とはどこかと考える必要が出てきます。しかし18世紀中ごろでの日本では本草学が唯一の科学でした(まだ蘭学は花開いていません。源内の友人の杉田玄白が後に『蘭学事始(らんがくことはじめ)』を書く時代です)。源内は本草学者として、その本質である薬の成分や効果を求めて、草から動物、鉱物(鉱石)などへと積極的に博物学的な横展開を図ったのです。

源内は全国的な規模の薬品会を主催して、薬草を含む植物や鉱物などを展示・紹介しています。そしてその記録として、『物類品隲(ぶつるいひんしつ)』という、本文4巻、図絵1巻、附録1巻の計6巻からなる本にまとめています。まさに本草家・平賀源内の主著といえるものとなっています。

2. 技術者としての源内(イノベーターとしての視点)

機械的(カラクリ、メカ)な能力はどちらかというと、子どものころからの器用さからきていると思われます。源内の発明とされるものには量程器・寒暖計・熱気球・凧・竹とんぼ・ライターなどとメカが絡むものが多数挙げられています。

源内は各地で、水抜きによる鉱山の再生や製錬法の向上などに力を貸しています。また土木的な専門知識は、西洋の測長器具の試作、研究によるものかと思われます。それを鉱山開発などで応用しながら磨いていったものでしょう。

1776(安永5)年11月、源内は日本初の発電器「エレキテル」(摩擦静電気発生装置)を完成します。平賀源内の技術者としての成果のなかでも、エレキテルの復元は大変有名です。

日本にまだ電気の概念がない時代、源内は先駆的な電気技術者のはしりといえるでしょう。エレキテルは後に橋本宗吉(はしもとそうきち)や

日本で最初に復元されたエレキテル(源内全集より)

佐久間象山らの実験、理論的解明につながり、日本の電気学に貢献する第一歩となります。またエレキテルを用いてビジネスに挑戦するという興行師の面でも才能を発揮しました。

源内は幼少のときから陶村での焼き物を通じて、陶磁器の知識が豊富にあり、化学的知識についても同様に蓄積していました。源内焼（志度焼）は斬新なデザインが多用されています。これらはすべて型を使って量産化の工夫も試みられています。

これらの発想の原点には、西洋の先進的な製品でも、国内にある材料や技術を組み合わせることで作るという思想があります。源内はその柔軟な発想を活かし、各種測量・測定器具、陶磁器、金唐革紙などをも実際につくってみせたのです。

3 フィールド・ガイド

○平賀源内記念館（本館） ★★★

香川県さぬき市志度587-1

源内の全体像が時系列的、活躍内容とともに整理して展示してあり必見です。ここには、各種の発明品、書物や蘭学関連の各種資料も保存されています。

○平賀源内記念館（別館旧邸） ★★★

香川県さぬき市志度46-1

この別館（旧館、生家と言われている）の庭の薬草園には平賀源内が紀州で発見したホルトの木があり、昔日の面影を今に伝えています。

○さぬき志度の源内通り ★★

香川県さぬき市志度

記念館の本館と別館を結ぶ通りは源内通りとして、古の雰囲気を散歩できます。散策コースの一部にある志度寺の境内に平賀源内墓も存在します。

平賀源内旧邸：源内の生まれ育った家

栗林公園内の薬草園跡地

○**栗林公園　★★**

香川県高松市栗林町一丁目20番

源内が管理していた薬草園がありました。公園内に百花園と呼ばれる跡地が残って当時を偲ぶことができます。

○**神田界隈、神田明神付近（物産会開催場所）　★**

東京都千代田区外神田２‐16‐２

江戸での学び、住んだ場所、日本初の物産博覧会を御茶ノ水の孔子堂で開催しています。

○**伝馬町牢屋敷（てんまちょうろうやしき）：東京都中央区立十思公園　★★**

東京都中央区日本橋小伝馬町５‐２

未決囚を収監した施設で源内が収監された牢獄で終焉の地となっています。

平賀源内の墓（東京）

中津川渓谷に残る源内居（庵）

○**平賀源内の墓と杉田玄白の碑　★★★**

東京都台東区橋場２‐22‐２

杉田玄白が私財を投じて建てたと言われる墓地と、その隣には源内を追悼する玄白の言葉が刻まれた碑があります。

○**エレキテル実験の地　★★**

東京都江東区清澄１‐２‐１読売江東ビルの前

東京深川には平賀源内の電気実験の地として記念碑がたち、「日本における電気実験発祥の地」として名高い。

○**新田神社：源内が破魔矢を考案した神社、巨大な破魔矢が記念碑として存在　★**

東京都大田区矢口１‐21‐23

○**出島　★★**

長崎県長崎市出島町６‐１

源内が若き日に２回滞在して西洋の装置、知識などを学んだ場所で、蘭学の発祥地として当時を知るのに好適です。

○**鞆の浦の源内生祠　★**

広島県福山市鞆町後地１３９７

○**多田銀銅山：水抜きを指導して鉱山の再生に寄与**　★
兵庫県川辺郡 猪名川町銀山長家前４‐１

○**中津川渓谷、源内居（庵）**　★★
秩父市中津川２４３番地（個人宅内）
　秩父での鉱山開発中に源内が設計・滞在した、源内居（庵）が残っています。

○**小田野家など**　★★
秋田県仙北市角館町東勝楽丁10
　源内が秋田蘭画を指導した小田野直武の故郷。各種記念碑や資料が残っています。

○**院内銀山と記念館（院内銀山異人館）**　★
秋田県湯沢市上院内小沢１１５

○**阿仁銅山と記念館（阿仁郷土文化保存伝承館）**　★
秋田県北秋田市阿仁銀山下新町41‐22

4 参考文献

◆**平賀源内の著作を集めた大全集と一生を俯瞰できる成書**
『平賀源内全集』上・下、名著刊行会（１９７０年）
・『人物叢書　新装版　平賀源内』城福勇著　日本歴史学会編集　吉川弘文館（１９７１年）
・『平賀源内―その行動と思想―』塚谷晃弘、益井邦夫著　日本人の行動と思想28　評論社（１９７９年）
・『朝日選書３７９平賀源内』芳賀徹著　朝日新聞社、（１９８９年）

■**科学技術的業績を中心に述べた成書３冊と筆者の３部作**
・『しごとが面白くなる平賀源内』糸川英夫著　ダイヤモンド社（１９８８年）
・『平賀源内を歩く―江戸の科学を訪ねて』奥村正二著　岩波書店（２００３年）
・『本草学者　平賀源内』土井康弘著　講談社（２００８年）
・『ＭＡＮＧＡイノベーター源内』出川通著　言視舎、（２０１５年）
・『平賀源内に学ぶイノベーターになる方法』出川通著　言視舎（２０１２年）
・『風流志道軒伝（現代語訳）』出川通解説　言視舎（２０１１年）

飯塚伊賀七（いいづかいがしち）

1762－1836年　茨城県つくば市谷田部出身

折田 伸昭

1 なぜこの人を取り上げるか？

江戸時代の科学者・技術者を調べていくと、全国の様々な土地で活躍した多彩な人物がいたことに驚かされます。ここで取り上げる「からくり伊賀」こと飯塚伊賀七もそんな一人です。「谷田部に過ぎたるもの三つあり、不動並木に広瀬周度（しゅうたく）、飯塚伊賀七」とうたわれた伊賀七は、谷田部郷土史（大正6年編）には次のように紹介されています。

…工夫発明に富み又数理に明かなり、或時螺旋仕掛を以て時計及人形を造りたり、人形は街路を往復し、時計は時至れば太鼓、鐘を打ち、

…又朝夕同時刻に門の開閉をなしたりと、又五角塔は構造奇異にして、

…更に飛行機を作りて、飛行許可を藩主に求めしが、許されずして止みたりと、有名なる布施弁財天堂は同氏の設計なりという

これを読むと伊賀七という人物はまるでレオナルド・ダ・ヴィンチのように多彩な才能を発揮した人物のように思われます。この章では、そんな飯塚伊賀七の魅力をお伝えしたいと思います。

2 人物紹介

飯塚伊賀七は1762（宝暦12）年、常陸国筑波郡谷田部新町村（今の茨城県つくば市谷田部）に生まれました。飯塚家は代々、谷田部で名主を務める旧家で、祖先は京都の儒学者 山田衡算と伝えられ、伊賀七は16代目にあたります。飯塚家は名主を務める以外にも、明治初年まで寺子屋を開いて、

そろばんなどを教えていました。

伊賀七の青年時代は旱魃や飢饉など天災が続いた時期で、百姓一揆も各地で起こっていました。また、１７８９（寛政元）年には谷田部地方で熱病が流行し、名主たちが谷田部八坂神社にこもって悪疫退散の祈祷を行なった際の奉納板に、当時27歳であった伊賀七の名前も記されています。青年期から壮年期にかけて、名主として数々の災害と向き合い、村の人々の生活を守るために奔走していた姿がうかがえます。伊賀七の発明した遺品のうち、年代のはっきりしているものは40代後半から晩年にかけてのもので、それ以前のものは少なく、名主として忙しい日々を送りながら勉学や研究に励み、ある程度の余裕ができてから、発明家、エンジニアとしての才能が開花したのではないかと想像されます。布施弁財天の多宝造鐘楼を設計したのが49歳の時、からくり大時計を製作したのが61歳の時、そして72歳で脱穀機を製作するなど晩年まで活躍を続けましたが、１８３６（天保7）年に75歳で亡くなりました。

木製和時計（からくり大時計）

関連技術分野

①蘭学

伊賀七と共に、谷田部に過ぎたるものありとうたわれた広瀬周度は谷田部藩医で蘭学者でした。父の広瀬周伯は杉田玄白の下で蘭学を学んでいます。周度は湯島聖堂で学び、紀州・長崎などを遊学。父の著述「図会蘭説・三才窺管」の挿絵を描いています。周度が伊賀七の肖像画を描くなど、広瀬父子と伊賀七とは親しい交流があったと考えられます。周伯は「図会蘭説・三才窺管」の中でエレキテルを紹介しており、伊賀七はエレキテルも作ったと伝えられています。

②和算

伊賀七の時代は常陸国でも和算の興隆があり、谷田部地方では、数学の難問を解いて神社に奉納した算額が水海道市の諏訪神社、土浦市の不動堂などに現存しています。伊賀七の遺品として、縦34㎝×横39㎝の算盤が残っており、珠には寛永通宝が12列9組、全部で６４８個並んでいます。これは和算天元術に用いた天元算盤と同じもので、方程式を解くのに使っていたと考えられます。

③ **測量と地図**

伊賀七は谷田部領内を測量し、地図を製作しています。最も古いものは１７８８年製作で、これは伊能忠敬の蝦夷地測量より12年も前にあたります。彼が作った測量機械は十間輪と呼ばれ、車を一定距離転がして歩くと、鈴または鐘がなる仕組みだったようです。

④ **飛行への挑戦**

伊賀七は筑波山から谷田部まで滑空する計画を立て、藩主、細川候に「飛行願」を出して許可を求めたが許可されなかったという逸話が残っています。彼の作った飛行機は、鳥の翼のように何枚か羽を合わせたもので、自転車のペダルのようなものを足で交互に踏むと、翼が振動するものであったようですが、記録は残っておらず、伝説のままです。しかし、彼がダ・ヴィンチのように大空への夢を描き、実行に移そうとしていたことは確かなようです。１７８５年に飛行実験を行なった岡山の浮田幸吉とはほぼ同年代の人でした。

⑤ **からくり**

飯塚家のすじ向かいの「玉川屋」という酒屋へ、人形が時々酒を買いにやってきた。人形は飯塚家の門を出て、音を立てながら道路を横断し、酒屋の前でピタリと止まった。酒屋の主人が酒びんに酒を満たし、人形を飯塚家の方に向けてやると帰って行った。酒の量をごまかして入れると人形は動かず、既定の量を入れると動くようになっていた。という伝説も谷田部には残っています。土佐の細川半蔵頼直が時計や自動人形の作り方を説明した「機巧図彙」を出版したのは、伊賀七35歳の時。伊賀七もこの本を読んでからくりを学び、実際にからくり人形を作って周囲の人々を驚かせたのかもしれません。

⑥ **機械**

伊賀七が55歳～61歳頃に製作した和時計は、木製和時計としては日本最大のものと言われています。彼は邸内に二階建ての時計堂を建立し、二階に巨大な和時計を設置し、鐘・太鼓・笛を合奏させて町内に時を知らせ、同時に正門の扉を自動開閉させたと伝えられています。

また、伊賀七は測量機械の他、からくりを応用した自動脱穀機や、縄より機、糸繰り機などの農業機械を製作したと伝えられており、晩年まで農具の機械化により農村の暮らしを少しでも豊かにしたいと情熱を燃やしていたことがうかがわれます。

⑦ 建築

柏市の布施弁財天は、江ノ島、浅草とならぶ関東三弁天の一つで、その境内には伊賀七が設計した多宝造鐘楼堂があります。全国でも珍しい多宝塔式の総欅造りの鐘楼で、御影石を八角形に積上げた土台の上に、12本の円柱に囲まれた円筒形の塔身とそれを取り囲む円形の廊下が配置され、その上に四角形の屋根が乗っています。12本の円柱の頭部には十二支の彫刻があり、これらは方位を表しています。棟札に1818（文化15）年建立とあり、伊賀七が49歳～57歳にかけて、設計から建築まで携わったものです。

多宝造鐘楼堂

また、飯塚家の正門を入ってすぐ右側には、珍しい正五角形の建物があり、五角堂と呼ばれています。一辺約4・6m、中心の高さ約6mの建物内部では5本の梁が中央で交差しており、その交点から建てられた1本の柱でかやぶきの五角錐の屋根が支えられています。内部は土間になっており、梁上には大時計や脱穀機、測量機械などの機械部品が放置されていました。これらの部品から復元された大時計や機械類は、現在、谷田部郷土資料館に展示されています。

このように伊賀七の関連技術分野は多岐にわたりますが、残念ながら飛行機やからくり人形などは現物が残っておらず、伝説となっています。しかし、地方の民間からこのような人物が現れたことは、当時の教育や学者の交流が地方にまで行き渡っていたことを物語っており、志をもった人物が科学技術を使って農村の暮らしを豊かにしていこうとしていたことが伺えます。古代の製鉄や精錬、寺社建築や美術工芸品など職人に代々受け継がれてきたであろう日本人のものづくりのDNAは、教育の普及に伴いこのようなかたちで庶民の間でも花開いていったのではないかと想像します。

日本各地で活躍した江戸時代の技術者の記録をしっかりと後世に伝えていくことは、これからの日本のものづくりを支えていく上でも大切なことだと思います。

3 フィールド・ガイド

○五角堂　★★★

つくば市谷田部

つくばエクスプレスみどりの駅からバスで「谷田部四ツ角」下車。飯塚家の正門と五角堂を見学することができます。隣は個人の邸宅となっていますので、見学は自由ですが配慮が必要です。

五角堂

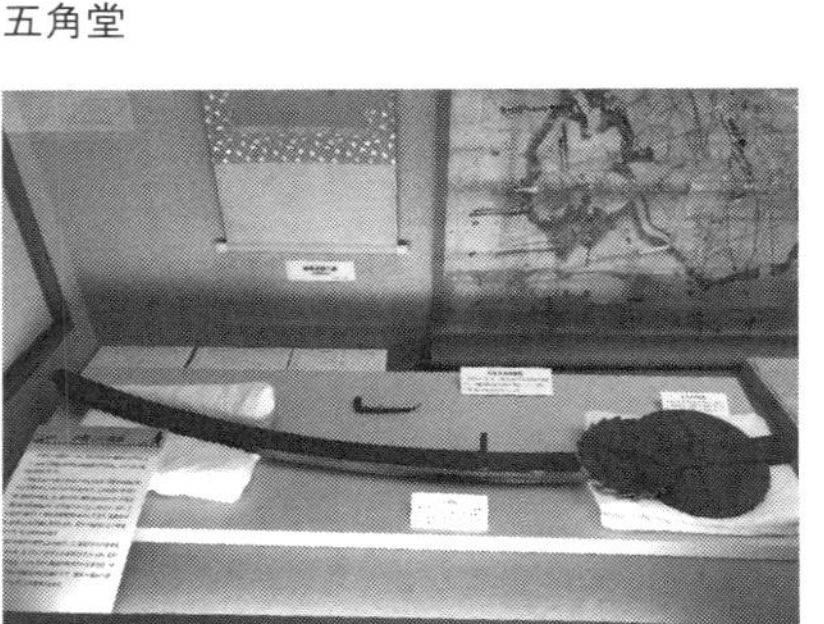

測量機械「十間輪」（谷田部郷土資料館）

○谷田部藩陣屋跡　★

つくば市谷田部２９１７‐８

谷田部藩は小藩で城を持たず、藩庁として陣屋が置かれていました。谷田部藩陣屋は細川興昌により１６１９（元和５）年に築かれました。陣屋跡は現在、谷田部小学校になっており、校門前に玄関のみが移築されています。

○八坂神社　★

つくば市谷田部２９４９

伊賀七が28歳の時に熱病が流行し、名主たちが悪疫退散の祈願をした時の奉納板が残されています。

○谷田部郷土資料館　★★★

つくば市谷田部４７７４‐18 谷田部交流センター3階

谷田部交流センターの3階が郷土資料館となっており、ここでは２０１２年につくば市制25周年記念事業・飯塚伊賀七生誕２５０周年記念企画として行われた企画展で展示された伊賀七の発明品の数々を見ることができます。筆者が２０１９年に訪問した際には、その時に制作された企画展の立派なパンフレットをいただくことができました。復元された木製和時計、伊賀七が製作した測量器具や自動脱穀機の模型などが展示されています。

○布施弁天　★★

千葉県柏市布施１７３８

ＪＲ柏駅西口よりバス「布施弁天」行きに乗り終点で下車。紅龍山東海寺の本尊である弁財天は、地名から布施弁天とも称されています。現在の本堂は１７１７（享保２）年に領主本多豊前守により再建されたもので、楼門は１８１０（文化７）年建立。境内には伊賀七の設計した鐘楼があります。

○茨城県立歴史館　★★

茨城県水戸市緑町２-１-15

縄文時代から現在に至る茨城県（常陸国）の歴史が詳しく展示されています。ここには伊賀七の木製和時計の二分の一模型が展示されていますが、木製和時計は巨大なので、二分の一模型のほうが全体の構成を理解しやすいかもしれません。歴史館の敷地には、復元された旧水戸農業高等学校本館や旧水海道小学校本館もあり、明治から昭和までの教育の歴史も感じることができます。

4　参考文献

・『飯塚伊賀七―民間科学者からくり伊賀伝―』田村竹男著　筑波書林（１９７９）

著者の田村氏はつくば市の高層気象台に勤めていた技術者で、昭和三十年六月十日、時の記念日の新聞記事で飯塚家に残っていると伝えられる木製和時計と五角堂のことを知り、その年の秋から飯塚家を訪れて五角堂の内部を調査し、時計の文字板や歯車を発見します。その後、多くの人達の協力を得ながら、木製大時計の復元までこぎつけました。伊賀七に関する資料が少ない中で、大時計の復元に携わった技術者がまとめたこの文献には、伊賀七の時計の構造についても詳細に記述されており、非常に参考になりました。

日本の電気学と浪速の蘭学の祖

橋本宗吉（はしもと そうきち）

１７６３-１８３６年

徳島県阿南市出身

出川 通

1 なぜこの人を取り上げるか?

橋本宗吉（後に曇斎を名乗る）は「日本の電気学の祖」といわれる器用な技術者です。宗吉が13歳のころに平賀源内が「エレキテル」を復元させていますが、単に現象論だった電気を、各種実験により実証してその究理を追求しました。

実は彼はもともと科学とか技術には全く縁のなかった四国出身の傘はり職人の子どもでしたが、上方（大坂）で才能を認められて花開いたのです。彼の活躍は電気だけでなく江戸時代屈指の医学・薬学者・天文学者ともなり、また大坂蘭学の創始者として、関西の蘭学関係者の要の人物となります。

筆者の興味は、宗吉がなぜ「日本の電気学の祖」といわれるのか、また短期間に日本でも有数の学者かつ技術者になりえたかというところにあります。さらに彼は指導者としても破格の力量をもっており、例えば彼の私塾（絲漢堂）からは多くの塾生が輩出されています。それに加えて重要な書物を多数出版、翻訳しており（未出版のものも多数）、社会的貢献度は多大です。

ただ残念ながらキリシタン騒動で晩年の記録がほとんどなく（意識的に消去したのかもといわれています）、ここで、今一度エンジニアとしての橋本宗吉を主体としながらも全体を掘り起こしてみたいと思ったわけです。

2 人物紹介

(1) 橋本宗吉の経歴

1. 幼少期

１７６３年に阿波国那賀郡荒田野村（現在の徳島県阿南市新野町）生まれ、名は鄭、字は伯敏、通称が宗吉です。祖父橋本丹治兵衛は郷士で苗字あり、父は橋本伊平（１７９４没）、母と後妻がいます。兄弟は姉と弟がいたそうですが幼少時に亡くなっています。彼が幼少のころ家の生活は苦しく、わずかの田畑を売りはらい夜逃げ同然で浪速（大坂）に移り住んだという環境でした。

　大坂では父が裏長屋で傘つくりをしていましたが、宗吉も子どもながらに手伝いその出来が評判になってきます。７～８歳ごろから浪速で評判の神童として注目され、手先が抜群に器用な上に記憶力も抜群だったのでしょう。

2. 若年期

浪速の豪商で天文学者の間重富に目をつけられ、蘭学者で京都在住の医師の小石元俊に24歳で入門、この二人が宗吉の後援者となって学問（蘭学など）を始めます。実は後援者の両人ともにオランダ語がほとんど読めず、オランダ語を理解する人材を大坂で必要としていたことが背景にありました。

31歳の時には彼らの全面的な援助で江戸の大槻玄沢の芝蘭堂に入門します。そこでは前野良沢にも学び、わずか2カ月で単語4万語を覚え、4カ月で構文などを覚えるに至り蘭語関係の全部の単位を取得しました。4万語ということは、当時の蘭和辞書「江戸ハルマ」に載っている単語のほとんどを習得したことになります。宗吉の学習スピードがいかに驚異的なものであったかが分かります。

　浪速に帰った後は天文学・地理・医学の翻訳にかかって、間、小石両氏らに恩返しをすぐに始めたといわれます。こうした翻訳の仕事を通じて、宗吉の蘭語に対する知識はますます磨かれます。

3. 活躍期

34歳（１７９７）で大坂で初めてとなる蘭学塾、絲漢堂を開き、内科と外科を看板に挙げました。翌１７９８年小石らと人体解剖に立ち会い、内臓各部のオランダ名を記録、この年だけでも80名の門弟が集まっています。

　2年後（36歳）には橋本曇斎と名乗り蘭学者としても著名になってきます。この後、『西洋産育手術全集』を執筆したりして40歳過ぎまで、多くの医学関係書を執筆・出版します。例えば41歳（１８０４）には『蘭科、内外科三法文典』2冊を出版、これは製薬、処方などを網羅している後世に残る本です。

　電気関係の仕事としては、数多くのエレキテルの実験を実際に行ない、その内容と解説をリアルに記録した『阿蘭陀始制エレキテル究理原』を48歳（１８１１）で完成させます。

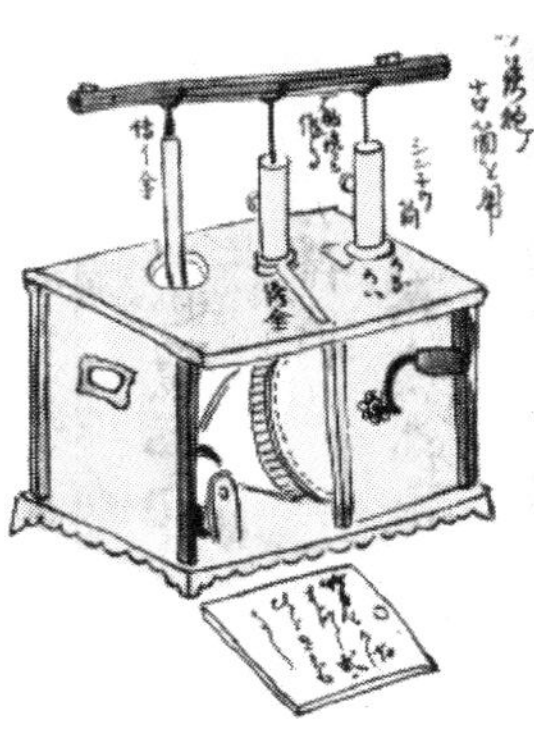
宗吉が制作したといわれるエレキテル：『静電気博士になろう』より

この本は日本最初の実験電気学の著書で、これにより彼は「日本の電気の祖」といわれるようになります。

4. 隠遁期

はなばなしい活躍をしていた橋本宗吉ですが、1827年（64歳）に門弟の藤田顕蔵（阿波出身）がキリシタンとして大坂奉行所に逮捕、宗吉も厳しい取り調べを受けることになってしまいます。結局宗吉の疑いは晴れますが、絲漢堂の門弟が激減してしまいます。

2年後の1829年（66歳）にはキリシタン事件は終了し、宗吉は浪速に帰ってきたものの、その後の活動の記録は残っておらず、そのまま74歳（1836）で没します。

橋本宗吉の電気実験のイメージ図：「阿蘭陀始制エレキテル究理原」（泉州熊野にて天の火を取りたる図説）、『日本化学古典全書』、第六巻、朝日新聞社刊より）

(2) 科学技術者としての分野

1. 電気学……エレキテルの実験的考証

橋本宗吉は日本の電気学の祖といわれますが、『エレキテル究理原』で、エレキテルの道理を試し、理解しやすいように多数の挿絵と記録で実際の実験の様子を示しています。

彼がなぜ電気関係に興味をもったかについては、経歴から推測すると、手先が器用なだけでなく、さまざまな工夫や創出が得意で愉しんでいたことがうかがえます。そこに新しいものへの好奇心が加わって電気現象という未知のものへの試行錯誤と解明に興味をもったものと思われます。

また旧岸和田藩の代官をしていた中家（現在熊取町）の庭の背の高い木の枝に針金を結びつけている図「泉州熊野にて

天の火を取りたる図説」は雷実験の様子です。絶縁版の上に立った男が針金を持ち、もう一人が地面に立って互いに指先を出して近づける。雷雲が近づいてくると指と指との間に火花が飛ぶというオソロシイ（しかしオモシロイ）実験を行なったのでしょう。

この家「中家（なかけ）」は現在、重要文化財として保存され、松は枯れてしまって存在しませんが、その場所は文化財に指定され石碑が立っています。

2. 医学関係

橋本宗吉は江戸にて蘭語（オランダ語）を短期間で取得したのち、スポンサー（間、小石両氏ら）への恩返しとして医学関係分野の翻訳に集中します。また一門による葭島の刑場での人体解剖を行なったりして、１７９８（寛政10）年に宗吉は安堂寺町で医者として内科と外科も開業します。

開業2年後の１８００年、宗吉門下の絲漢堂グループによって葭島の刑場で女屍の解剖が行なわれ『婦人内景之略図』という色付きの解剖図巻ができました。１８０４（文化元）年からは蘭科『三方法典』（三方とは製薬・処方・治療の三つです）の記述を行ない全六巻を上梓します。この書が世に出るや、橋本宗吉の名声は天下に轟くことになります。

3. 天文学、地理学、暦学など

直接の業績としては　橋本宗吉は１７９６（寛政8）年34歳の時、ヨーロッパの地図を参照して、自ら『オランダ新訳地球全図』を作成し、五大州の地理や物産、天文に関する著

中家住宅の門と母屋：雷を用いた実験の地

熊取の中家にある電気実験の石碑

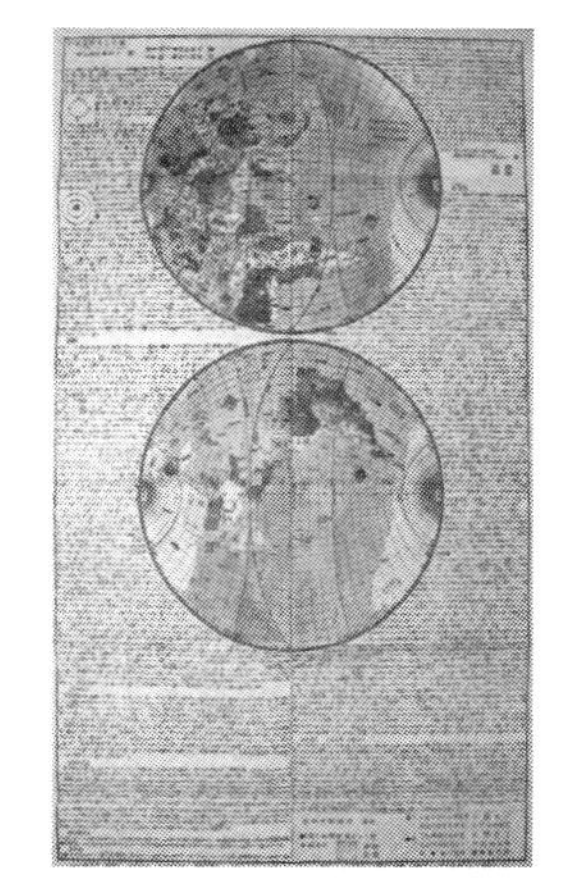

宗吉が出版した「オランダ新訳地球全図」のイメージ：『静電気博士になろう』より

述を加えて出版します。この地球全図は出版以来、ベストセラーとなり、宗吉の死後にも偽本が出るほどでした。

橋本宗吉は大坂蘭学の始祖といわれてますが、医学や電気関係以外の、天文学や暦学の業績にかかわるものは意外と少ないのです。しかし天文学関係者との交友、縁戚関係によりどにつながってきます。複合的なネットワークとなって、エレキテルや解剖の実験な

念仏寺にある橋本宗吉の墓 （法名）舜誉文雄天真居士

絲漢堂跡の碑

3 フィールド・ガイド

○**橋本宗吉絲漢堂跡**（しかんどう） ★★

大阪府大阪市中央区南船場3－3－23

宗吉は江戸で蘭語を取得後、浪速（大坂）に戻り堂寺町で蘭学塾「絲漢堂」を開設し、後に車町に引っ越しました。石碑のある現在の南船場がその場所となります。糸二ツと漢の字、なにやら宗吉の思いが伝わります。

○**重要文化財 中家住宅：橋本宗吉電気実験の地** ★★★

大阪府泉南郡熊取町五門西1－11－18

まずは茅葺の母屋の大きさに圧倒されます。近畿地方でも最大規模のもので町指定文化財史跡（指定平成8年3月13日）となっています。この建物の西側には、かつて、周囲5m、樹齢600年といわれる松があり、橋本宗吉は中家の協力のもと電気実験を行ないました。

現在は残念ながら、切り株しか残っていませんが、彼の残したスケッチ図から当時の雷を使った電気実験の雰囲気がよく伝わってきます。

○念仏寺：橋本宗吉の墓所　★★

大阪府大阪市天王寺区上本町4

晩年のキリシタン事件で人目を避けていきてきた宗吉は、明確なお墓が不明といわれています。昭和の時代に電気関係のオーム社が中心になって改めてここにお墓を築いて弔いなおしたといわれます。今では、ひっそりとたたずんでいるお墓です。

○大阪市立科学館　★

大阪市北区中之島4-2-1

橋本宗吉に関する資料が収集されています。基本展示は電気関係のコーナーに一部ありますが、企画展などが時々開催されるとともに、ここの発行のミニブック『静電気博士になろう』内で橋本宗吉が紹介されています。

○橋本宗吉生誕の地（徳島県阿南市）と隠遁の地（広島県竹原市）★

徳島県阿南市新野町については、特に記念碑的なものは伝わっていません。晩年のまた広島滞在の痕跡もなく、また大坂の終焉の地にも、墓しか伝わっていません。

4 参考文献

・『大阪蘭学の始祖・橋本宗吉伝　まけてたまるか』柳田昭著　関西書院（1996年）
まずは、この本がおすすめです。

・『静電気博士になろう』大倉宏、嘉数次人著　大阪市科学技術館発行ミニブック（2014年）
わかりやすい、まとまった橋本宗吉の紹介書といえます。

・『日本化学古典全書　第六巻』朝日新聞社（1942年）（5．エレキテル訳説、6．阿蘭陀始制エレキテル究原理）

・『エレキテル物語－日本電気研究者列伝』小山正栄著　九州電力株式会社（1970年）（非売品）
第2章で平賀源内、第五章で橋本宗吉を取り上げています。

・『エレキテルの魅力－理科教育と科学史』東徹著　ポピュラーサイエンス280、裳華房（2007年）
平賀源内、橋本宗吉に多くふれている解説書です。

・『広報あなん』徳島県阿南市、2月号特集、時代を生きた先駆者たち、橋本宗吉関係特集
http://www.city.anan.tokushima.jp/docs/2016052400031/files/ANAN695_2-7.pdf

国友一貫斎（くにともいっかんさい）

１７７８‐１８４０年

滋賀県長浜市出身　宗像 基浩

1 なぜこの人を取り上げるか？

国友一貫斎、彼は江戸時代のモノづくりに多大な影響を与えましたが、その功績はあまり知られていないかもしれません。彼の発明品で最も有名なのは反射望遠鏡「テレスコップ」ですが、江戸時代にどうやって反射望遠鏡を作り上げることができたのでしょうか？　元々は近江の国の鉄砲鍛冶だった国友一貫斎がどのようにして江戸時代の技術で望遠鏡を作り上げたのか、振り返ってみたいと思います。

国友一貫斎の生家

2 人物紹介

(1) 国友一貫斎の経歴

一貫斎が望遠鏡を作ることが出来たのは、類まれなる好奇心と探究心、さらには科学、特に金属に関する知識や技術があったからです。また、彼らを取り巻く幅広い人間関係も多くの発明を生み出すきっかけになりました。一貫斎の発明品は海外からの舶来品を模倣することから生まれたものも多いのですが、単なる模倣品ではなく舶来品を凌駕するほどの出来栄えでした。

国友一貫斎は１７７８（安永7）年10月3日に近江国坂田郡国友村に生まれました。現在の滋賀県長浜市国友町です。生家は国友村の鉄砲鍛冶の脇年寄（村の年寄の補佐役）を務めて代々藤兵衛を名乗っており、「一貫斎」を号として使っていました。

一貫斎は、小さいときから鉄砲鍛冶としての教育を受け、1794（寛政6）年に17歳で家督を継いでいます。鉄砲鍛冶としても大変優れた業績を残しており、火縄銃の製作方法を記した「大小御鉄砲張立製作控」を著しています。この書物はそれまで秘伝とされてきた鉄砲製作の方法を公開したもので、わかりやすい図面でまとめられています。そんな一貫斎が江戸に出てくるきっかけは34歳（1811［文化8］年）の時の彦根事件でした。事件発生5年後の1816（文化13）年に、一貫斎は当事者として江戸に呼び出されましたが、幕府の取り調べの結果、不正を働いたとされる年寄の家が処罰されました。そのため脇年寄であった一貫斎は国友村の鉄砲鍛冶の代表の一人として全国の大名家に出入りするようになり、1821（文政4）年までの約5年間の江戸滞在中に様々な人物と交流しています。この滞在が一貫斎の好奇心を刺激し、江戸滞在の後に以下のような様々な発明品を生み出します。

一貫斎の作成した望遠鏡（複製）
国友鉄砲の里資料館にて

空気銃の一種である「気砲」、灯火具の「玉燈」、毛筆ペンのはしりである「懐中筆」、魔鏡といわれる「神鏡」、鋼鉄製弓の「弩弓」、それに反射望遠鏡「テレスコップ」などです。これらの発明は平田篤胤（ひらたたねあつ）から得た知識の影響が大きく、神鏡は篤胤の教えを元に複製に取り組んでいます。また、これらの発明の中でも反射望遠鏡「テレスコップ」は現在の望遠鏡とも遜色ない出来で、一貫斎は天体観測も行ない江戸幕府の天文方である間重新（はざましげよし）にも大きな影響を与えました。その観測結果である天体図は非常に詳しく記されています。

ところで、一貫斎はこの活躍ぶりから各地で活動したように思われますが、江戸に出ていた時期を除くとその活動の中心は国友村でした。意外に思われるかもしれませんが、武士ではなかった一貫斎にとっては当然のことだったと思います。

一貫斎が反射望遠鏡「テレスコップ」の製作に着手したのは1832（天保3）年、一貫斎55歳の時です。一貫斎が望遠鏡を初めて見たのは、1820または1821（文政3または4）年、尾張犬山藩主の成瀬家の江戸屋敷と言われています。つまり初めて見てから実に12年後に着手しています。また、いくつの反射望遠鏡を製作したのかその正確な数は不明ですが、現時点で4台の望遠鏡が確認されています。いずれもが製作後180年以上経過したにもかかわらず、反射鏡はまだその輝きを失っていません。素晴らしい製作技術の高さだと思います。

（2）関連技術分野

ところで、彼の科学の知識はどこから得たのでしょうか？実は江戸時代の鉄砲鍛冶は最先端のモノづくりの一つでした。鉄砲を造るためには鉄をはじめとする金属や金属加工の技術と知識が必要です。また、当時すでに行なわれていた「長浜の曳山」の素晴らしい金属装飾が金属細工の知識の蓄積に繋がったと思われます。一貫斎の育った国友の地は湖北の一寒村ですが、鉄砲伝来後のかなり早い時期に鉄砲の生産に取り掛かるなど、先取の志を持った地域でした。そういう環境の中で一貫斎は知識や技術を習得し、さらに江戸で得た新しい知識を加えて様々な発明品を生み出しました。

それでは、少し技術を俯瞰します。まず、鉄砲鍛冶としての鉄の加工技術です。使用された鉄は湖北地方（琵琶湖の北側の地域）で古くから生産されてきたものと思われます。湖北地域周辺には製鉄に由来する「金」のつく地名が多数残っています。例えば、滋賀県北部と岐阜県との県境にある「金糞岳（かなくそだけ）（きんぷんだけ）」は、製鉄の際に出てきたカスをカナクソと呼んだことに由来すると言われており、この地域にはいくつかの製鉄遺跡が確認されています。国友村は元々この鉄を用いた刀鍛冶が盛んでした。鉄砲鍛冶の刀鍛冶の技術を応用しており、強靭な鉄である鋼（はがね）の加工はまさに刀鍛冶の技術です。そこに、削りや曲げ、ねじ切りなどの技術が加わって鉄砲が生産されます。この刀鍛冶の技術は現在でも和包丁に応用されていますね。

火縄銃のねじ
国友鉄砲の里資料館にて

次は、装飾の技術です。江戸時代も後世になって平穏さを増していくと、鉄砲にも装飾が施されて一つの工芸品のような扱いとなりました。そもそも、火縄銃には火縄の火を火薬に着火させるカラクリ機構があり、高い精度の金属加工がなされますが、装飾のために鉄以外の様々な金属を加工する技術が磨かれ、さらに、メッキの技術も進化していきました。

こうしたことから一貫斎は金属やその加工技術を良く理解していました。さらに、江戸滞在中に知り合った平田篤胤から得た高度な科学の知識が加わることで数々の発明を生み出す技術や着想を得ることが出来ました。例えば、反射望遠鏡の鏡には金属製の反射鏡が使われていますが、主鏡・副鏡ともに180年経った今でも曇らずに輝いています。この金属は分析の結果、合金で銅約63%、錫約37%の「金属間化合物」と考えられています。これは安定な化合物なので変化しにくく曇りにくいのです。一貫斎は、金属の配合割合を微妙に変えることで曇らない配合を見つけて、鏡を製作することが出来たと言われています。また、この鏡の曲面も加工技術を活かして反射望遠鏡に最適な放物面鏡に研磨されており、これを使って、現在の望遠鏡にもひけを取らない精度の観測ができる望遠鏡を作り上げました。

火ばさみ
元目当
中目当
先目当
巣口
柑子
さく杖
台
胴金
カラクリ
用心金
引金

火縄銃の構造
特別展国友鉄砲鍛冶－その世界－資料より

「からくり」と「装飾」　国友鉄砲の里資料館にて

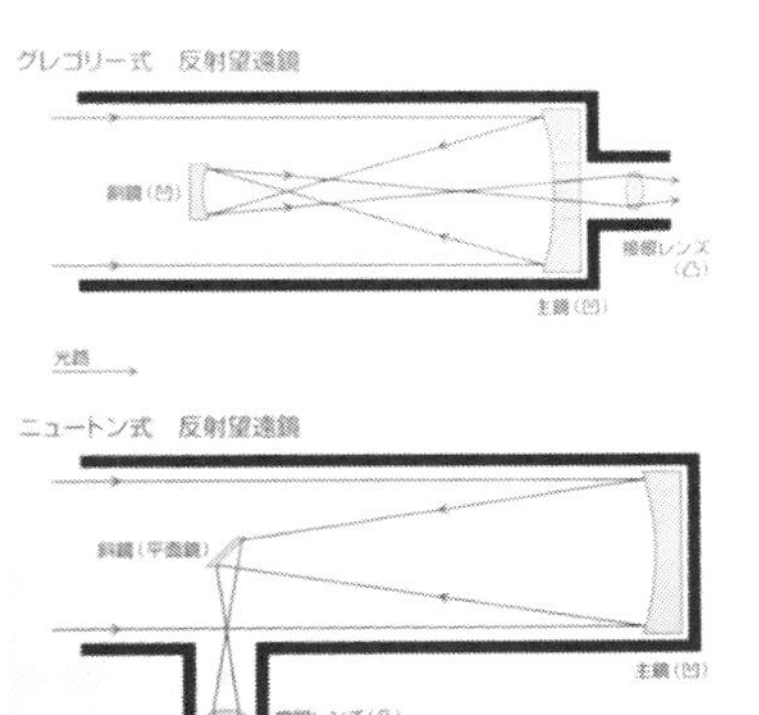

望遠鏡の構造　一貫斎はグレゴリー式を製作　国友鉄砲の里資料館より

（3）その他エピソード

国友一貫斎は自分が作った望遠鏡をずっと手放さなかったのですが、飢饉が起こった際にやむなく売却しています。そのとき、まだ天体観測はその志半ばでした。一貫斎の胸中は如何ばかりであったかと思います。

しかし、実は「国友一貫斎（6100Kunitomoikkannsai）」と命名された小惑星があります。これは滋賀県犬上郡多賀町にあるダイニックアストロパーク天究館の館長で著名な天文学者であった杉江淳氏が郷土の偉人をたたえて命名したものです。まさか、志半ばだった一貫斎も自分の名前が小惑星に付けられるとは思ってなかったでしょうね。

3 フィールド・ガイド

○国友鉄砲の里資料館　★★★

滋賀県長浜市国友町　534番地

昔の鉄砲がたくさん展示されています。そのほとんどは地域の方が買い戻された国友の鉄砲です。また、映像資料で歴史やその地域を知ることもできますし、実際の鉄砲鍛冶の作

国友鉄砲の里資料館の展示

国友鉄砲の里資料館

一貫斎生家および周辺地域のマップ

国友鉄砲の里資料館の展示

業場も再現されています。こぢんまりした資料館ですが、見どころいっぱいです。

○国友一貫斎生家および周辺地域　★★

国友鉄砲の里資料館周辺

少し周辺も歩くことで昔の国友村の雰囲気を味わうことができます。是非、歩いて探索されることをお勧めします。この地域で鉄砲鍛冶が発達した理由についても地政学的にも理解しやすい場所です。姉川の水運がなければ、重い鉄は運べなかったでしょうし、鉄砲の運搬もままならなかったと思います。また、現在は公開されていませんが国友一貫斎の生誕地もそのままの場所で残っています。

○長浜市歴史博物館★

滋賀県長浜市公園町10 - 10

桜の名所で有名な豊公園の中にある〝長浜城〟が博物館です。長浜を中心とする湖北地区の歴史に関する資料が常設展示されています。また、ここには国友一貫斎の作成した反射望遠鏡の本物が所蔵されています。本物の持つ魅力に触れたい方にお勧めいたします。

○黒壁地区★★

滋賀県長浜市元浜町周辺

北国街道沿いに発達した長浜の街が良く残っています。壁が黒いので黒壁地区ですが、現在はお土産物屋さんや郷土の料理が食べられるお店があってにぎわっています。また、毎年4月15日を中心に開催される長浜の曳山祭りは黒壁近くの長浜八幡宮のお祭りです。

4 参考文献

・『江戸時代の科学技術―国友一貫斎から拡がる世界―』、長浜市長浜城歴史博物館（2003年）

国友一貫斎の生涯やその発明の内容がよくわかります。

・『特別展　国友鉄砲鍛冶―その世界―』、長浜市長浜城歴史博物館（1999年）

国友村の鉄砲鍛冶について詳しく解説されています。

・『みーな　琵琶湖から　72号　特集　科学する町・国友』（2002年）

国友に関する全般的な内容とその地域の魅力が解説されています。

田中久重（たなかひさしげ）
1799-1881年

福岡県久留米市出身

堀池 正人

1 なぜこの人を取り上げるか？

田中久重（初代田中久重、以下は久重と略させていただきます）は、1799年9月18日に久留米に生まれ、1881年11月7日東京の自宅にて永眠します。

1808年、長崎のフェートン号事件、1828年、シーボルト事件、1830、年鍋島直正が佐賀藩主を襲封、1837年、大塩平八郎の乱、1853年、ペリー来航、1868年、戊辰戦争終結など、鎖国状態の日本に外国からの船が訪れ、国防の必要性を駆り立てる時代でした。久重は、生まれ持った強い探求心で生業を時代に合わせて変化させています。

筆者が久重に惹かれたのは、時代の変化に合わせて自分を磨き、人々の役に立つものを探求し続ける姿勢です。久重は、20代で江戸からくり興行で失敗した後も、30代半ばで大塩平八郎の乱で全財産を失った後も世に役立つ発明品を製作します。50歳目前に天文学を学び須弥山儀・万年時計を完成します。その後も蒸気機関車・蒸気船・電信機の開発にかかわります。遂には、70歳を過ぎて東芝の前身である田中製作所を設立しました。

我々は一つの会社で一生が終わらない、変化に富んだ時代を生きています。関連博物館・資料館を探索し、久重から学ぶことがないものかと思ったわけです。

2 人物紹介

（1）田中久重の経歴

1799年に久留米のべっ甲職人 弥右衛門の家に長男として生まれます。幼名 岩次郎、後に儀右衛門と名乗ります。

好奇心旺盛であった久重は、幼いころから父や職人の器用な作業を眺めて過ごします。家業を引き継ぐことを期待されますが、水力を中心にしたからくりを研究します。生家近くの五穀神社では当時からくり人形の興業が催されていました。久重も製作したからくりを五穀神社で披露し、人々を魅了します。〝からくり儀右衛門〟と呼ばれるのはこの頃からです。1796年に細川半蔵が出版した機械工学の原典〝機功図彙〟もきっと参考にしたことでしょう。

無尽灯の機構を解説付きで展示
（東芝未来科学館所蔵）
＊無尽灯は当時のヒット商品だったため、他にも多数現存しています。

からくり修業を重ねた後、大坂で発明の才能を発揮して懐中燭台・鼠灯を製作販売します。時計にも興味を持ち、不具合品を廉価で購入し、これを再生し販売しています。1837年2月19日大塩平八郎の乱で焼け出され、京都伏見に移ります。電灯の普及につながる無尽灯を発明製作したのはこのころです。その後、時計技術、天文、数理の知識・西洋技術を習得します。1849年に、職人の最高位の近江大掾を御所より受領し、その後、久重は田中近江大掾と名乗ります。

1850年京都四条烏丸に〝機功堂〟を開き無尽灯を代表とする照明器具を製作・販売します。和時計の最高傑作と評価されている万年時計や須弥山儀をこの時期に製作します。さらに西洋技術を学ぶために広瀬元恭の時習堂に入門します。同門には、佐野常民（後の佐賀藩 精錬方主任、日本赤十字社 初代社長）、中村奇輔や石黒寛二（両名と久重は佐賀藩精錬方で活躍する）がいました。ここで学んだ技術と出会いが、人生を導きます。時習堂の同門であった佐野常民の要請で、1853年佐賀藩 精錬方に務めることになります。

鍋島直正率いる佐賀藩で蒸気船・蒸気車雛形の製作、鉄砲鋳造、電信機の製作、蒸気船の汽缶（ボイラー）製作に関わります。久留米藩（久重の出身）は、佐賀藩で活躍中の久重を帰藩させ、1864年鉄砲製造の久留米藩製造所の所長に迎えます。しかしながら1867年の大政奉還後は久留米藩での仕事が激減します。再度佐野常民の要請で門人の田中大吉（二代目田中久重）、川口市太郎と共に1873年に上京します。このとき久重75歳。1875年7月11日東芝の前身田中工場が誕生します。田中工場は、後の日本の電機産業を支える人々を多く輩出しています。1876年長年連れ添った妻・与志が亡くなり、その5年後の1881年に久重は永眠します。

(2) 関連技術分野

からくり人形の模倣から始まり、水からくりを得意としていた久重は、空気銃の技術を15年以上熟成させた圧縮空気技術と金属加工技術を融合させて無尽灯を発明します。

独自のからくり技術に、時計の技術、天文・数理の知識を加えて和時計の最高峰である万年時計を完成します。さらに新しい技術に興味をもち、広瀬元恭から物理学の知識を獲得し、蒸気船の開発を佐賀藩 精錬方で進め、電流丸・凌駕丸の汽缶製造につなげます。汽缶とは、蒸気船の動力を生成するボイラーです。佐賀藩 精錬方では、電信機の製作にも関わり、この知識と経験が東京での創業につながります。

3 フィールド・ガイド

◆田中久重関係のフィールドツアー（九州編）例

西鉄 久留米駅 高架下→五穀神社→徴古館

○田中久重生誕の地　★★

福岡県久留米市通町113-16

西鉄久留米駅近くの久重の生家は残存していないですが、久重生誕地跡が西鉄高架下に保存されています。

久重生誕地跡

五穀神社の久重銅像（左が井上伝、右が田中久重）

○五穀神社　★★★

福岡県久留米市通外町58

生誕地から300m足らずの所に、久重がからくり興行を実施した五穀神社があります。五穀神社敷地内には久重と久留米絣の創業者井上伝の偉業を称えて2人の胸像が並んでいます。

○徴古館　★

佐賀市松原2-5-22

鍋島家伝来資料が保管されている徴古館には、蒸気車雛形・蒸気船雛形（共に精錬方作成の実物）が所蔵されています。企画展示のみであるため、事前にイベントの確認をお勧めします。久重が手掛けた蒸気車雛形等が展示されるかもしれません。

◆田中久重関係のフィールドツアー（関東編）例

東芝未来科学館-国立科学技術館-郵政博物館-青山霊園

○国立科学博物館　★★★

東京都台東区上野公園7-20

江戸時代の科学技術コーナー入口に万年時計が常設展示されています。万年時計は、六面の表示部と天象儀で構成されています。天象儀では日本地図の上を太陽と月が季節毎に高度を変えて日周運動を繰り返します。六面には、和時計・二十四節気・七曜・十干十二支・月齢・洋時計が配置されています。フランス製と思われる懐中時計がすべての時計動作を制御していますが、不定時法による時間を独自の機構で実現しています。これらの構成が大きなパネルで詳細に展示されています。

2006年、国の重要文化財に指定された万年時計
((株) 東芝寄託)
(撮影協力：国立科学博物館)

○東芝未来科学館　★★★

神奈川県川崎市幸区堀川町72番地34　スマートコミュニティセンター（ラゾーナ川崎東芝ビル）２F

２００４年、分解復元プロジェクトが行なわれた万年時計（複製）は、愛知万博グローバルハウスで展示された後、こちらで常設展示されています。その他にも久重が手掛けた様々な製品が展示されています。私が訪れた際は、からくりほととぎすの実演をしていただきました。田中久重の業績を解説した図書も販売してあります。

２００４年複製された万年時計
（東芝未来科学館所蔵）

○郵政博物館　★★

東京都墨田区押上１‐１‐２　東京スカイツリータウン・ソラマチ９F

時報の元祖として田中久重作の時報器が展示されています。

○墓所　★★★

青山霊園内

久重夫妻の墓地は、青山霊園の一角にあります。久重の略歴と〝万般の機械考案の依頼に応ず〟の言葉が刻まれています。

青山霊園にある墓所

4 参考文献

・『田中久重　万般の機械考案の依頼に応ず』東芝未来科学館　2014年9月刊

久留米での青年時代エピソードとして、久留米の実家で考案に没頭するときは、離れ二階に引きこもり、何度食事を伝えても応じず、仕方なく食事を二階まで配膳しても、手つかずにあることもあったそうです。東京で田中工場を創業後にも、看板には〝万般の機械考案の依頼に応ず〟とあるとおり、来る依頼は拒まず、研究のテーマを得ると最後までやり遂げます。当時の経理担当者が高額な経費が掛かりそうな案件をこっそり断わるくらい採算にはこだわらず、発明工夫を好んだという話が残っています。京都在住時の蘭学の師匠である広瀬元恭は、久重より二十歳以上も若かったのですが、師として敬い真理探究を極めます。これらのエピソードから発明・学問を何よりも優先していたことが推察されます。東芝未来科学館が創業者の一人である久重の偉業を技術的な解説と上記のようなエピソードも交えてまとめられた逸品です。

・『小説　田中久重　明治維新を動かした天才技術者』童門冬二著　集英社文庫（2013年）

・『東芝の祖　からくり儀右衛門―日本の発明王　田中久重伝』林洋海著　現代書館（2014年）

・『京都時習堂　幕末の蘭医　広瀬元恭の生涯』鬼丸智彦著　アーカイブス出版（2008年）

広瀬の妻は、久重の妹・いねです。久重と広瀬の2人の親交の深さも詳しく記載されています。著者は久重の京都時代に興味がありましたが、史跡を含めて記録が少ないのが残念です。80年の人生で有効に社会貢献した久重を学ぶ上で京都時代は重要です。

元祖日本の万能エンジニア

大野（おおの）弁吉（べんきち）

1801・1870年

京都府京都市出身

船渡 俊行

1 なぜこの人を取り上げるか？

大野弁吉は、当時日本の技術としては最高レベルのからくり人形をはじめとする精緻で素晴らしい工芸品を残した人物として知られています。そのような技能に加え、当時最先端であった西洋の様々な科学や技術を理解し、発火器、エレキテル、ピストル、無尽灯などの実用化を試みました。特に写真では、銀板写真の技術だけでなく、さらに進んだ技術である湿板写真を日本で最初に実用化したとも言われています。これはイギリスのフレデリック・スコット・アーチャーが考案した時期から間もない時期であり、弁吉がどのようにして世界でも最先端の技術を入手したのか謎に包まれています。

からくり人形のような職人技術は田中久重や細川半蔵に勝るとも劣らず、さらに最新の科学技術の知識も豊富に持つ弁吉は、芸術、科学、技術を高いレベルで兼ね備えた人物です。このような多彩な才能から、加賀の源内とも日本のダ・ヴィンチとも言われています。

同時代には同じくからくり人形で有名な田中久重がいます。後年日本のために様々な機器を開発するとともに今の東芝を創業した田中久重に比べ、弁吉は江戸を一度も訪れることなく加賀藩で一生を過ごしました。このように、弁吉は恵まれた才能を持っていたにもかかわらず、名声も追わず、清貧のまま一生を終えています。ある意味、有限の時間の中で自分に与えられた才能を最大限に活かそうとしたのかもしれません。ひたすらに自分の中で最新技術を理解し実用化を試みた弁吉は、日本のエンジニアの原型のように思えます。

弁吉のゆかりの地を訪れてそのような弁吉の生涯に触れてみてはどうでしょうか？

土木、数学、天文他
生物、食物他
医学・薬学
物理、機械他
化学、製鉄他
造船、鉄道他
ソーシャル他

2 人物紹介

(1) 大野弁吉の経歴

大野弁吉は1801(享和元)年、京都の羽子板細工師の家に生まれました。それほど裕福ではない家だったため、母方の親類のところへ養子に出され、そこで勉学に励んでいました。ようやく20歳の頃に長崎へ行くことが出来、そこでオランダ人から蘭学(医学・理化学・天文学などの西洋科学)を学びました。長崎での努力が認められたのか、その後、使節団の一員として対馬・朝鮮にも渡りました。朝鮮といえば当時最先端の国ですので、最新の技術を学びに行ったのではと想像されます。帰国後、紀伊にも赴いて砲術・馬術・算術・暦学を極めたと言われます。このように20代の弁吉は幅広く最新の科学技術を学んだ時期でした。

そして、30歳の時に故郷の京都で指物師・中村屋八右衛門の長女うたと結婚し、すぐにうたの郷里である石川郡大野村(現金沢市大野町)に移り住みました。指物師というのは家具職人のことですが、弁吉は獅子頭や社・祠・根付けなども制作しています。加賀・金沢は獅子舞が盛んな地域で、現在もいくつかが弁吉作として伝わっています。それ以外にも数多くの工芸品を残しています。木彫り、ガラス細工、塗り物、蒔絵、からくり人形といった品々です。小物で微細なものが多く、弁吉の技能の高さがうかがい知れます。

大野弁吉(大野からくり記念館)

弁吉作茶運び人形
(大野からくり記念館)

弁吉は指物師としての仕事の合間に様々な科学技術の研究を行なっていました。また、エレキテル、写真機、発火器(ライター)などの品々も発明したと言われています。写真機については42歳の頃、長崎に遊学した際に銀板写真をみて触発を受け作製使用しています。

加賀藩主が弁吉の博学を聞き20人扶持で召しかかえようとしましたが、それに応じることはありませんでした。きっと自分の時間を無駄なことに使いたくないという思いがあったのだと思います。

一方で、加賀藩の西洋の軍事研究と訓練を目的とした学識研究機関といえる「壮猶館（そうゆうかん）」には化学助手資格で後進を指導しています。この時の教授格はジアスターゼの研究開発で有名な高峰譲吉の父「高峰元ぼく（精一）」でした。こちらは、最新の科学技術知識を習得できることと、優秀な人材を指導できるという点で受けたのではと思います。

弁吉は後年『一東視窮録（いっとうしきゅうろく）』という覚書のような書物を残しますが、ここには弁吉がそれまでに得た様々な科学技術の項目（化学、医学、機械工学など423項目）が網羅され、さながら当時の最新技術辞典とも言うべき内容になっています。

最先端の知識を豊富に持っていた弁吉でしたが、結局一度も江戸を訪れることなく大野村で暮らし、1870（明治3）年、69歳の時に亡くなりました。このように大野村に住み着いたことで大野弁吉と呼ばれています。

弁吉の生涯を語るうえで忘れてはならない重要人物として「海の豪商」と言われる銭屋五兵衛がいます。彼は39歳の時に質流れの船を調達して以来、宮越という北前船の重要な拠点を中心に一大海運ネットワークを築き、一代で金沢藩の財政及び商船を管理する立場まで昇り詰め、巨万の富を手に入れます。弁吉が30歳で大野村に移り住んだ時に五兵衛は50歳で、様々な支援を行なったと言われています。その証拠に弁吉は銭屋のために数々の工芸品や航海に必要な機器を作っています。

このように隆盛を極めた五兵衛ですが、後年は一転します。彼が力を入れて進めた河北潟の干拓事業で、埋め立て事業の最中に魚が大量死する事件が発生。地元民から毒を入れたと訴えられたため、五兵衛は投獄され、80歳の時に獄死してしまいます。銭屋は財産没収・家名断絶となり、残る一族も不幸な結末を迎えます。

五兵衛の事件を弁吉はどう思っていたのでしょうか。それについて語ったものはありませんが、カネで動く社会を冷たい目で見ていたのではないでしょうか。弁吉自身は世の中に必要とされる技術や知識も持ちながら、どちらかといえば科学者的にその技術を追求することに専念していました。周囲に惑わされず、自分の好きなように知識を深めて楽しんだ人生とも言えます。

（2）科学技術者としての分野

大野弁吉の科学技術としての分野は当時のあらゆる分野といっていいほど幅広いものがあります。まさに、加賀の源内や日本のダ・ヴィンチと言われる所以です。

もともと持っていた工芸師としての高度な技術を持っていたことによって、西洋の様々な最新の知識を得るだけでなく、それらを実用化する創意工夫の能力が備わっていたと考えられます。

弁吉の言葉に「知と銭と閑の三つのもの備わざれば究理発明すること能わず」というものがあります。弁吉は気に入らない仕事は受けなかったり、加賀藩からの仕事を断ったりしたのも閑（時間）を確保するためだったと思います。

一方で銭（金）のほうでは、金儲けのことは考えていなかったというより、努めて距離を置き、金銭的なものによる悪影響を避けていたように思えます。指物師としての仕事を選びながら、興味のある科学技術を探求する時間を最大限確保し、最低限の金銭で実現しようと努力する、そういう姿勢は何か日本のエンジニアの原点を見るようです。

歴史に「もし」はありませんが、同時期を生きた田中久重と一緒に仕事をしたら世界の最先端を行く会社が出来たのではと思います。

弁吉の撮影した写真は、湿板写真と思われる妻（１８４９年の日付）、本人の肖像写真・弁吉と銭屋喜太郎の並んだものが残されていました。喜太郎が投獄されたのが１８５２年９月ですから、それ以前に弁吉が湿板写真技術を使ったのが確認されて話題になりました。銀板写真（ダゲレオタイプ）が発明されたのが１８３７年（フランス）、より改良された湿板写真が発明されたのが１８５１年（イギリス）であることを考えると、もし『一東視窮録』の記載が正しければ、公認記録よりも２年も早く弁吉が湿板写真を作製したことになります。

（3）その他のエピソード

職人肌で人を寄せ付けなかった弁吉ですが、「壮猶館」や自宅で何人かの弟子を育て、各分野に成功者を輩出しています。例えば津田吉之助があげられます。津田吉之助は絹織物織機のトップメーカー「津田駒工業」につながる人物です。

弁吉は気分が向かなければ作業にかからない一方で、発明やきっかけを摑むと飲まず食わずで作業や研究に没頭したそうです。当然ながら定収入にはならず、弁吉の家は貧しく奥さんは大変だったようです。

3 フィールド・ガイド

◆**大野弁吉関係のフィールドツアー（史跡ツアー）例**

からくり記念館→傳泉寺→弁吉住居跡→銭屋五兵衛記念館

○**大野からくり記念館**　★★★

石川県金沢市大野町4丁目

大野弁吉が住んでいた場所に近い金沢港の先端に位置し、建物は北前船をイメージして設計した特徴的なものとなっています。大野弁吉の生涯と作品の数々が展示してあります。特にからくり人形には力を入れており、子どもから大人まで楽しめます。大野弁吉のことを知るには、ここからスタートするのがお勧めです。

○**傳泉寺**（でんせんじ）　★★

石川県金沢市大野町1丁目6

からくり記念から少し離れた場所に傳泉寺があり、そこに大野弁吉の墓があります。墓の横には中村屋弁吉の墓の立て札があり、すぐに分かります。

○**弁吉住居跡**　★★

石川県金沢市大野町　日和山

傳泉寺の近くに日吉神社があり、その横に小高い山があっ

大野からくり記念館と茶運び人形（大野からくり記念館）

大野弁吉の墓

大野弁吉住居跡の碑

弁吉住居跡から金沢市街を望む

銭屋五兵衛記念館

て、そこに大野弁吉住居跡があります。行き方としては、近くの大野町保育園を目指して行けば途中に弁吉の碑を示す看板があるので、分かりやすいと思います。弁吉が住んでいた当時は日吉神社も下のほうにあったようで、人里離れた場所でした。ここからは金沢市内が一望でき、人間関係の煩わしさを避けて知を探求するには良い場所です。

○銭屋五兵衛記念館　★★★

石川県金沢市金石本町口55

大野弁吉住居跡から約2・5㎞のところに銭屋五兵衛の記念館があります。銭屋五兵衛の生涯と彼が築いた海運ネットワークが展示されています。その一角に大野弁吉が銭屋へ送った生活工芸品の品々も展示されていて、そのつながりを実感できます。

4　参考文献

・『大野弁吉』かつおきんや著　アリス館牧新社（1975年）

児童作家による大野弁吉の一生を描いた伝記的小説。大野弁吉の人物を知るには最適です。

・『二人のからくり師』木暮正夫著　金の星社（1977年）

大野弁吉と田中久重のからくり師としての比較をしながら、大野弁吉の足跡をたどり、なぜ江戸に行かなかったのかという謎にも取り組んだ一冊。

・『からくり師大野弁吉とその時代――技術文化と地域社会』本康宏史著　岩田書店（2008年）

大野弁吉の技術及び「一東視窮録」の考証が詳しく記載されています。

・『偶人館の殺人』高橋克彦著　祥伝社（1990年）

・『銭屋五兵衛と冒険者たち』童門冬二著　集英社文庫（2005年）

・『波上の館――加賀の豪商・銭屋五兵衛の生涯』津本陽著　中公文庫（1999年）

からくり半蔵

細川半蔵頼直（ほそかわ はんぞう よりなお）

１７４１?～１７９６年
高知県南国市出身

細川半蔵は、１７４１年頃に南国市の郷士の家に生まれます。暦学者、機巧技術者。麻田剛立に学んだ片岡直次郎から天文暦学を学び、京都の遊学でさらに研鑽します。１７９１年（50歳位）に一大決心して江戸へ旅立ちます。江戸では、和時計（柱時計、櫓時計、尺時計）とからくり（茶運人形、五段返、連理返）の仕組みを図解した『機巧図彙』を１７９６年に刊行。幕府天文方山路才助に天文暦学を学び、寛政の改暦に参画。完成前の１７９６年没。

イノベーターとしての半蔵の活躍は、一子相伝の和時計・からくり技術を『機巧図彙』で明文化、江戸の機巧技術伝承法を変えたことです。和時計技術の歴史は、宣教師ザビエルが１５５１年に洋式機械時計を日本にもたらします。１６００年頃、津田助左衛門が徳川家康に献上した洋式機械時計を修理し、新たに作成。一日を24分割した西洋式の機械時計は、日本人に合わず、和時計が開発され時計師により伝承されます。時計師家系でなかった田中久重（１７９９年生）、大野弁吉（１８０１年生）、飯塚伊賀七（１７６２年生）などに『機巧図彙』が影響を与えたと思われます。

フィールドガイドとしては、高知みらい科学館、高知市追手筋２-１-１ オーテピア５Ｆ。参考図書は、『細川半蔵頼直』田中瀧治著など。

（堀池 正人）

近代活版印刷の始祖

本木昌造（もとき しょうぞう）

１８２４～１８７５年
長崎県長崎市出身

本木昌造は１８２４（文政７）年、肥前国新大工町に生まれました。10歳の時、オランダ通詞本木昌左衛門の養子となりました。

１８５４（安政元）年、昌造は下田でプチャーチン率いるロシア使節団との条約交渉の通詞を務めました。その後、ロシア使節団の船は嵐に遭い下田沖で難破し、プチャーチンは戸田村で洋式帆船の新造を決意しました。昌造はこのロシア使節団の建造計画の交渉にあたり洋式帆船「ヘダ号」の完成に貢献しました。また、この頃何故か投獄されています。理由は定かではありません。

１８５６年、昌造は、長崎奉行所が開設した活字判摺立所の取扱掛に任命されました。ここで、オランダから持ち込まれた印刷機を使って和蘭書や蘭和辞典の活版印刷に挑戦しました。

１８６９（明治２）年、活版伝習所を創設し、美華書館（清国にあった印刷所）のギャンブルから活字鋳造と組版の手解きを受けました。１８７０年、新街活版製造所を設立、そこを起点に大阪や東京にも印刷所を設立し活版印刷の普及に務めました。１８７５（明治８）年に51歳で死去しました。

（川島卓也）

5 化学、鉱物・鉱山・金属・製鉄分野の技術者

宇田川榕菴（うだがわようあん）

1798-1846年

岡山県津山市出身

望月 学

1 なぜこの人を取り上げるか？

宇田川榕菴は日本の化学の草分けです。日本で初めて体系的な化学書を出版し、酸素、水素、炭素、窒素などの元素名や元素、結合、中和、試薬、測定、分析、成分などの化学用語を考案しました。榕菴は元々は医者でしたが、蘭学を志し、化学だけでなく薬学や植物学、電気化学にも業績を残しています。

蘭学と言えば杉田玄白の『解体新書』などの医学分野の業績が有名ですが、化学や植物学といった分野も盛んに学ばれていました。本稿が、蘭学の下地があったから明治維新後に日本の科学技術が発展することができたということを実感する一助になれば幸いです。

2 人物紹介

(1) 宇田川榕菴の経歴

1．宇田川家

宇田川家は蘭学の名門です。宇田川榕菴の養祖父である宇田川玄随（うだがわげんずい）（1755-1797）は津山藩の藩医でしたが、幕府の奥医師であった桂川甫周に薦められ『内科撰要（ないかせんよう）』を翻訳します。『内科撰要』は全18巻でしたが、玄随は9巻まで出版した後に43歳で亡くなります。玄随の子どもは幼い頃に亡くなっていたため跡継ぎがおらず、弟子であった安岡玄真が養子となって宇田川家を継ぎました。

こうして宇田川家の当主となった宇田川玄真（うだがわげんしん）（1769-1834）は玄随の仕事を引き継ぎ、残りの『内科撰要』を出版しました。他にも様々な蘭語の解剖書を訳すだけでなく、独自の見解を加えた解剖書『医範提綱』を文化2（1805）年に出版しています。さらに、玄真は治療に必要な西洋の薬草58種を入手し、その性質や効き目を文献と照らし合わして、『和蘭薬鏡』という本にまとめました。医薬品の本としてはこの他に『遠西医方名物考』を出版しています。玄真は子どもができなかったため、弟子の榕菴を養子にしました。

2．宇田川榕菴

宇田川榕菴は、寛政10（1798）年、大垣藩の江戸詰め医である江沢養樹の長男として生まれました。文化8（1811）年に13歳で父と自分の師であった津山藩医宇田川玄真の養子になり、文化14（1817）年に津山藩医になりました。

オランダ通詞の馬場佐十郎らにオランダ語を学び、文政5（1822）年に24歳で『菩多尼訶経』を出版し、西洋の植物学を初めて日本に紹介しました。さらに、文政5（1822）年～文政8（1825）年にかけて養父玄真との共著として医薬書『遠西医方名物考』を出版しています。その後、文政9（1826）年に蕃書和解御用という幕府の蘭書翻訳機関の訳員となりました。このときの上司が文政11（1828）年のシーボルト事件で死罪となった高橋景保です。

その後、文政11（1828）年から文政13（1830）年にかけて医薬書『新訂増補和蘭薬鏡』、天保5（1834）年に『遠西医方名物考補遺』を出版しています。さらに、天保6（1835）年、37歳の時に植物学書『理学入門　植学啓原』を出版しました。

39歳の天保8（1837）年から死後の弘化4（1847）年にかけて舎密開宗という日本で初めての体系的な化学書を出版しました。その間、天保2（1831）年に日本で初めてボルタの電堆を作成し、これを用いて水の電気分解をおこないました。

弘化3（1846）年、没。享年49。玄随、玄真、榕菴の墓所は岡山県津山市の泰安寺にあります。

(2) 科学技術者としての分野

宇田川榕菴は『舎密開宗』という日本で初めての体系的な化学書を出版しました。本書はイギリスのマンチェスター大学の William Henry の著書 Elements of Experimental Chemistry（1799）のオランダ語訳を原本とし、他の化学書からの増補や自分たちで実験した結果の考察も追記されています。

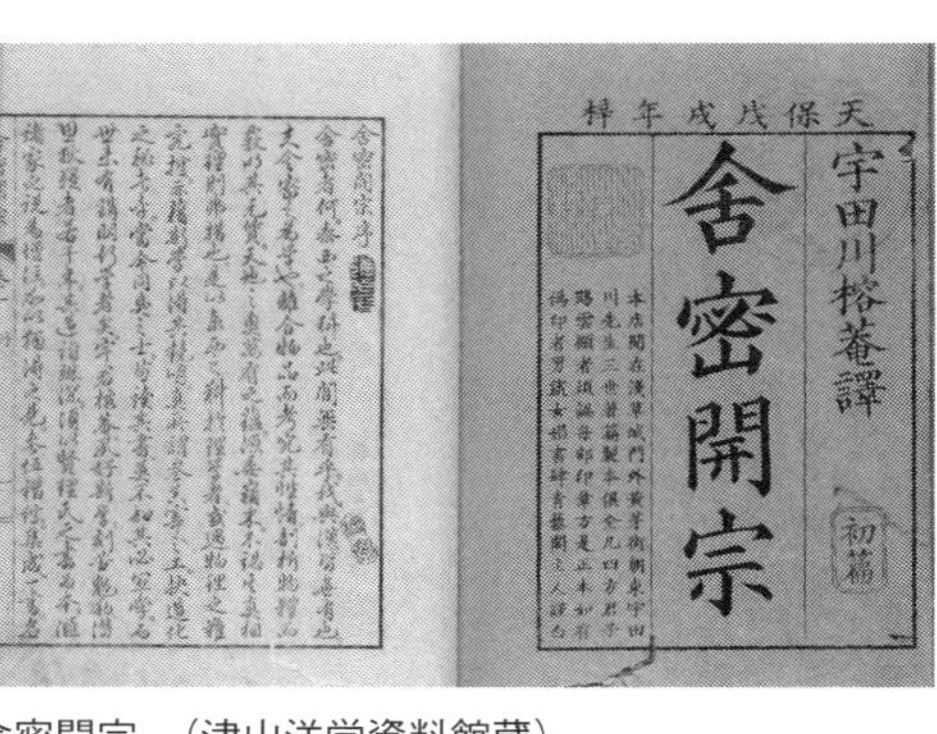

舎密開宗　（津山洋学資料館蔵）

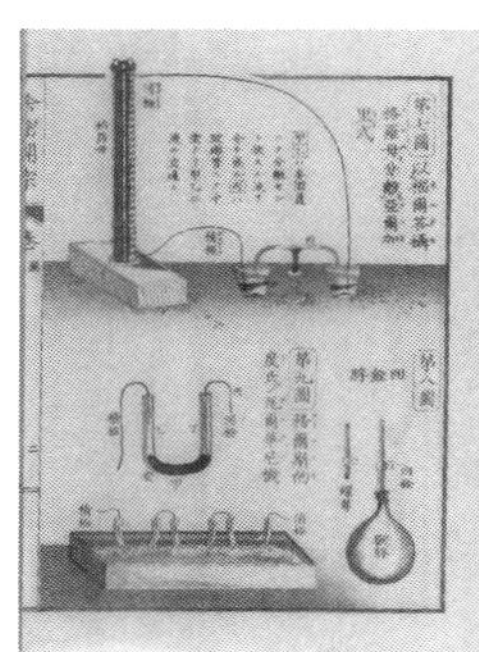

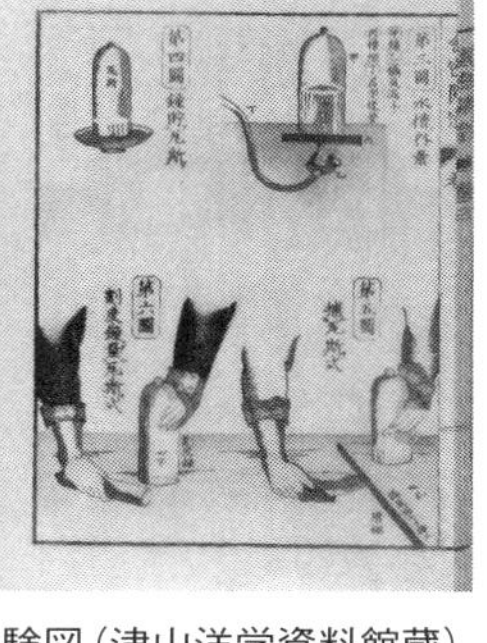

『舎密開宗』ボルタの電堆実験図（津山洋学資料館蔵）

　舎密とはオランダ語で化学を意味するchemieの音訳で、化学という言葉が考案されて定着するまでは使われました。明治2（1869）年に大阪に官営の教育機関である舎密局が設置されたり、明治22（1889）年に日本舎密製造会社（日産化学工業株式会社の前身会社の一つ）が設立されたりしており、明治時代には普通に使われていたようです。

　なお、酸素、水素、炭素、窒素などの元素名や元素、酸化、還元、結合、中和、試薬、測定、沈殿、物性、成分などの化学用語も榕菴が考案しています。舎密という言葉こそ現在は使われておりませんが、榕菴の考えた化学用語のほとんどが現在まで使われていることから、『舎密開宗』の影響の大きさが伺えます。榕菴が日本の化学の基礎を築いたと言っても過言ではないでしょう。榕菴の蔵書や出版物は大阪にある杏雨書屋に保管されており、日本化学会から化学遺産第1号として認定されています。

　榕菴は本業である医学と、薬学でも大きな業績を残しています。当時の西洋の医学書に書かれている薬は日本では手に入らないために治療できないことが多かったのですが、自分たちで薬を作り、治療できるようにするため、『遠西医方名物考（養父玄真との共著）』『新訂増補和蘭薬鏡』、『遠西医方名物考補遺』といった医薬書を出版しています。

　榕菴は化学や医学の研究と並行して植物学の研究もしています。『菩多尼訶経』という書物を出版し、西洋の植物学を初めて日本に紹介しました。菩多尼訶経は1200字程度と短いものでしたが、経文調の漢文で書かれており、西洋の植物学の分類法をお経のような文章で紹介したものでした。また、出版形式もお経と同じ折本形式でした。日本に本草学という下地が元々あったところに西洋の分類法を紹介することで日本の植物学は一気に進歩したものと思われます。その後に出版した植物学書『理学入門　植学啓原』は、西洋の専門書の要点をまとめたものであり、色刷りの詳細な図解入りの本格的な入門書でした。なお、葯、柱頭、花柱などの生物用語も榕菴が考案し、現在も使われています。

さらに、日本で初めてボルタの電堆を作成し、これを用いて水の電気分解をおこないました。このときの様子は弟子により『瓦爾華尼越列機的児造作記』としてまとめられています。

(3) その他エピソード

・宇田川榕菴はコーヒーにも造詣が深く、文化13（1816）年、18歳にして「哥非乙説」という論文を著したそうです。珈琲という当て字を考えたのも榕菴であると言われており、『博物語彙』という文献に記録が残っています。

・養父である宇田川玄真は養子として宇田川家を継ぐ前に杉田玄白の養子だったことがありますが、放蕩を理由に離縁されていました。後に和解して玄白に『和蘭内景医範提綱』の序文を書いてもらっています。

・榕菴はシーボルトとも交流があり、多くの植物標本を提供しています。

・植物学者の牧野富太郎は菩多尼訶経を暗記しており、機嫌のいいときは声に出して唱えていたそうです。

3 フィールド・ガイド

○津山洋学資料館　★★★

岡山県津山市西新町5

宇田川玄随、玄真、榕菴の3代にわたる業績の紹介の他、箕作阮甫など郷土の蘭学者に関する展示がされています。内

津山洋学資料館

科撰要、和蘭薬鏡、遠西医方名物考、舎密開宗など関係資料を多数所蔵しており、非常に見応えがあります。西隣には箕作阮甫旧宅があります。

城西浪漫館

○城西浪漫館　★★

岡山県津山市田町112

中島病院跡を利用した記念館です。大正6年建築の木造2階建ての趣のある建物で、国の登録有形文化財になっています。1階と2階の展示スペースでは菩多尼訶経、遠西医方名物考補遺、医範提綱などの所蔵品が展示されています。1階のSo's Cafeでは榕菴が飲んだものと同種の豆を使い、榕菴が書き残したイラストから復元した珈琲罐（こーひーかん）で淹れる「榕菴珈琲」を飲むことができます。

○杏雨書屋（きょううしゃおく）　★★

大阪市中央区道修町2-3-6

武田科学振興財団が所有している図書資料館です。榕菴が舎密開宗の執筆のために調査研究した蘭書資料の覚え書き、稿本、手沢本が多数保管されており、『舎密開宗』や『瓦爾華尼越列機的児造作記』も所蔵されています。これらの資料は日本化学会から化学遺産第1号として認定されています。

4 参考文献

・『舎密開宗』
現代語訳は1975年に講談社から出版されています（校注：田中実、現代語訳：林良重、金沢昭二、楠山和雄、黒杭清治）が、現在は絶版となっています。
原本は国立国会図書館デジタルコレクションなどのWeb上で公開されており、誰でも閲覧することが出来ます。

・『岡山蘭学の群像1』公益財団法人山陽放送学術文化財団　吉備人出版（2016年）

・『シーボルトと宇田川榕菴』高橋輝和著　平凡社（2002年）

・『宇田川榕菴　江川太郎左右衛門』奥山修平著　ほるぷ出版（1992年）

・巽広輔、電気化学の夜明け、Review of Polarography、46、3-7、2000

江戸の科学啓蒙の奇人画家

司馬江漢（しば こうかん）

1747～1818年
東京都港区出身

司馬江漢は江戸時代の絵師、蘭学者で本名は安藤峻、字は君嶽、君岡、司馬氏を称し、また春波楼、桃言、無言道人、西洋道人と号します。浮世絵師の鈴木春重（すずきはるしげ）も同一人物です。江漢は1747年に生まれ、生まれつき自負心が強く、好奇心旺盛な彼は絵を好み、一芸を持って身を立てようと考えていました。

15歳で父が没、19歳のころ浮世絵師へ、また25歳で南蘋派の画法を吸収し漢画家へ、源内に西洋科学を学び、小田野直武に洋風画を学ぶ。活躍期として33歳ごろ前野良沢、大槻玄沢に蘭語を学び、銅版画の製作に成功。絵の具の考案などもあります。

イノベーターとしての行動は、蘭学者として西洋天文学（地動説）、暦数学、究理（物理学）を学び、語学と器用さで分かりやすく紹介しました。特に『和蘭天説』や『刻白爾（コッペル）天文図解』などといった啓蒙書も残しています。60歳で「退隠書画会」（閉居）、その後67歳で自分の死亡通知を出すところが奇人といわれるゆえで72歳没。

フィールドガイドとして主要なところは司馬江漢墓（慈眼寺）：東京都豊島区巣鴨5-35-33。参考図書は司馬江漢全集など、多くの記録や論評があります。

（出川 通）

万能の科学者

川本幸民（かわもと こうみん）

1810-1871年

兵庫県三田市出身

折田 伸昭

1 なぜこの人を取り上げるか？

皆さんは川本幸民という蘭学者をご存知でしょうか？　日本で初めてビールやマッチ、写真機を試作するなど化学の分野で数多くの優れた業績を残した人物です。「化学」という言葉を日本で初めて使ったのも彼で、文字通り日本の近代化学の祖でありながら、一般にはあまり名が知られていません。江戸で3度の大火にあって焼けだされ、蔵書や資料のほとんどを消失してしまったこと、また蕃書調所という幕府の役所で教授職を勤めていたこともあり、明治維新後はあまり脚光を浴びることがなかったのがその理由かもしれません。

川本幸民出生地の説明板（三田市）

私が川本幸民に惹かれたのは、好物のビールを日本で初めて醸造した人物であること、キリンビールの技術者が彼の著書『化学新書』を元に約150年前のビールの復元を行なったことを知ったのがきっかけでした。調べていくと、蘭学者として化学に限らず多様な分野の本を翻訳していること、故郷の兵庫県三田市では街おこしに一役買っていることも分かってきました。この章では、そんな川本幸民の魅力をお伝えしたいと思います。

2 人物紹介

(1) 略歴

川本幸民は文化7（1810）年、三田藩医川本周安の末子として、摂津国有馬郡三田町（今の三田市三田町）で生まれました。藩校造士館で学問を学んだ後、播磨国加東郡木梨村の村上良八塾に入門、医学を学びます。文政12（1829）年、藩主九鬼隆国に抜擢され、江戸に遊学。翌年、坪井信道の安懐堂に入門し蘭学を学びます。この安懐堂では緒方洪庵と同門であり、二人は生涯の友となります。天保5（1834）年三田に一時帰国し、藩医となりますが、翌年には再び江戸に出て医者を開業し、結婚もしてと、ここまでは順風満帆な人生でした。しかし、酒に酔って仲間の武士とけんかになり刃傷事件を起こしてしまい、浦賀に蟄居の身となります。浦賀での謹慎生活は5年に及びました。

嘉永元（1848）年、マッチの試作に成功、その後、日本で初めての写真撮影にも成功しました。幸民が51歳の時に撮影された肖像写真を見ると、吊り上がった眉には好奇心旺盛さが、引き締まった口元には我慢強さが感じられます。また、黒船来航時に軍艦に招待されてビールをごちそうになった人の話を聞き、オランダの本を研究して自宅でビールを試醸しました。

幸民は優れた語学能力を持ち、多岐にわたる分野のオランダの書物を翻訳・出版しました。安政3（1856）年幕府の設置した蕃書調所教授手伝に就任。その後、蕃書調所教授並、蕃書調所教授と昇進していき、文久2（1862）年、洋書調所教授として幕府直参三十人扶持に取り上げられ、最後は開成所教授筆頭となりました。開成所はその後、東京大学の前身へとつながっていきます。

明治元（1868）年、三田に帰国し、三田に英蘭塾を開校。多くの塾生を受け入れましたが、息子の川本清一が太政官出仕のため、家族で東京に移住することとなり、英蘭塾は僅か2年で閉鎖となります。上京後、川本幸民は隠居し、明治4（1871）年に亡くなりました。

（2）科学技術分野

医学、蘭学を学んだ川本幸民は、医学、薬学、物理、化学の分野で多くのオランダの書物を翻訳し、日本に紹介しました。主な業績として有名なものには『遠西奇器述』、『気海観瀾広義』、『化学新書』があげられます。

『遠西奇器述』（1854）はファンデルビュルフの自然科学書をもとに西洋の新技術を解説したもので、写真機や電信機、蒸気機関、マッチなど12項目について、技術を原理から説明しており、最新の科学技術の紹介書として当時の洋学者たちに歓迎されました。この『遠西奇器述』の初集の出版は、西洋の科学技術に強い関心を寄せた島津斉彬の薩摩藩によるものでした。

『気海観瀾広義』は全15巻の物理学書で、理学一般の総論から、力学、化学、熱学、電気学、光学などの説明の他、天体や潮汐の理論も詳述されています。

『化学新書』（１８６０）はドイツの化学者シュテックハルトの著書『化学の学校』のオランダ語訳を日本語に翻訳したもので、元素、化学反応、記号を用いた化学式など、当時の西欧化学の最新知識が詳述されており、日本の近代化学の礎となりました。この本の中で、それまでのオランダ語に由来する「舎密」に代わり、初めて「化学」という言葉を使用しました。この『化学新書』にはビールの醸造方法も述べられており、幸民は『化学の学校』から得た知識を活用して自宅でビールを試醸しました。それにしても、手に入る原料も限られていた時代に、本からの知識だけでビールを作ってしまうのは並大抵のことではありません。辞書も満足にない時代に、多くの分野のオランダ語の書物を読んで内容を正確に理解していた幸民の語学力と、化学以外の植物や発酵に関する幅広い知識、実際に作ってみる情熱と技術には驚かされます。「原理さへ分かれば日本人にも作れる」という幸民の強い意気込みが伝わってきますが、このような考えの背景には、古代から中国から持ち込まれた新しい技術や知識を吸収し、独自に発展させてきた日本の歴史と、それを支えた日本人の生真面目さや職人文化、教育水準の高さがあったのだと思います。

（３）その他のエピソード

薩摩藩とのつながり

幸民は安政４（１８５７）年に薩摩藩籍に入りますが、何故、三田藩から薩摩藩に移籍することになったのでしょうか？　幸民が最初に薩摩藩からの蘭書翻訳の依頼を受けたのは、弘化２（１８４５）年頃と言われています。当時の薩摩藩主は島津斉彬。薩摩藩の富国強兵を進め、西郷隆盛や大久保利道を登用した人物です。藩の近代化を進めるため、西洋の科学知識を必要とした斉彬は、多くの蘭学者と交流を持ち、宇田川榕菴、高野長英、坪井信道、伊東玄朴ら当代一流の蘭学者に翻訳を依頼していました。幸民が最初に斉彬から翻訳を依頼されて完成させたのは『兵家須読舎密真源』と名付けた化学の入門書で、その出来栄えにいたく感銘した斉彬はその後も多くの翻訳を依頼します。斉彬は嘉永５（１８５２）年に佐賀藩から反射炉の製造法を記した翻訳書を譲り受けて反射炉を完成させたのを皮切りに、溶鉱炉、大砲や蒸気機関の製造所やガラス工場などの建設に着手、いわゆる「集成館事業」を開始します。この集成館事業のために斉彬は幸民の力を必要とし、幸民の獲得に乗り出しました。

復元ビール

川本幸民が造ったビールの復元は小西酒造でも行なわれ、こちらは「幕末のビール　幸民麦酒」として販売されています。筆者も幸民のことを知って以来、飲んでみたいと思っていましたが、ようやくJR三田駅近くの酒屋で購入して飲むことができました。日本酒酵母を使用した復元ビールは、上面発酵のエールビール。フルーティで爽やかな喉越しで、幕末に初めてビールを飲んだ日本人にも飲みやすかっただろうなと思わせる優しい味でした。酒好きで好奇心旺盛だった幸民の苦労を偲びながら、美味しくいただきました。

幸民麦酒

幸民の人柄

若い頃から酒好きで緒方洪庵ともよく盃を重ねていたそうです。洪庵が幸民の飲みっぷりに感心して残した言葉「幸民いよいよ酔えばいよいよ勤む。吾人の及ばざるところ」

ある時、金持ちの商人が西洋のマッチを手に入れて自慢し、同じ物を作れたら五十両差し上げましょうと幸民をからかいました。幸民は黄燐を使ってマッチを試作し、慌てた商人は「あれは冗談でした」とごまかそうとしたが、許さなかったそうです。

3 フィールド・ガイド

○兵庫県三田市　★★★

川本幸民ゆかりの場所が歴史の散歩道として整備されており、出生地や英蘭塾跡、藩校造士館跡、川本幸民顕彰碑などを巡ることができます。

○川本幸民出生地　★★

兵庫県三田市三田町

JR三田駅から徒歩で武庫川を渡ったあたりからが旧三田

藩の城下町で、川本幸民の出生地には住宅の前に説明板が建てられています。

○英蘭塾跡　★

兵庫県三田市屋敷町

　武家屋敷の面影が残る閑静な住宅地の一角には、明治維新後、東京から三田に帰国した幸民が開いた英蘭塾跡があります。幕末の三田藩からは、日本の鉄道建設の基礎を築き上げた技術者の九鬼隆範（くきりゅうはん）、駐米特命全権公使や帝国博物館総長をつとめた九鬼隆一（くきりゅういち）、北海道開拓事業を先がけ、開拓団「赤心社」の設立と発展に尽くした鈴木清（すずききよし）ら、優秀な人材が輩出され、明治時代に活躍しました。皆、藩校造士館で学び、川本幸民の英蘭塾で学んだ人材で、街中を散策していると彼らの出生地に立つ説明板を見つけることができます。

○川本幸民顕彰碑　★★

兵庫県三田市屋敷町２-20

　三田城跡地は現在、三田小学校となっており、校門脇には川本幸民顕彰碑が建てられています。この顕彰碑は昭和28年に建てられたものですが、日本で初めてビールを試醸した幸民に敬意を表したビール協会から寄付金が寄せられ、除幕式当日はビール２千本が飲み放題だったそうです。

川本幸民顕彰碑

○三田ふるさと学習館　★

兵庫県三田市屋敷町７番33号

　平成22年に川本幸民生誕２００年を記念して三田市で開催された講演会の資料や、川本幸民の業績が残る「鹿児島・尚古集成館」が平成27年に世界遺産に登録されたのを記念して出版された資料等が置かれています。

○蕃書調所跡　★★

東京都千代田区九段南１-６

　川本幸民が教鞭を取っていた蕃書調所跡は東京・九段下にあり、石碑の説明板には以下のように書かれています。

「蕃書調所は、最初『蕃書和解御用』として西洋の書類を解読して海外事情を調査するために設置されました。その後、

幕臣・諸藩の家臣らに対して西洋の文物を教育する機能も加わります。（中略）

のち神田一ツ橋通りに移転して洋書調所、さらに開成所と改称していきます。明治二年に大学南校となり、開成学校と改称しました。現在の東京大学法学部・文学部・理学部の前身です。」

○旧九鬼家住宅資料館　★★

兵庫県三田市屋敷町7番35号

三田藩主九鬼家は、戦国時代には志摩国鳥羽藩を拠点に九鬼水軍を率いて豊臣秀吉の九州征伐や朝鮮出兵で水軍総督を務めた戦国大名でした。しかし江戸時代に入ると家督争いが起こり、水軍力を恐れた徳川家光はこの家督争いを理由に家督を分割し、内陸の三田と綾部に移封させました。これにより九鬼家は鳥羽の地と水軍を失い、幕末まで三田藩を統治することになります。三田藩の学問所は元禄7（１６９４）年に設立され、儒官の白州家が代々朱子学を教えてきました。第10代藩主隆国は、儒学の発展のため文政元（１８１８）年に聖堂を建て、白州邸内にあった学問所を移して藩校「造士館」を設立、また洋学にも関心を示し、幕末に向け三田藩の近代化を推進する基礎を築きました。川本幸民が学んだ造士館でのちに教鞭をとり、白州退蔵は明治維新に際しては大参事として藩をリードし、難局を乗り切りました。この白州退蔵の孫が白州次郎であり、彼は戦後、首相吉田茂の側近として連合国軍総司令官と対等に渡り合い、「従順ならざる唯一の日本人」と言わしめた人物です。

○清涼山心月院　★★

兵庫県三田市西山2丁目4-31

九鬼家と白州家の菩提寺で、境内には歴代三田藩主の墓石のほか、白州次郎・正子夫妻の墓石もならんでいます。

4 参考文献

・『蘭学者　川本幸民』北康利著　ＰＨＰ出版（２００８年）
・『川本幸民の足跡をたどる―蘭学の伝統―』八耳俊文著　ＮＰＯ法人　歴史文化財ネットワークさんだ（２０１１年）
・『薩摩藩主島津斉彬にスカウトされた…蘭学者川本幸民』藤田裕彦著　三田市郷土文化研究会（２０１６年）
・『日本橋茅場町で造られた日本最初のビール〝幸民麦酒〟』辻巌著　生物工学第89巻（２０１１年第2号）

近代製鉄の父

大島高任（おおしま たかとう）

1826-1901年

岩手県盛岡市出身

岩堀 伸彦

1 なぜこの人を取り上げるか？

大島高任は、今から約150年前に日本で初めて製銑に成功した人物で、「近代製鉄の父」と呼ばれています。旧来日本で行なわれていた製法では、砂鉄を原料とし一度に鉄製品を取り出す方法、又は砂鉄から得られた銑鉄を反射炉で精製して取り出す方法が採られていましたが、強度のある鉄製品を大量に造るためには、鉄鉱石を原料とし一度銑鉄を取り出し二段階で行なう製鉄の方法が適しています。この銑鉄を取り出す製法を目指した人物です。

アヘン戦争での清国の敗北やペリー来航により、当時鎖国していた日本は欧米列強の侵略から国を守るため、西洋文化・技術を取り入れ対抗していくことが急務となりました。大島高任は、鉄こそが日本の近代化を推進するものであると見定め、欧米の製鉄技術にならい、二段階による製鉄方法（間接製鉄法）を目指し、現在の岩手県釜石市に洋式高炉を建設しました。ペリー来航から4年半後の1857年に銑鉄の取り出しに成功しています。高炉に初めて火が入れられた（旧暦）安政4年12月1日にちなみ12月1日は「鉄の記念日」に制定されています。

釜石駅前大島高任銅像

2 人物紹介

（1）大島高任の経歴

大島高任は盛岡藩（南部藩ともいう）に、１８２６（文政9）年、盛岡藩藩侍医大島周意の長男として生まれました。名は文治、のちに周禎と名乗りました。南部と言いますと南部鉄器が有名ですが、鉄つながりであることは必然的なことです。この近隣の北上山地では、鉄の原料となる砂鉄や岩鉄（鉄鉱石）が採れ、鋳型材料となる砂や粘土、燃料となる木炭などの資源に恵まれていました。

１８４２（天保13）年、高任は17歳から江戸で箕作阮甫に入門しますが、箕作の推薦により、坪井信道の日習堂に入門し蘭学を学びました。１８４６年、南部藩の藩命により20代で長崎に留学し兵法（砲術）・鉱山学（冶金・採鉱）などを学びました。

１８５２（嘉永5）年、江戸にある伊東玄朴の象先堂で再び兵法・砲術を学びました。

１８５３（嘉永6）年、ペリー来航の危機から、水戸藩主徳川斉昭に招かれ、１８５５（安政2）年、水戸藩那珂湊に反射炉を完成させました。翌年に大砲の製造に成功しますが、砂鉄が原料の大砲では強度面で問題があることを知り、鉄鉱石を原料とし洋式高炉で出銑（反射炉の原料となる銑鉄を取り出すこと）することを目指します。当時各地の反射炉に持ち込まれた銑鉄は砂鉄を原料とし伝統的なたたら炉で作られたものであり、古来よりたたら製鉄が盛んな中国地方石見国（現島根県）が主な産地でした。砂鉄に由来する石見の銑鉄はケイ素の含有量が少なく、大砲に適した粘り気のある鉄の生産には不向きだったようです。製鉄については、次章でも少し詳しく述べます。

水戸藩で反射炉が建設される前後、日本では反射炉の建設が各地で行なわれていました。１８５１〜１８５３年に佐賀藩では、江戸で反射炉試作を行なった江川英龍の協力も得ながら佐賀藩主鍋島直正が築地反射炉（佐賀）を完成させ、日本で初めて銑鉄性の大砲を製造しました。そのほか、韮山反射炉では１８５７年、銑鉄の熔解に成功し、翌年１８５８年に韮山製の大砲の試射が成功し完成しています。この韮山の反射炉建設には江川英龍が携わっていました。

一方、高炉建設を目指した高任は、良質な鉄鉱石を産出する故郷盛岡藩甲子村大橋（現・釜石市）に洋式高炉を建設し出銑に成功しました。ペリー来航の4年半後の１８５７

（安政４）年のことです。その後、釜石市橋野で仮高炉の建設に着手し、半年後稼働を始めました。橋野高炉は、那珂湊にあった水戸藩の反射炉に大砲用の銑鉄を供給するため盛岡藩によって建設されたものです。

最終的に九州地方（八幡製鉄所）で花開いた産業革命の製鉄の源流は、高任によって高炉が建設された盛岡藩・釜石及び反射炉が建設された幕府天領の韮山や佐賀、薩摩、水戸、萩などの雄藩にあるといえます。

その後盛岡藩に戻っていた高任は１８６１（文久元）年、蘭学・英語・医学・物理・化学・兵術・砲術などを教える日新堂を盛岡に創設しました。日新堂の生徒には新渡戸稲造がいます。

維新後、１８７１（明治４）年には高任の進言で工学寮（後の東京大学工学部）が創設されます。同じ年の明治４年、岩倉使節団に同行し欧州の鉱山を視察しました。その後高任は、阿仁鉱山局長（阿仁鉱山は秋田県にあった鉱山で、その昔、平賀源内が関わりを持っています）、佐渡鉱山局長などを務め、鉱山経営に大きな足跡を残しました。佐渡鉱山には「高任坑」という竪坑が残っています。明治23（１８９０）年には日本鉱業会の初代会長に就任しました。明治28年70歳で隠居、東京西ヶ原に茶園を開設しました。後年は那須野の開墾に携わり、葡萄園と葡萄酒醸造所の設営に係わりました。明治30年ころ那須野葡萄酒の市場販売もしました。明治34年東京本郷の自宅にて76歳で永眠しました。

大島高任が晩年開設した茶園は東京北区西ヶ原の旧古河庭園（古河庭園は、もとは明治期、陸奥宗光の邸宅でした）にあったとのことですが、旧古河庭園の資料や陸奥宗光の関係をあたってみても大島高任に結びつく資料が乏しいです。ほかの角度から調べていきますと、古河財閥の創始者である古河市兵衛（１８３２‐１９０３）との関係が浮上してきます。古河市兵衛は、盛岡に暮らしたこともあり、高任とは阿仁鉱山でつながりを持ち、福島県軽井沢銀山を共同経営したこともあり、深くかかわっていたようです。市兵衛は陸奥宗光の次男を養子にもらうほどの関係を築いており、ここで古河庭園のつながりが見えてきました。高任の茶園は古河市兵衛の手に渡って土地を合わせて現在の旧古河庭園の敷地になったようです。古河市兵衛については彼のおこなった事業の一部が現在の古河電気工業につながっていきます。

（2）関連技術分野

日本における製鉄は武器である日本刀の需要・発展と切り離すことができません。幕末の当時西洋から伝わった技術

製鉄の工程	製銑工程	製鋼工程
除去するもの	酸素を取り除く（還元）	主に炭素を取り除く
変化	鉄鉱石→銑鉄（鋳鉄）	銑鉄→鋼・鋼鉄
使用される炉	溶鉱炉・高炉	反射炉・転炉

はその時の最新のものではなく、しかもその中の一部、日本に入ってきた文献から翻訳して得た情報でした。こうした状況でも高炉・反射炉を造り、大砲などの鉄製品を造る技術があったのは大工、瓦・陶磁器職人、鍛冶屋の職人集団がいて、高度な製鉄技術があったからこそであり、短期間で技術を取り入れる潜在能力があったのでしょう。古来からのたたら製鉄法では、鉄鉱石から一気に不純物の少ない鋼鉄や錬鉄を得る直接製鉄法でしたが、生産のたびに炉を破壊しなければならないなど鉄製品の連続生産・大量生産はできませんでした。前述のように近代以降世界では一般的に鉄の製造工程は、二工程（間接製鉄法）が採られており、鉄鉱石内の酸化鉄を還元して銑鉄とする製銑と、銑鉄中の炭素などの不純物を酸化させて取り除く製鋼の工程から成っています。鉄鉱石を還元するのは溶鉱炉（高炉）で、高炉で得られた銑鉄を反射炉で製鋼することになります。製鋼は現在ではふつう転炉で行ないますが、転炉ができるまでは欧米でも反射炉が使われていました。

技術者であった高任の業績は、明治新政府の富国強兵・殖産興業の根幹となり、日本の近代化の礎となりました。1874（明治7）年、官営製鉄所着工、1880（明治13）年には官営釜石製鉄所が発足、のちに民間に払い下げられた釜石鉱山田中製鉄所（現在の新日鉄住金釜石製鉄所）は、1903年に日本初の銑鋼一貫製鉄所となり、その技術は官営八幡製鉄所にも用いられ、日本の製鉄技術を大きく前進させています。

(3) 大島高任のエピソード

高任は次の時代を作るための飽くなき向学心・探究心・知的好奇心を持ち、近代化への開発・発展に力を注いでいく決断力と行動力の持ち主であり、その時その時の最新の技術に触れるため、長崎への留学や、欧米諸国への留学など第一人者から学ぶことを心掛けていました。

精力的に建白や進言をおこない、幕末から維新の激動の時代にあっても国の激変に動じることなく我が道を行くことに終始しました。

官営の製鉄所を釜石市の港湾付近に建設しようとなったと

き、ドイツからの技術者ビアンヒーの案との対立がありました。結局高任はビアンヒー案に負けましたが、ビアンヒー案を採用した官営製鉄所は長続きしませんでした。この時高任の出した案は、「小さく生んで大きく育てる」との発想から成っており、現代のリスク分散の考え方につながるような気がします。

3 フィールド・ガイド

○世界遺産の橋野鉄鉱山・高炉跡　★★★

岩手県釜石市橋野町第2地割15（インフォメーションセンターは橋野町第2地割6）

橋野鉄鉱山インフォメーションセンターに駐車し、まずはセンター内で映像を見て橋野高炉跡がどんな意味を持つのか理解しましょう。センターから高炉跡までは少々歩きます。高炉跡までの歩くところは開けておりますが、ほんの近くにクマが出たということなのでクマだけには気をつけてください。単独行動は避け、しゃべりながら歩きましょう。一番～三番の石組の高炉跡3基の遺構があります。橋野鉄鉱山にアクセスする県道35号線は山中のため、事前に交通事情をご確認のうえお出掛けください。冬季は閉鎖されています。

○鉄の歴史館　★★★

岩手県釜石市大平町3丁目12番7号

大島高任の生涯、釜石の製鉄の歴史を詳しく学ぶことができます。橋野三番高炉を原寸大で再現しています。橋野高炉跡とセットで行くことをお勧めします。歴史館は高台にあり、歴史館の3階からは釜石湾と釜石大観音（の後ろ姿）の美しい景色が見られます。

鉄の歴史館外観

○釜石市郷土資料館　★★

岩手県釜石市鈴子町15番2号　釜石市教育センター北側

所蔵資料のほとんどは市民からの寄贈によるもので市民手作りの資料館です。橋野高炉が稼働していた当時を模型で再現し高炉の建物の形や鉄づくりの作業の様子をイメージすることができます。

○旧釜石鉱山事務所　★★★

岩手県釜石市甲子町第1地割90番地2

もとは釜石鉱山株式会社の総合事務所とし使用していた建物で、国登録有形文化財です。

昭和時代の旧釜石鉱山事務所を再現しています。東日本大震災で被害に遭いましたが、耐震補強工事を施し２０１６年にリニューアルオープンしました。事務所入り口横には大島高任父子顕彰碑があります。江戸時代ここの当時甲子村大橋では橋野より前に高炉を建設して12月1日の「鉄の記念日」の由来もこちらなのですが、その遺構は残っておらず、世界遺産は橋野に取られてしまいました。事務所内は昭和時代の歴史的遺物が多く展示され、手に取って体験できるものが多いです。江戸時代とは離れてしまいますが見る価値は満載です。現在釜石市が管理していますがこぢんまりしていてフレキシブルに対応していただけます。ありがたいです。冬季閉鎖。

4 参考文献

・『日本製鉄事始―大島高任の生涯』半沢周三著　新人物往来社（１９７４年）

・『大島高任―日本産業の礎を築いた「近代製鉄の父」』半沢周三著　ＰＨＰ研究所（２０１１年）

・『ポピュラーサイエンス２７９日本の化学の開拓者たち』芝哲夫著　裳華房（２００６年）

化学の視点から見て日本の化学に貢献した人について、宇田川榕菴、川本幸民などについても書いてあります。

・『歴史の群像11先駆』吉田光邦、三好京三ほか著　集英社（１９８５年）

前野良沢、平賀源内、伊能忠敬、国友藤兵衛（一貫斎）なども載っている歴史短編集です。シリーズ中、〝科学者〟を取り扱っているのはこれだけです。

・『知られざる鉄の科学』齋藤勝裕著　サイエンス・アイ新書（２０１６年）

大島高任とは関係なく、製鉄とは何か、鉄とは何かが理解できます。

・『日本の鉱山を巡る《人と近代遺産》』岡部利彦著　弦書房（２０１５年）

日本の鉱山について歴史から人物も非常に詳しく書いてあります。上巻では釜石、佐渡、石見、足尾、下巻では夕張、筑豊、三池などが載っています。

日本初の実践化学者

上野彦馬（うえのひこま）

1838-1904年

長崎県長崎市出身

宗像 基浩

1 なぜこの人を取り上げるか？

幕末には様々な科学技術が日本に入ってきました。上野彦馬は坂本龍馬の写真を撮影した写真家として知られていますが、写真の仕組みは化学そのもので、上野彦馬は化学を学んで写真家となりました。つまり、上野彦馬は日本の近代化学者の一人であり、写真を通して化学を実践した最初の人です。

2 人物紹介

(1) 上野彦馬の経歴

上野彦馬は1838年10月15日（天保9年8月27日）、現在の長崎市銀屋町で父上野俊之丞（しゅんのじょう）、母以曽（イソ）の第4子として生まれました。銀屋町は石工、絵師や金属加工などの職人が住む街でした。彦馬の家も元々は絵師の家系でしたが、父俊之丞は煙硝や更紗などの開発でも有名で、シーボルトに学んだといわれる蘭学者であり、時計師、貿易業者でもありました。また、家では母以曽の指導もあってオランダ語も使われていました。ちなみに母の実家は長崎唐通事の安部氏です。また、生家から出島までは500mぐらいしか離れていませんし、長崎街道にも近く様々な情報や物品が行き交ったと思われます。

ところで、俊之丞は1839年に世界で最初に市販されたジルー・ダゲレオタイプ・カメラを日本で初めて1848（嘉永元）年に入手（実際は再入手）していますが、彦馬はこのカメラを見ているかもしれません。また、俊之丞は鍋島

藩の依頼により様々な西洋の機器を輸入していますが、とても手先が器用でそれらの複製品も作っていました。その出来映えは元々の機器を凌駕していたそうです。

彦馬は１８５３（嘉永６）年からの2年間を広瀬淡窓が開設した日本最大規模の私塾（学校）である日田の咸宜園で学びました。ここでは四書五経や数学、天文学、医学などの様々な学問の講義がありました。さらに門下生一人ひとりの意思や個性を尊重する教育が行なわれており、既成概念にとらわれないことの大切さも学びます。

長崎に戻ってきた彦馬は１８５８（安政５）年に医学伝習所の中に新設された舎密試験所に入り舎密学（化学）を学びます。教官はオランダ軍医ポンペ・ファン・メールデルフォールトです。また、大通詞（通訳）からオランダ語も学んでいますが、上野家の墓所の回りには大通詞の家の墓所もあり、普段から通詞と交流があったと推測されます。

この舎密試験所で彦馬は写真に興味を持ち、津藩士　堀江鍬次郎らと蘭書を頼りに写真を撮影しようとします。そして、１８５９（安政６）年、20歳そこそこの時にカメラを自作し薬品を調合して興福寺の山門を被写体として最初の撮影を試みます。撮影には成功したようですが全く満足出来ませんでした。そこで、スイス人写真家のロシエから写真術を学びますが、その理由は、ポンペを介して見たロシエの写真の精巧さに驚いたからと言われています。その後、感光剤に用いる純度を高めた化学薬品の自製に成功するなど、写真の研究を深めていきますが、当時の器具や材料で自製に成功するとは驚きです。また、高精度のカメラを欲した彦馬は堀江に相談し、津藩主・藤堂高猷の許可を得て堀江がオランダ商人・領事ボードインから湿板写真用カメラを１５０両で入手しています。そして彦馬と堀江は１８６１年にこのカメラと共に江戸へ赴き藩主らの写真撮影を行なっていますが、すでに自ら撮影できるようになっていました。

ところで、ポンペから学んだ蘭書を元に25歳の彦馬が堀江と共に執筆した本が『舎密局必携』です。これは化学を教えようとした彦馬が、宇田川榕庵の著書である『舎密開宗』では学生が理解しにくいと判断し、わかりやすくまとめた化学解説書です。『舎密局必携』は三巻で構成され、巻一の主要部は化学総論、元素表、固体と気体の比重測定法や元素の比熱、化学反応形式、蒸留や濾過などの実験手法について、巻二、巻三は無機化学で非金属の元素各論が述べられています。加えて『撮影術　ポトガラヒー』と言う付録があり、当時の写真法であるコロジオン湿板写真の撮影法や現像技術などが述べられた日本最初の湿板写真の実用書です。

さて、上野彦馬は堀江と共に藤堂藩で化学を教授していましたが、1862（文久2）年に長崎に戻り上野撮影局を開設し写真家としての道を歩み始めます。場所は中島川河畔の自邸で当時の様子は古写真から知ることができますが、現在ではその雰囲気は大きく変わっています。

ご存じの通り、幕末の長崎は維新の舞台として多くの外国人が居住しており、また維新の志士たちが活躍した地でもありました。彼らは彦馬の写場を訪れ多くの写真を残しています。この撮影局は志士たちの居住区からも近く、また出島や長崎街道からもアクセスしやすい場所にあるため、彦馬の撮影局は大繁盛しますが、写真術の腕が良かったことも一因です。さらに彦馬は明治維新前後の近代化していく長崎の風景も多数撮影していますが、これらの写真は現在、「長崎大学附属図書館所蔵　幕末・明治期日本古写真コレクション」にアクセスすると見ることができます。ちなみに、明治期に彦馬が愛用したスタジオ写真機は現存しています。

明治初期の上野撮影局付近の様子
（長崎大学附属図書館所蔵）

上野撮影局があった付近の現在の様子

上野彦馬が使用したカメラ
（長崎歴史文化博物館蔵）

ところで、彦馬は写真を通して化学も伝えようとしていました。例えば、弟子の一人に日本薬学の祖でもある長井長義（ながいながよし）がいます。彼は医学を学ぶためにやって来た長崎で化学に興味を持ち彦馬に師事しています。そこで撮影局の仕事も手伝いながら薬品や薬品製造など化学の基本を学んでいます。また、日本初期の写真家となる人も指導しており、内田九一（うちだくいち）、弟の上野幸馬（さちま）、亀谷徳次郎（かめたにとくじろう）、守田来蔵（もりたらいぞう）、冨重利平（とみしげりへい）ら70名近くの写真家を育てています。これらの門人たちは日本各地で活躍し写真文化を拡げるだけでなく、機材や材料の革新にも関わっていきます。さらに彦馬自身、写真に関する研究を続けて、おそらく日本で最初に乾板写真の撮影にも成功しています。

彦馬はこのように写真を通して化学研究とその実践を生涯貫き、その発展に努めただけでなく多くの弟子を育てましたが、1904（明治37）年に65歳で長崎の自宅で死去します。

(2) 関連技術分野

江戸時代の化学と言えば、例えば藍染めが挙げられます。インディゴがその染料ですが、藍の緑の葉の抽出物を加水分解し、さらに酸化させてインディゴを生成し利用しています。ただ、これは経験に基づく化学でした。一方で、彦馬はポンペ等から得た確かな化学の知識を元に写真に取り組んでいます。例えば、湿板写真ではエタノールが重要な薬品の一つですが、純度を十分に高くする必要があります。最初は焼酎の蒸留で純度の高いエタノールを得ようとしましたが、焼酎に含まれる油が共沸するため純度を高くすることができず、ポンペの持っていたジンを蒸留してエタノールを得たと言われています。現在のように化学機器が簡単に手に入らない中でも、純度の概念を理解し確かな蒸留技術によって、高純度のエタノールを得たことは驚きです。また、映像を記録する現像は高度な化学反応ですが、適切に反応させるための条件を一つ一つ実験的に検証し水銀の蒸気が関係していることを突き止めています。加えて初歩的なコーティングの技術を研究し実践しています。当時の写真はガラス原板の表面に可能な限り均一にコロジオンの膜を作成する必要がありました。そこで、ガラスの表面を平らに磨く方法や、その上に適切なコロジオン液の膜を作るための手順を開発していますが、その考え方には現在にも通じる内容があります。

(3) その他のエピソード

「大変だったアンモニア製造」

一頭分の生肉付きの牛骨を土中に埋め、腐りかけた時に掘り出して釜に入れて抽出し、蒸留して精製したそうです。このことは正気の沙汰とは思われず、また酷い臭気で長崎奉行所に訴えられたのですが、長崎奉行の岡部駿河守（おかべするがのかみ）はポンペの理解者だったので事なきを得たそうです。なお、これらの作業は父俊之丞が長崎奉行の命を受けて煙硝の製造工場を持っていたから出来たともいわれています。

「維新後も使われた化学の教科書」

『舎密局必携』は関西方面で明治の中ごろまで化学の教科書として使用されたそうです。彦馬の化学者としての実力を知ることができるエピソードです。

「日本最初の戦場カメラマン」

彦馬は、軍の命を受けた長崎県令から委嘱され１８７７年に始まった西南戦争の従軍撮影を行ないました。これは日本における最初の戦場の記録で、田原坂の激戦地などの撮影も行なっています。その写真からは戦闘の激しさが手に取るようにわかりますが、それらの写真には一切遺体が写っていません。これは彦馬の配慮であったと言われています。

「当時の写真の画素数」

最近のデジタルカメラは非常に精緻な写真が撮影出来ますが、当時の湿板写真には現在のデジタルカメラの画素数をはるかに上回る情報が記録されているといわれています。

最近の研究によると８千万画素のデジタルカメラで湿板写真を撮影しても十分にデータを引き出せていない可能性があり、数億画素レベルに匹敵すると推定されています。

3 フィールド・ガイド

○長崎歴史文化博物館　★★★

長崎市立山１‐１‐１

写場が再現されていて当時の写真撮影を楽しむことができます。またカメラ（レプリカ）や「舎密局必携」が展示されています。その他にも長崎の歴史に関する展示が多数ありますし、体験型の展示も多くて楽しむことができます。特にオランダとの交流や近代化に関する展示は必見です。

○上野彦馬撮影局跡　★★

長崎県長崎市伊勢町４‐14

上野彦馬が撮影局を開設した場所で、有名な坂本龍馬もここで撮影されたと考えられています。当時の様子を再現した展示があり、坂本龍馬の写真にも写っている台が再現されていて記念撮影をすることもできます。

○上野彦馬生誕地　★

長崎市銀屋町３

上野彦馬が生まれた場所で、上野彦馬の像が坂本龍馬の像と共に展示されています。この前の通りは彦馬通りと呼ばれて上野家の墓所がある風頭公園に通じています。出島もそう遠くなく彦馬の育った環境を知ることができます。

○咸宜園跡　★★

日田市淡窓２‐２‐18

近代日本の教育遺産の一つで、彦馬が14歳から２年間ここで学んでいます。現存する建物は３棟のみですが、その敷地は非常に広く多くの門下生が集っていたことが想像されます。ここでは月旦評（成績表）や入門簿を見ることができます。また、併設されている咸宜園教育研究センターには広瀬淡窓に関する資料がまとめられています。近くに江戸の面影を色濃く残す豆田町の町並みや広瀬淡窓の旧宅、さらに淡窓が初めて塾を開いた長福寺本堂などの見所もあります。

4 参考文献

・『文明開化は長崎から』広瀬隆著　集英社（２０１４年）

長崎を舞台とした文明開化の流れを著わした大著です。時代を切り拓いた様々な先駆者たちの人間模様がまとめられています。

・『幕末のプロカメラマン　上野彦馬』八幡政男著　長崎書房（１９７６年）

上野彦馬について初めて体系的にまとめられた本の一つです。上野彦馬の人物像や写真術をどのようにして極めていったのかが独特の筆致で書かれています。

・『旅する長崎学　近代化ものがたりI』長崎県企画　長崎文献社発行（２００７年）

長崎から始まる日本近代化の流れを多くの資料と共にわかりやすくまとめられています。

・『日本を動かす！　武雄鍋島家洋学資料』武雄市図書館・歴史資料館編集・発行（２０１４年）

鍋島藩がどのように洋学に触れ日本の近代化に関わったのかがわかる資料が一堂にまとめられています。その中には写真術必携験液器験温器など初期の写真術に関わる資料も紹介されています。

咸宜園跡

上野撮影局跡

上野彦馬生誕地

石よりほかに楽しみなし。『雲根志』の著者

木内(きのうち) 石亭(せきてい)

1724〜1808年
滋賀県大津市出身

木内石亭は、享保9年、近江国志賀郡下坂本村に生まれました。11歳の頃より珍石奇石に興味を抱いて、本草学を学び、やがて江戸に出て本草学者の田村濫水に入門します（同門に平賀源内ら）が、20歳の頃、「貧吏の罪」に連座して3年の禁錮刑を受けて、この頃より弄石に集中していきます。

80年余りの生涯をかけて、二千種以上もの奇石を収集（残念ながら、彼の死後、多くは散逸）する一方、石の愛好家ネットワーク「弄石社」の構築に尽力します。

奇石のうちには鉱物、化石のほか、石器や石製品などの考古遺物が含まれ、それを人工のものと推測するなど、その活動から「日本考古学の先駆者」とも評されています。

『雲根志』や『奇石産誌』など奇石を紹介する著作にまとめていて、シーボルトが著書『日本』を記す際にも、石器や勾玉について石亭の研究成果が利用されています。

彼の奇石コレクションは散逸したとは言うものの、大津〜湖南に石亭の足跡が残るので、是非調べて訪れてみて下さい。

（都築 正詞）

日本初の立体マスクを発明

宮(みや) 太柱(たいちゅう)

1827〜1870年
広島県福山市出身

宮太柱は1827（文政10）年、備後国安那郡に宮太立の次男として生まれました。父の太立は福山藩の藩医でしたが、宮太柱の尊王攘夷運動の責任をとり、藩医を辞し笠岡で医業を営んでいました。太柱も太立と共に笠岡で医業を行なっていました。

1855（安政2）年、太柱28歳の時、大森代官から石見銀山の鉱山病対策に取り組むように依頼されました。翌年、太柱は、石見銀山に来ると様々な対策を施しました。たとえば、農具の唐箕を利用して送風機を造り、通気菅をつなげて坑道の奥まで新鮮な空気を送り込む改善や、その送風機の空気に薬草を煮込んで蒸気と共に送る工夫をしました。さらに太柱は、「福面」という立体マスクを開発しました。針金で枠をつくり絹を貼ったものに耳にかける紐をつけてマスクとし、絹の間に梅肉をはさみました。これは、目詰まりする石粉を梅の酸で防ぐ工夫でした。3年後、鉱山病対策に成果を上げた太柱は、笠岡へ帰りました。

その後、江戸へ赴き医業と共に、再び尊王攘夷運動に傾倒します。1868年、京都で戊辰戦争が勃発すると同地に滞在します。翌年、太柱は、横井小楠暗殺事件に連座して捉えられました。1870年10月、太柱に終身流罪の判決が下り、11月に三宅島へ送られました。その5日後に病没します。44歳でした。

（川島 卓也）

6 航空、造船、鉄道、大砲分野の技術者

世界に先駆ける鳥人

浮田幸吉（うきたこうきち）　1757-1847年

岡山県玉野市出身

船渡 俊行

1 なぜこの人を取り上げるか？

長い間、空を飛ぶことは、人間にとって実現不可能な神業または悪魔の仕業と恐れられていました。それでも、飛ぶことを実現可能な夢と思うごく少数の人にとっては一生をかけた大いなる挑戦でした。そのような時代、1785年に世界で初めて空を飛んだ人間が日本にいました。岡山出身の浮田幸吉です。

当時は飛ぶことは奇行を通り越して犯罪行為と思われていた時代。それにもかかわらず、「飛ぶ」ことを実行し成功させたのは、鳥のように飛んでみたいという純粋な夢を決してあきらめなかったからだと思います。

日本は昔から他の国から技術を教えてもらうことがほとんどですが、幸吉は独力で自分の夢を実現しました。そういった面からも幸吉のすばらしさが分かります。

2 人物紹介

(1) 浮田幸吉の経歴

浮田幸吉は1757（宝暦7）年に備前（びぜん）の国、児島郡八浜（現在の岡山県玉野市）で浮田（櫻屋）清兵衛の次男として生まれました。7歳の時に父が亡くなり、近所の傘屋に預けられることになりました。幸吉は物覚えが良く、手先も器用だったので、みるみる腕が上達していき、評判の傘屋になりました。

7年後の14歳の時、岡山にいる親戚の紙屋（かみや）という表具屋（ひょうぐや）からお呼びがかかります。表具師（ひょうぐし）は武家の屋敷へ行って襖（ふすま）や壁紙を貼る仕事をします。ここでも幸吉は着実に技能を習得し、25歳の頃には評判の表具師になっていました。

紙屋の近くに蓮昌寺（れんしょうじ）という寺があり、そこにいる鳩を見ているうちに、人間でも空を飛べるのではないかと思い始めます。そして仕事の合間に空を飛ぶ研究を始めました。実際に鳩を捕まえてきて、重さ、体形、翼の形などを測り、記録していきました。そして、自分の身体に合う翼の設計を行ないました。

最初に挑戦したのは八浜に戻った時で幅約5・4mの翼をつけて八幡宮の階段から駆け下りて飛ぼうとしましたが、あえなく失敗。翼は壊れ、幸吉自身も左足を骨折する怪我を負いました。

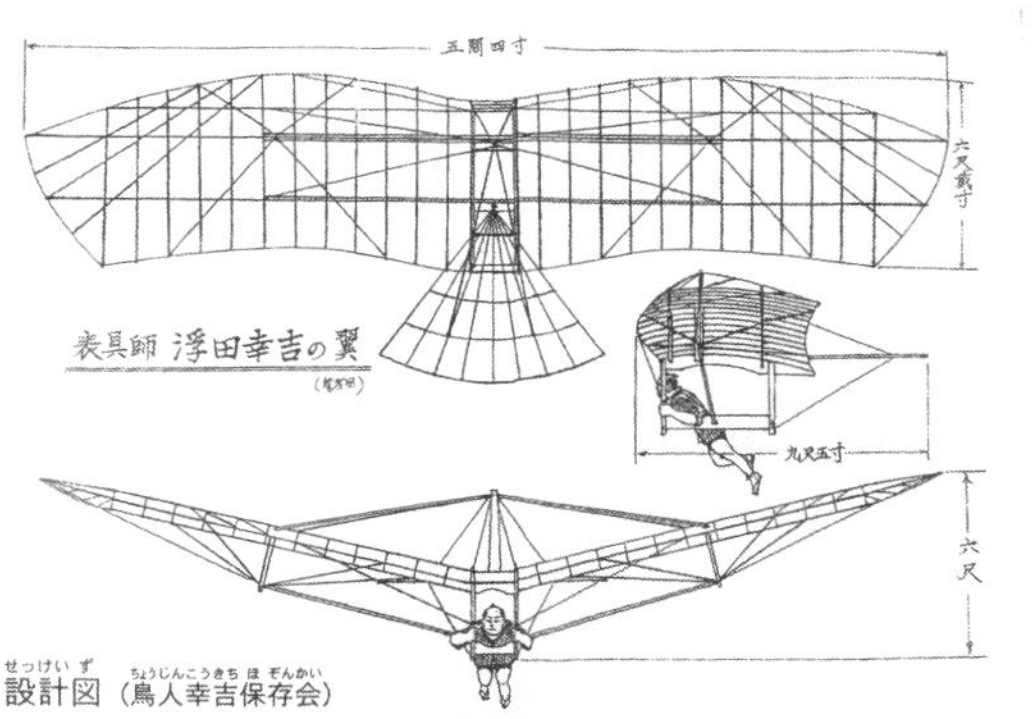

浮田幸吉が飛んだとされる翼の設計図

それでも幸吉の情熱が衰えることはなく、この失敗からさらにどう工夫すれば良いかを考えるようになりました。その結果、柿渋を塗って翼の強度を上げる、尾翼を追加する、なるべく高いところから飛ぶという改良を加えました。

決行場所は旭川に架かる京橋。橋が高く、河原も広いので飛ぶのには適していますが、岡山城下なので、さすがに白昼堂々とはできません。そこで、人目につかないよう夜に運び込んで、手際よく組立てて、風の吹く頃合いを図って欄干から飛び立ちました。飛行時間約10秒、距離約30mの飛行でした。時は江戸中期1785年8月21日、世界で初めて人が飛行した瞬間です。

この快挙は、しかしながら人を驚かせて不安を与えた罪で所払い（藩からの追放）という処分を受けることになりました。

岡山を出た幸吉は、知り合いの貿易の仕事を手伝った縁で駿府の府中江戸川町に移り住み、そこで雑貨屋備前屋を始めました。その後、隠居を兼ねて入れ歯と時計の店を始めますが、そこでも幸吉の器用さが幸いし繁盛していきます。

一方で、もう一度飛んでみたいという思いは消えることなく、仕事の傍ら研究を続けていました。そして50歳の時にもう一度空を飛ぶことを決意しました。今回は歯車や滑車など時計の構造を採用して翼を調整できるようにしたり、凧のように平地から紐で引っ張って飛び立つよう工夫を加えました。

幸吉はこれに乗り込み、河原から人に引いてもらい飛行することに成功しました。飛行時間は数十秒間。前回よりも距離も高度も上回っていました。そして、今回も捕まってしまいます。駿府は徳川家のお膝元でもあったので、厳しい取り調べを受け、結果はまたも所払い。

そして移り住んだのが東海道の見附宿（みつけじゅく）（静岡県磐田市）。ここで一膳飯屋を営み１８４７（弘化４）年に91歳で亡くなりました。

(2) 科学技術者としての分野

空を飛ぶことは人間の能力にないので、空を飛ぶには鳥や昆虫の機構を空力学や物理学の知識を用いて理解し、応用することが必要となります。そのため、人類が実際に飛ぶことができるようになるまでには長い年月がかかっています。

幸吉は誰に教わることなく、自分の経験、知識だけで飛ぶ技術を創り上げました。

・八浜時代の凧揚げで揚力、抵抗、重心といった基礎的な知識を習得

・傘屋時代に竹と紙で軽量な構造物を作る技術を習得

・表具屋時代に製図や物事を精密に観察し絵に描く技術を習得

さらに人並み以上の優れた観察力と技能を持っていたので、人ができないことでも自分ならできるのではと思っていたのではと思います。

同時代の世界に目を向けてみると、飛行という意味での航空機の研究は１７７３年生まれのケイリー卿（イギリス）が始めたとされています。彼も自作のグライダーで有人飛行に成功しましたが、それは１８４９年のことでした。

本格的に飛行という意味で研究と検証を行なったのは、グライダーで有名なリリエンタール（１８４８～１８９６年、ドイツ）です。彼は18種類のグライダーを製作し、２０００回以上も自分で飛行して翼と揚力の関係を研究しました。この研究成果は欧米の後に続く航空機開発者に受け継がれていきます。

それに比べると同じ時期に同じような成果を独力で成し遂げた幸吉の能力は勝るとも劣らないわけです。

幸吉生誕地にある記念碑

（3）その他エピソード

・岡山を所払いになった後は、故郷の八浜に戻り商家橋本家の手伝いをしました。廻船の仕事を手伝うのですが、船は当時の主要な輸送手段だったので、様々な商品を扱っていました。当時珍しかった時計の知識も得ました。このあたりの経緯は小説『始祖鳥記』に出ています。

・幸吉は二度目の飛行の後、打ち首になったとの説もあります。

・1997（平成9）年に旧岡山藩主池田家当主・池田隆政より、幸吉の岡山所払いが許されています。

3 フィールド・ガイド

◆浮田幸吉関係のフィールドツアー（史跡ツアー）例

表具師幸吉の碑と京橋→橋櫻屋幸吉生誕の碑→鳥人幸吉フェア

○表具師幸吉の碑と京橋　★★

岡山県岡山市北区京橋

ＪＲ岡山駅から約２kmのところに幸吉が初めて飛んだ京橋と幸吉の碑があります。京橋から川面までは結構高いので、飛ぶという挑戦がどれだけ大変かを実感できます。

幸吉が飛んだ京橋

京橋の近くにある幸吉の碑

○橋櫻屋幸吉生誕の碑　★

岡山県八浜市八浜市民センター近く

幸吉が生まれ育った八浜にある幸吉の碑で、看板には幸吉の生涯が簡単に説明してあります。

○鳥人幸吉フェア　★★★

岡山県八浜市八浜中学校（毎年11月）

毎年11月に幸吉の地元八浜市の中学校で文化祭として開催されています。実物大の模型、幸吉に関するポスター展示や映画上映等もあり、幸吉のことを良く知るには一番のお勧めです。日曜一日だけの開催なので、ネットで開催時期を確認して下さい。近くには櫻屋幸吉の碑があるのでまとめて訪れるのが良いです。

○**大見寺** ★★★
静岡県磐田市見付

ＪＲ磐田駅から約２・５kmのところに大見寺があり、そこには幸吉が作ったとされる翼の１／２サイズ模型と幸吉のお墓があります。翼の模型はお堂の中にあり、無料で自由に見学できます。お墓は墓地の一角にあり、少し分かりづらいですが鳥人幸吉顕彰会の札が目安になります。

徒歩で行く場合は途中に国分寺跡や大見宿跡、旧見附学校（最古の木造小学校）などを見ることができるので、お勧めです。

鳥人幸吉フェアで展示されている実物大の翼

コラム①岡山の発明家
ライト兄弟より100年以上前!
世界で初めて空を飛んだ“鳥人”
浮田幸吉(宝暦7[1757]～弘化4[1847]年)

幸吉は、岡山県玉野市八浜町八浜の旅宿に生まれた。幼くして父を亡くし、7歳で地元の傘屋へ奉公に。14歳で岡山城下の上之町(現岡山市北区表町)の紙屋に移り、表具師として頭角を現したが、その一方で、仕事の合間に近くの蓮昌寺(同区田町)に足を運び、境内のハトを観察、夜は翼の製作に没頭したという。

天明5(1785)年夏、28歳の幸吉は、表具師の腕を生かして、紙と竹で人工の翼を製作、体に結び付け、旭川に架かる京橋(岡山市北区京橋町など)から空に身を投げた。飛行場所は「京橋東詰めから南に向かって」と伝わるが定かではない。飛んだ距離も不明で、「河原に落ちた」と記す文献もある。備後の漢詩人、菅茶山(延享5[1748]～文政10[1827]年)は随筆「筆のすさび」で、「ハトの重さや翼を計り、自分の体重と比べて翼を作った。胸の前で操りながら、はばたいて飛行した」と伝え聞いた話を紹介している。

幸吉のイラスト(玉野市史より)

幸吉は、城下を騒がせた罪で所払いの罰を受け、その後、駿河(静岡県)に居を移したが、60歳を超えても飛行に挑み続けたという。駿府(現静岡市)で商売を始め、児島の綿織物など岡山の産物を売って繁盛したが、静岡でもグライダーのような飛行機を製作して、城下で飛行、再び所払いとなり、遠江国の見付(現静岡県磐田市)で91年の生涯を終えたという。磐田市の大見寺には、幸吉のものとみられる墓が残っているほか、静岡市内には幸吉の子孫も健在という。

幸吉の故郷、八浜地区では、住民たちが約20年前に「櫻屋幸吉保存会」を結成。毎年秋に「鳥人幸吉まちづくりフェア」を開き、幸吉の歌を作るなど顕彰活動を続けている。玉野、磐田市は平成8(1996)年から幸吉を通じた交流を続けており、互いの祭りに訪問団を派遣したり、少年サッカーチームの親善大会を開催している。また平成9(1997)年には、旧岡山藩主池田家の池田隆政氏(大正15[1926]～平成24[2012]年)によって、幸吉の所払いが解かれている。大見寺から“分骨”して八浜地区に幸吉の墓を建て、玉野市に住む浮田家の子孫や保存会が守っている。

幸吉フェアで展示されている紹介パネル例

大見寺境内にある幸吉の翼（1／2サイズ）

浮田幸吉の墓

4 参考文献

・『始祖鳥記』飯嶋和一著　小学館文庫（２００２年）

浮田幸吉の生涯と当時の時代背景も含めて描いた長編小説。江戸時代、次第に習慣化する古いしきたりと戦いながら新しいものに挑戦する姿が印象的で、お勧めの小説です。

・『傾いた世界―自選ドタバタ傑作集２』筒井康隆著　新潮文庫（２００２年）

・『東西奇ッ怪紳士』水木しげる著　小学館文庫（２００１年）

上記2冊はいずれも短編集で浮田幸吉のことを簡単に紹介しています。

・『飛行機とともに－羽ばたき機からＳＳＴまで』斎藤茂太著　中公新書（１９７２年）

高島秋帆（たかしま しゅうはん）

１７９８‐１８６６年

長崎県長崎市出身

池辺啓太（いけべ けいた）

１７９８‐１８６８年

熊本県熊本市出身

市川 浩司

1 なぜこの人を取り上げるか？

高島秋帆と池辺啓太が幼少期から青年期を過ごした時代は、元禄文化と並ぶ化政文化の時代でした。元禄文化は浄瑠璃、俳句が発達しましたが、化政文化は歌舞伎、勧善懲悪の小説、浮世絵が流行した庶民の文化で江戸から地方に伝わっていきました。またこの時代、外国船が日本の各所に出没するようになり、海外の情報も多く日本に入ってきていました。所謂「蘭学」、「洋学」が広まり始めた時代です。

このような時代の中、高島秋帆は日本の近代化のために西洋砲術および兵式の導入を進めた兵学者であり、佐賀藩の鍋島直正、薩摩の島津斉彬、幕府の江川英達など、幕末から明治維新にかけて活躍した人々に影響を与えた思想家でもありました。池辺啓太は高島と同い年で、高島が進めた西洋砲術の導入を弾道学という理論と実践で支えた人物です。本章では高島の功績を軍事的、思想的な側面ではなく、大砲製造のイノベータという観点で取り上げ、池辺啓太については窮理（今日の物理学）を弾道学に適用したイノベータとして紹介したいと思います。

高島秋帆
（国立国会図書館）

2 人物紹介

(1) 高島秋帆の経歴

高島秋帆は1798年、寛政10年に長崎町年寄で長崎会所調役および萩野新流砲術師範高島茂起の三男に生まれました。ただ、高島家の長男は25歳で亡くなり、次男もすでに養子に出ていたために秋帆が高島家を継いでいます。秋帆も父と同様、長崎会所調役になっています。長崎会所調役とは清やオランダとの貿易を管轄する、今でいう税関のような機関でした。脇荷貿易で利益を得ることができる立場であった秋帆は、外国との技術の差や国際情勢の情報を入手していました。またオランダ商館長と懇意となり長崎会所調役で得た利益で書物、銃器や大砲を購入し、西洋砲術に関する知識も得ていました。1840年、秋帆は『天保上書』を幕府に提出しています。これは清とイギリスの間でアヘン戦争があった年です。秋帆はこのアヘン戦争で清が負け不平等条約を締結させられたことに危機感を持ち、国の近代化を幕府に訴えました。特に戦争で使用された武器の性能差が勝敗を分けたとして早急に西洋砲術と大砲の導入をするよう進言しています。これを受けて幕府は秋帆が整備していた西洋砲術を披露するよう命じ、徳丸原で大演習を行ないました。この場所が現在の「高島平」です。ただこの成功をよく思わなかった南町奉行、鳥居耀蔵によって密貿易、謀反の罪を着せられ、11年間幽閉されてしまいます。鳥居耀蔵の失脚によって釈放された後は江川英達のもとに身を寄せる一方、『嘉永上書』を幕府に上申し、開国を訴えました。その後、砲術訓練などのための講武所で師範役を務め、1866年、69歳で亡くなりました。墓所は東京都文京区向丘の大円寺と高島家の墓所が長崎県長崎市寺町の晧台寺にあります。

(2) 池辺啓太の経歴

池辺啓太は高島秋帆と同じ年、1798年寛政10年に肥後藩に生まれました。父、祖父ともに肥後藩の天文算学師役を務めていました。天文学、算学は江戸時代、暦の改定と測量技術に欠かせないものでした。暦では高橋至時、間重富らが寛政暦を作成しましたし、測量では高橋至時の弟子、伊能忠敬が全国を測量し日本地図を完成させています。池辺家も代々肥後藩の天文算学師役でありながら領地の測量をしています。伊能忠敬は、文政7(1810)年、九州で測量していますが、池辺啓太親子は伊能忠敬の測量を手伝っています。

土木、数学、天文他
生物、食物他
医学・薬学
物理、機械他
化学、製鉄他
造船、鉄道他
ソーシャル他

池辺啓太の父は間重富から紹介された末次忠助に啓太を入門させています。末次忠助は志筑忠助から窮理学（物理学あるいは力学）を学び、末次忠助はこの窮理学を大砲の弾道計算に適用しました。球を目標物に的中させるために大砲の球筋を測量し、打上角度、火薬の量を計算する理論に大変興味を持ったようです。池辺啓太がその末次忠助に紹介されたのが高島秋帆でした。２人は徳丸原で大演習を成功させましたが、鳥居耀蔵によって高島秋帆に連座させられる形で幽閉されてしまいました。幽閉が解かれ、釈放されたのが49歳の時で肥後藩で隠居していましたが、次第に肥後藩、幕府の職に就くようになっていきました。そして、明治維新の１カ月前の慶応4年8月に没しています。墓所は熊本市内の妙教寺にあります。

(3) 大砲をめぐる江戸時代の理論と技術

① 大砲技術の輸入と製造

高島秋帆はオランダ商館長などを通じて大砲、銃、弾、望遠鏡や砲術書、兵学書、火薬製法書、自然科学書、医学書など幅広く書物を通じて情報を収集していました。ただ、高島秋帆は蘭学者ではありましたがオランダ語には堪能ではなかったようです。一方、池辺啓太が高島秋帆の父に入門したのは31歳の文政11年の時でした。西洋砲術を極めたいが蘭学に堪能ではない高島秋帆と専門知識があり蘭語にも堪能な池辺啓太は良きパートナーであったと推察されます。二人は天保６（１８３５）年に国内初の青銅の大砲を作っています。

徳川と豊臣の戦で使われた大砲は鋼片を鍛造して作られています。ヨーロッパではナポレオンの時代で、使用された大砲は青銅鋳物でした。青銅であれば日本には寺の鐘、大仏などで鋳造技術があったことから大砲への適用も比較的障壁は低かったと思われます。しかし、当時の青銅には鉛が含まれている場合があり、これで大砲を鋳造した場合、強度が低下し爆発事故につながります。後に佐久間象山も大砲作りに取組んでいますが、よく爆発事故を起こしていたようです。詳しい資料はありませんが高島秋帆、池辺啓太は書物、海外の人との交流から得られた西洋で

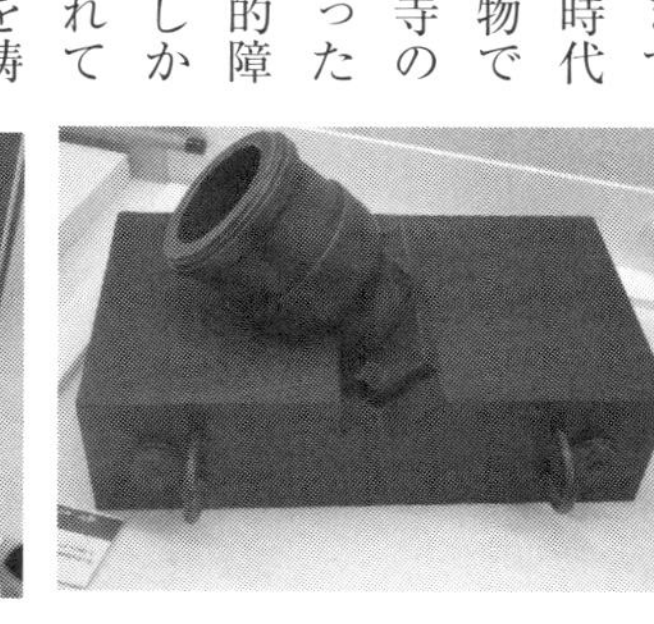

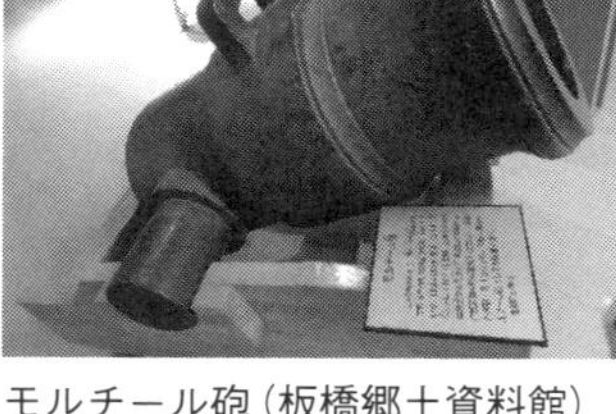

モルチール砲（板橋郷土資料館）

の製法を分析していたためか、大きな爆発事故はなかったようです。

② 大砲と窮理

大砲の弾道計算はニュートン力学の知識を基盤に研究されていました。「物理」「力学」を示す言葉はまだ統一されておらず、「理学」「窮理」「物理」といった言葉が使われていました。「窮理」はもともと儒学用語で「理」を「窮（きわ）める」という意味です。弾道を計算するには「真空」「空気抵抗」「重力」「引力」などを理解しなければならず、その「理」を理解するだけで大変であったに違いありません。池部啓太が師事した末次忠助は弾道計算を研究していましたが、大砲を打つことはなかったため池辺啓太には高島秋帆のもとで理論と実践を追及してはどうかと提案をしました。池辺啓太は高島秋帆と大砲作りの一方で弾道研究を進め、『炮術矢位測量階梯』『施条砲射擲表』を著しています。これらは弾道の計算方法と、その計算過程の早見表のようなものです。池辺啓太は米国、仏国の同様な書物を分析し、特段違いがないことを確認しています。池辺啓太の成果により大砲の的中率は向上したことでしょう。そして、この成果をもって高島秋帆は西洋式大砲の活用に自信を持ち、『天保上書』の提出、徳丸原での大演習につながっていったと考えます。後に『科学知識』という雑誌で海軍大佐有馬成甫は『隠れたる科学の先駆者』の連載の第1回目（1930年）に池辺啓太を取り上げこの功績を紹介しています。

(4) 高島秋帆と池辺啓太の晩年

池辺啓太の幽閉が解かれたのは弘化3年、高島秋帆は同年、岡部藩預かりとなり、後に岡部藩江戸藩邸に移り幽閉されていました。徳丸原の大演習から5年の後のことです。池辺啓太は肥後に帰り、隠居生活を送っていましたが、外国船が多く出没し、海防の重要性が増す中、大砲の製造技術および弾道計算技術を持つ2人を隠居させておく余裕はなかったのでしょう。幕府は江川英達、高島秋帆らに湯島の大砲鋳造所で大砲を作らせています。薩摩も集成館で大砲を作りはじめており、1000挺程度の大砲が当時の日本にあったとも言われています。一方、池辺啓太は肥後藩で天文算学指南となり、新型の大砲を開発し後に幕府の西洋砲術指南役を拝命しています。江川塾の学頭になったのもこの頃です。また大島高任、吉田松陰にも、砲術や弾道学を教えています。幕末の動乱の中で池辺啓太、高島秋帆の2人は国の在り方や国防だけでなく、技術においても多くの人に影響を与え、幕末から明治にかけての近代化の礎になったと考えています。

3 フィールド・ガイド

○**高島秋帆旧宅跡** ★★
長崎市東小島町5-38

○**板橋区郷土資料館** ★★★
板橋区赤塚5-35-25

○**徳丸ヶ原遺跡碑　徳丸ヶ原公園** ★★
東京都板橋区高島平8-24

○**火技中興洋兵開祖高島秋帆紀功碑　松月院** ★★
東京都板橋区赤塚8-4

○**靖国神社遊就館** ★★★
東京都千代田区九段北3-1-1

○**高島秋帆の墓　大圓寺** ★
東京都文京区向丘1丁目

○**池辺啓太の墓　妙教寺** ★
熊本県熊本市中央区稗田町1番地

板橋区郷土資料館

徳丸ヶ原遺跡碑

火技中興洋兵開祖高島秋帆紀功碑

靖国神社遊就館

高島秋帆の墓　大圓寺

池辺啓太の墓　妙教寺

4　参考文献

- 『高島秋帆』宮川雅一著　長崎文献社（2017年）
- 『高島秋帆』有馬成甫　吉川弘文館（1989年）
- 『大砲から見た幕末・明治』中江秀雄著　法政大学出版局（2016年）
- 『鉄砲伝来の日本史』宇田川武久著　吉川弘文館（2007年）
- 『火縄銃から黒船まで』奥村正二著　岩波新書（1970年）
- 『池辺啓太春常』平田稔著　たまきな出版舎（2015年）
- 『隠れたる科学の先駆者』有馬成甫（海軍大佐）著　科学知識1930・10pp．109-113
- 『幕末の鋳物の大砲』中野俊雄著　鋳造工学第72巻第2号pp．117-122
- 『池辺啓太の弾道学』吉田忠著　日本文化研究所研究報告／東北大学文学部附属日本文化研究施設編（20）p67-96．1984-03
- 『新渡西洋流砲術師池辺啓太と熊本藩の洋式軍備化』木山貴満著　熊本県立大学日本語日本文学会2010・04
- 『池辺啓太の砲術書―用数と公式―』久保田智著　熊本高等専門学校研究紀報2018

江川英龍（えがわひでたつ）

1801－1856年

静岡県伊豆の国市出身

吉川智

1 なぜこの人を取り上げるか？

江川英龍は、江戸時代の末期に伊豆韮山（にらやま）の代官だった人物です。江川家の歴史は古く、代々、太郎左衛門を襲名しますが、36代目の英龍は号の但庵（たんあん、たんなん）でも知られています。欧米諸国の産業革命以降のうねりを敏感に察知し、「日本」が侵略される危機に立ち向かうための方策を打ち出しました。韮山の反射炉構想、品川台場（現在の「お台場」はその一部）。安政の大地震の際に下田沖で座礁したロシア船ディアナ号再建で得られた洋式船竜骨構造の知見はのちの日本の造船技術の礎となります。ほかにも、兵糧食としてのパンの普及（「パンの祖」とされている）、隊列号令の日本語化（気を付け！　前に習え）、英語時代を予見した中浜（ジョン）万次郎の登用など、現在の我々の生活にも少なからず足跡を残しています。

英龍の代官という幕臣の立場を考えると、必然的な巡り合わせがうまく嚙み合ったようにも見えてしまいますが、当時の時代背景を考えると、蘭学排斥派による妨害、国内の危機感の温度差など幾多の困難があり、尚更それが奇跡的なことであったと感じます。英龍の脳裏には明確な青写真が描かれていたに違いありません。決して保守的にならずに先鋭的な発想ができたのも、代官という立場ゆえに幼少時代より当時の国内の第一線で活躍する知識人たちと交流することができて、そこで培われ磨かれた独特の感性に裏打ちされているように思えます。英龍自身は1855年に反射炉もヘダ号も完成をまたずに急逝してしまいますが、私邸を韮山塾として開放し、教育に力を入れていたこともあり、そのプランは後進に引き継がれ明治維新以降の発展へとつながります。英龍の発想、行動力、マネジメント能力、そしてその結果としての功績は、現代の我々からみても色あせることなく新鮮であり、ぜひ着目してみたいと思いました。

2 人物紹介

(1) 江川英龍の経歴、業績

英龍は1801年5月13日に父英毅と母久の次男として生まれます。父英毅の人脈、交友関係は非常に広く、例えば、杉田玄白、宇田川玄真、歌川豊国、谷文晁、大国士豊、伊能忠敬、間宮林蔵など、当時の著名人達と交流していました。次男坊だった英龍は恵まれた環境の下、のびのびと幼少期を育ったようです。ところが、長男英虎が24歳で病没したため家督を継ぐことになり、1834年に父英毅が亡くなったのち1835年に36代の代官に就任しました。

	英龍年表	外部状況
成長期	1801 誕生	
成熟期	1818 江戸に出て撃剣館入門 1821 兄英虎が病死したため嫡子となる 1824 韮山代官職見習（江戸、本所屋敷） 1830 母・久亡くなる 1834 父・英毅亡くなる 1835 韮山代官就	1828 シーボルト事件 1832-1837 天保の大飢饉
醸成期	1842 私塾「韮山塾」開設砲術普及 パンを焼く 1849 農兵制を建議	1839 蛮社の獄鳥居耀蔵との確執 1840 アヘン戦争勃発 1841 高島秋帆砲術公開演習 1842 南京条約 1851 佐賀藩反射炉完成
活性期	1853 品川台場着工・反射炉（下田）着工 ジョン万次郎・高島秋帆登用 1854 反射炉移転（韮山）着工 品川台場５基完成 ヘダ号再建指示・監督 1855 死亡 (54 歳)	1853 ペリー浦賀に来航 1854 ペリー再来日・日米和親条約（下田・函館開港） 安政大地震ディアナ号被災

英龍は多芸多才で、絵画、俳句、音楽、剣術、作陶、刀鍛冶……、なんでもこなし、しかもいずれも一流の腕前だったようです。例えば剣術に関しては、当時江戸でも有名な道場だった撃剣館に18歳で入門、2年後には免許皆伝を許され撃剣館四天王に挙げられるほどの腕前でした。絵画では、谷文晁、大国士豊に師事したとされ、作品としての絵画も残していますが、日常的に昆虫、植物、鳥や動物を非常に精巧に描いており、そのデッサン力は非常に高いものでした。

英龍自身の人脈は、自らの興味に沿って積極的に繋がっていく中で、欧米列強を意識した構想も練りあがっていきます。蘭学では、シーボルト門下の幡崎鼎、世界情勢を論じた「尚歯会」の渡辺崋山らと交流を持ちますが、反蘭学派との確執もあり（鳥居耀蔵による蛮社の獄）、なかなか一筋縄にはいかなかったようです。砲術は高島秋帆に師事し、高島流砲術の免許皆伝を受け、韮山の私邸にていわゆる韮山塾を開きこの砲術を普及していきました。秋帆は１８４０年に勃発した清のアヘン戦争を契機に「天保上書」で洋式砲術採用の急務を説き、天保12（１８４１）年には徳丸原（とくまるがはら）、今の高島平での砲弾の実射によりその実力を明らかにしました。ところが秋帆はその直後に密貿易の嫌疑で蟄居を命じられてしまいます。アヘン戦争が終結する１８４２年を前に何とも歯がゆい措置にも思えます。英龍の再三にわたる懇願が叶い、秋帆を江川家の江戸屋敷に海防付手代として受け入れることができたのが１８５３年、ペリー来航の年でした。翻訳・通訳者を重用しており、矢田部郷雲（やたべきょううん）は品川台場や反射炉の築造、砲術に関する翻訳等で活躍しました。また、米国帰りの中浜（ジョン）万次郎は、蒸気船に関する知識と英語力を見込んで土佐藩から呼び寄せます。

　いわゆる黒船到来、ペリー来航で外国の脅威がいよいよ現実的なものとなって幕府も慌ただしく動き出します。反射炉築造の許可がおり、海防調査要請と台場築造、また１８５４年の安政の大地震で被災したロシア提督プチャーチン率いるディアナ号の再建（ヘダ号）など、英龍の描く構想と時代のめぐり合わせがようやくかみ合いはじめ、最後の力を振り絞って取り組むことになります。というのも、ディアナ号の救済で奔走する中、１８５５年も明けた直後に幕府から出府の命が下りますが、体調を崩した英龍はそのまま江戸屋敷で帰らぬ人となってしまいました。出府は英龍の勘定奉行への昇進を伝えるためだったとも言われ、まさにこれから益々活躍の場を得られたところで、非常に無念だったに違いありません。

　少し年代を整理します。20歳頃までの伸び伸びとした成長期。家督を継ぐこととなり代官として奔走する40歳手前までの成熟期。１８４０年アヘン戦争以降の欧米列強に対する国内の危機感の格差に臥薪嘗胆の醸成期が50歳頃まで続き、ペリー来航後54歳で亡くなるまでの超多忙な活性期。大まかですが４つに分類できそうです。

　産業革命を経て19世紀に入り技術的にも文化的にも成熟し始めていた欧米列強の情報はシーボルトの鳴滝塾はじめ主に長崎の出島経由で日本国内にも伝わっていました。しかし、何とも理不尽な敗戦を喫した隣国のアヘン戦争を目の当たりにし、明日は我が身として感度の高い一部指導者たちの危機意識を高めました。鍋島直正や島津斉彬が有名ですが江川英龍もその一人で、なかなか危機感の高まらない幕府を尻目に、来るべきときに向けて準備を進めた期間があったからこそ、ペリー来航後の急展開への対応を可能とし、明治維新に向けた後進への架け橋となったと考えて良さそうです。

(2) 科学技術

1. 反射炉

19世紀半ば、世界的にも青銅大砲から鉄製大砲へ移行しようとしていました。青銅（真鍮）より耐熱性や強度に勝り、高炉の発達による大量の銑鉄生産、鋳造・加工技術が進歩してようやく鉄本来の材料の特性を引き出し、精度、飛距離、暴発しない信頼性を高度に実現できるようになったのでした。反射炉は、燃焼室で石炭を燃焼させて発生する熱をアーチ状の天井で反射させ炉床に集中させて銑鉄を溶かす溶融炉で、溶湯は大砲の鋳型に注ぎ込まれるような配置になっています。１８３０年（天保元年）、オランダより反射炉に関する書籍「ライク王立大砲鋳造所における鋳造法」が輸入され、翻訳されたものを参考に設計されました。同じく反射炉建造を目指す佐賀藩主鍋島直正とは参勤交代の途中に三島で数回の会談記録もあり、情報交換、人材交流も積極的に行なわれました（反射炉の完成は佐賀藩が早く１８５０年）。炉内の熱を反射する部分では１５００度に耐える煉瓦が必要となりますが、韮山反射炉では天城の梨本の土を使っています。これは英龍らが狩猟中に陶器窯を見つけたのがきっかけだったようで、日々情報収集をしていたことをうかがわせます。反射炉の立地に関しては、銑鉄などの原材料や完成した大砲の輸送と、砲身をくり抜く動力に水車を使うため河川の流域が選ばれました。１８５３年には下田の山中で反射炉建築に着手しましたが、開港した下田港に来航したペリー艦隊の乗組員が付近に出没するようになり、翌年には現在の韮山の地に移転することになりました。１８５８年、英龍の没後となりますが反射炉製の18ポンド砲の試射に成功し、以降7年間大砲製造に使われました。現存する反射炉は２０１５年の世界遺産（明治日本の産業革命遺産）登録を機にガイダンスセンターも整備され、当時をしのぶことができます。

2. ヘダ号

安政元年、１８５４年11月4日の東海大地震が発生しましたが、日露和親条約の締結交渉で来日していたプチャーチン提督率いるディアナ号は下田港で津波の被害を受けました。西伊豆の入江の戸田村で修理することになったディアナ号でしたが、戸田村まで移送中に座礁、約４００人乗組員を全員救助したものの新たな船が必要となり、その再建指揮を英龍がとることになりました。同年、中浜万次郎を手代として招いた目的の一つが蒸気船の研究でしたので、技術的にも英龍が適任でした。ディアナ号は船長60mで２０００トンと当時の最大級の木造船でしたが、戸田では一回り小さい100トンの船を約3カ月で完成させました。遠洋航海に向かない箱型の和船に対し、竜骨構造の洋船に関する知見は当時の日本には乏しく、ディアナ号の技術者の指導のもと戸田村内の大工棟梁7名を中心に再建に取り組みました。ここで活躍した船大工たちはのちの日本の造船業界を支えることになります。中でも上田寅吉（うえだとらきち）は技術を認められ安政3年には長崎伝習所に派遣され、オランダ人教師から造船技術を学ぶ機会を得て、さらには1861年（文久元年）には榎本武揚（えのもとたけあき）らに同行してオランダの造船技術を視察。1867年（慶応3年）に幕府が発注した開陽丸に乗って帰国しました。1870年（明治3年）横須賀製鉄所（造船所）の初代工長となり、「日本造船の父」とも呼ばれています。

3 フィールド・ガイド

○韮山反射炉　★★★

静岡県伊豆の国市中字鳴滝入268

2015年に「明治日本の産業革命遺産」に登録された現存する唯一の実用反射炉を見学できます。2016年末にはガイダンスセンターが設置され、歴史や技術的な背景が整理されています。ボランティアのガイドさんの説明も必聴です。

○江川邸　★★★

静岡県伊豆の国市韮山韮山1

民家としては日本最古の木造建築と言われ重要文化財に指定されています。日蓮の棟札「火伏せの護符」により、一度も地震、火事の被災がないため様々な文献が現存します。特に幕末の技術関連の資料4万点は重要文化財に指定されています。また、当時江川邸は韮山塾として人材育成の場に提供されており、展示されている塾生名簿には、幕末から明治にかけて時代を動かした面々の名前を確認することができます。

○本立寺（ほんりゅうじ）　★

静岡県伊豆の国市韮山金谷268-1

江川家の菩提寺。英龍のお墓を確認することができます。

（番外）坦庵公思索の道

江川邸→本立寺→韮山反射炉にいたる道は、坦庵公思索の道としてハイキングコースになっています。英龍も自宅から反射炉まで歩いたかもしれない道を、当時に思いをはせながら小一時間歩くのも良いかもしれません。

韮山反射炉

○戸田造船郷土博物館　★★

静岡県沼津市戸田2710-1

　戸田湾の岬の先端に位置する博物館。入り口の外観はやや古めですが、ディアナ号沈没当時の時代背景や、ヘダ号の再建に関する資料を紹介しています。事前に連絡すればガイドもお願いできます。

○三嶋暦師の館　★★

静岡県三島市大宮町2丁目5-17

　安政の大地震で倒壊、江川英龍のはからいで十里木（現裾野市）の旧関所家屋を移築したものが現存しています。仮名文字で刷られ最古の暦といわれる三嶋暦に関連する資料が展示されています。江戸時代の庶民の生活が暦＝自然の変化と密接に関わっていたことに気づかされます。入館無料、案内してくださるガイドさんの暦にまつわるお話も興味深いです。

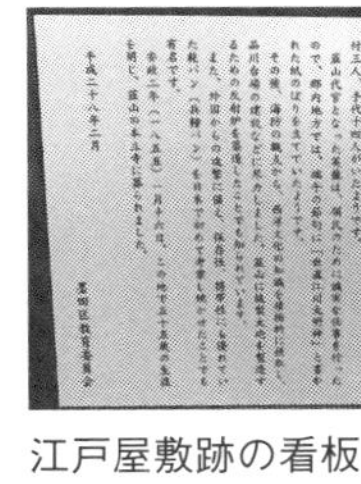

江戸屋敷跡の看板

○終焉の地　本所江川江戸屋敷跡　★

東京都墨田区亀沢1丁目3番

　すみだ北斎美術館の横にひっそりと看板が立っています。

4 参考文献

・『江川坦庵』仲田正之著　吉川弘文館

・『江川家の至宝　―重文資料が語る近代日本の夜明け―』橋本敬之著　長倉書店

・『勝海舟が絶賛し、福沢諭吉も憧れた幕末の知られざる巨人　江川英龍』公益財団法人江川文庫　主務　橋本敬之著　KADOKAWA

・江川太郎左衛門英龍と三島　http://egawatarouzaemon.sa-kon.net/index.html

佐久間象山（さくま しょうざん）

1811-1864年

長野県松代市出身

出川 通

1 なぜこの人を取り上げるか？

日本の危機、幕末維新の変動期にまさにイノベーターとして行動したのが佐久間象山といえます。朱子学の先生から始まり、蘭学交換教師を経た和魂洋才であり、まともな理系知識を学んだ形跡はありませんがいろいろ実績を残しています。大言壮語癖があり、毀誉褒貶も多い人で、失敗もあるが成功もあり、限られた欧米資料（蘭書）と国産材料をもとに、西洋技術を吸収し実践した各種のトライアルは、まさにイノベーターといえます。

佐久間象山

西洋の知識としての数学、物理の知識はなく蘭語も不十分だといわれる象山がなぜ多種多様な物作りが出来たのか、またどのようにしたかなどを紹介します。特にここで取り上げるのは大砲、ガラス、エレキテル（電気治療器）の3つです。例えば大砲を独力で造って実際に発射する、和ガラスの欠点を除いた洋ガラスを現実につくる、電気治療器としてのエレキテルをいくつも開発して試すなどです。当時の日本で誰もやらなかったことをやったハイテク・イノベーターとしての視点で、象山を捉えなおしましょう。

一方では彼は当時の尖った人々との豊富なネットワークをもっていました。例えば吉田松陰や坂本竜馬の師匠といわれます。また勝海舟と縁戚であったり、シーボルトの弟子の黒川良安に学んだこともあります。近代日本の基本戦略となった「西洋技術の術をもって西洋を制す」という考えの提唱・実践者といえます。一筋縄ではいかない象山のフィールド探索とともに、そこから何を学ぶか？を考えてみましょう。

2 人物紹介

(1) 経歴

1. 幼少期：1811〜1823年（13歳まで）

1811年2月28日、信濃松代藩士・佐久間一学国善の長男として松代字浦町で生まれます。佐久間家は微禄（5両5人扶持）でしたが藩主の側右筆また卜伝流剣術の達人で重用されていた家柄です。母は国善のいわゆる妾ですが父が50歳、母が31歳の時の長男です。佐久間家では久しぶりの男児だったため詩経の「東に啓明あり」から幼名を啓之助と名づけられました。顔は長く額は広く、瞳は少し窪んで梟の眼のようで眼は炯炯（けいけい）と輝く特徴ある容貌であり、テテツポウ（松代における梟の方言）と渾名されていたそうです。

2. 青年期：1824（13歳）〜1832年（21歳）

1826年、佐藤一斎の門下生であった鎌原桐山に入門して経書を学び影響を受けました。また和算や水練も学び1828年家督を17歳で継ぎ、藩主の真田幸貫は象山の才能を高く評価していました。例えば20歳の時、漢文100篇を作って幸貫から銀3枚を下賜されました。しかしその1年後には不遜な態度があったとして一時閉門を命じられてもいます。

3. 活躍期：1833（22歳）〜1854年（43歳）

天保4（1833）年11月に江戸に出て詩文・朱子学を学び、神田於玉ヶ池で私塾「象山書院」を開いて儒学を教えました。1842年に象山が仕える松代藩主真田幸貫が海防（かいぼう）掛（がかり）に任ぜられると、象山は顧問に抜擢され、オランダの自然科学書、医書、兵書などの精通に努めます。塾を閉じ江川英龍の下で兵学を学び第一号の免許皆伝者となって独立します。

40歳で再び江戸に移住した象山は大砲の鋳造に成功し西洋砲術家としての名声を轟かすと、「五月塾」を開き砲術・兵学を教えました。勝海舟、吉田松陰、坂本龍馬ら後の俊才が続々とここに入門しています。この時期は蘭学を背景に洋ガラスや地震予知器、さらには牛痘種も開発していたようです。

1853年にペリーが浦賀に来航した時も、象山は藩の軍議役として浦賀に急行し、同地で門人の吉田松陰・津田真道らと和戦の得失を論議してます。しかし翌年、吉田松陰が、再来航したペリーの艦隊で密航を企て失敗するという事件を起こします。象山もこの事件に連座し、伝馬町牢屋敷に入獄、さらにその後は松代での蟄居を余儀なくされます。

4．松代での蟄居から暗殺まで：1854（44歳）～1864年（52歳）

松陰をそそのかしたということで44歳から9年間松代に蟄居となります。その間は洋書を読んで西洋研究に没頭し、洋学と儒学の兼修を積極的に主張、固定的な攘夷論から現実的な和親開国論に転じ、公武合体を唱えます。この間高杉晋作・久坂玄瑞、山形半蔵・中岡慎太郎・石黒忠悳らが面会に訪れています。

54歳（1864）になり幕府の命で京都へ上ることになりますが、将軍家茂・一橋慶喜・山階宮・中川宮に公武合体開国を説いているさなかの7月11日、三条木屋町で尊攘派の凶刃にたおれ非業の死を遂げました。その後4年にして明治維新の世を迎え、象山の尊皇開国は具現されます。

(2) 関連技術分野

象山は、西洋の科学技術導入による国力増強を主張したことで知られる一方、実際に行なった試みについてはあまり紹介されず、技術系のイノベーターとしては不明の部分が多かったのですが、近年、いくつかの成書（参考図書参照）でかなりのことが明らかになってきました。

1．大砲の製造と運用への試行錯誤

ベウセルなどの砲術書や過去の翻訳本を読んで、さまざまな砲身を鋳造するだけでなく、その使用法までを実践したことが特記できます。多くの失敗もありますが、最終的には成功させています。記録的にはモルチール砲（重量35kg）、ホーイッスル砲（150kg）、カノン砲（475kgから890kg）と大型化していきます。

このような中で象山の活躍は面白おかしく伝わることが多く、例えば1851年12月には、松代藩領であった生萱村（現在の千曲市生萱）にて鋳造したモルチール砲の試射に成功。しかし飛びすぎて山を越えて約2・2km先の千曲市小島にある満照寺の境内に落下し問題になったりしました。また同年には松前藩からの依頼で鋳造した短カノン砲洋式大砲の演習を江戸で行ないましたが、最後の試射で砲身が爆発して大砲は全壊してしまい、観衆から大笑いされ、立ち会っていた松前藩の役人達からは「鋳造費用が無駄になった」と責め立てられてしまいました。しかし象山は「失敗するから成功がある」と述べて、「諸大名はもっと僕に金をかけて（大砲の）稽古をさせるべきだ」と豪語して役人達を呆れさせたと

いいます。

このように我が国における最初の洋砲の運用などソフト面についても試行錯誤的に行なっていたのです。また彼はいわゆる科学技術の基礎はなくても蘭書に書いてないところまで工夫・記録して欠陥の少ない砲を鋳造させるという、その時点の最適解を得ているのがすごいといえます。

2. 洋式ガラスの開発と殖産事業などの実施

当時のカノン砲の例（板橋区郷土資料館の外庭）

民生品での活躍も紹介しましょう。象山が藩に購入してもらったショメールの百科全書などの蘭書から知識を得て色々と作ってみたなかでも、本格的な改良記録があるのが「洋ガラス」です。

当時の日本の和ガラスは全体に脆く、またアルカリなどの薬品に弱い成分となっていました。そこで百科事典を参考に各種成分などを再調整して、それなりに西洋ガラスの菅ができたと記録しています。現物は残っていませんが、のちに当時の記録をもとに再現実験して確認した例があるので間違いなく成功していたのでしょう。

またガラスの製造のほかにも馬鈴薯（じゃがいも）の栽培、江戸で飼っていた豚を連れて帰って繁殖、石灰の製造、硝石の精製、ぶどう酒の醸造と、さまざまな試みで地元の殖産興業に尽くしています。

3. 電気治療器（エレキテル進化型）

江戸時代のエレキテルの系譜については、まずは平賀源内（１７２８～１７７９年）が復元・改修し作動させたのが有名で、つぎに橋本宗吉（１７６３～１８３５年）が電気に関する最初の翻訳と各種実験と応用展開を記録しました。この二人の場合は起電（発電）は回転による摩擦によるのですが、象山はこれを電池式に変更し誘電型で起電して（１８６０）、安定して使うことができる電気治療器を作ったのです。

この改良自体は蘭書の知識にもとづいていますが、もともとは大砲などの火薬の発火装置を作るものだったようです。これは電池から発生した直流電流を、コイルを使ったトランスの原理（誘導起電流）によって昇圧させることにより、高電圧を発生させようとするものでした。またこの技術は電信機用へのコイルの開発を兼ねていたとも考えられます。

電気治療器以外にも写真機、望遠鏡、地震予知器の開発や作成もトライしています。特記すべきは、1849年に松代で日本初の指示電信機による「電信」の試験を行ない電信実験に成功したといわれることです。またのちには種痘の実施、コレラの予防などの医学に関する研究も熱心に行なったということもあり、イノベーターとして大活躍したといえます。

このように象山は当時の日本において理論だけでなく実践も行なった稀有な洋学の第一人者であり、さらに彼の門弟には日本を担う人材を多数輩出し、幕末に多大な影響を与え明治の世が到来するきっかけを残した人物ともいえます。

電気治療器と科学技術面を検証した書籍
（東 徹著）

3 フィールド・ガイド

〈関東近辺：東京、横浜地区〉

○佐久間象山砲術塾跡（江東区）★★

江東区永代1-14

佐久間象山が西洋砲術塾を開いた信州松代藩下屋敷があった場所です。1850（嘉永3）年7月から12月までこの地で砲術を教えました。

○佐久間象山塾跡（中央区）★★

東京都中央区銀座6-15（木挽町）

1851年から逮捕されるまでの2年間、西洋砲術を主体に20坪で30～40人が学んでいたといわれます。

○横浜・野毛山公園と佐久間象山顕彰碑 ★

神奈川県横浜市西区老松町

横浜開港を熱望した佐久間象山を顕彰しています。

○松陰・象山会合場所（浦賀）徳田屋跡 ★

神奈川県横須賀市東浦賀2-7-6

徳田屋は幕末の英傑たちが宿泊した宿で、1853年松陰と象山が会合した場所としても知られています。

〈長野県、長野市（松代市）近辺〉

○**象山神社**　★★★

長野市松代町松代1502

象山を祀り1938（昭和13）年に創建された神社で敷地内には雄大な本殿を中心に、蟄居していた高義亭、京都から移築した茶室などがあります。

○**象山記念館**　★★★

長野県長野市松代町松代1446-6

象山記念館には佐久間象山が製作した電気治療機をはじめ、科学に関する資料、佐久間象山が政治に関して述べた記録、自筆の墨跡など多彩な資料がそろっています。

佐久間象山砲術塾跡

高義亭

〈京都市、高瀬川界隈〉

○**佐久間象山・大村益次郎遭難之碑**　★

二条木屋町下る一之船入町

1864（元治元）年7月11日の夕刻、この路上を馬に乗って通りかかった象山は攘夷派の刺客に襲われて即死しました。享年52。

4 参考文献

象山については地元の伝記など数多くありますが、ここでは科学技術やイノベーターとしての視点に絞って紹介します。

・『佐久間象山と科学技術』東徹著　思文閣出版（2003）
象山の科学技術的成果を詳細に検証している唯一の本

・『エレキテルの魅力―理科教育と科学史（ポピュラー・サイエンス）』東徹著　裳華房（2007）

・『佐久間象山に学ぶ大転換期の生き方』田口佳史著　致知出版社（2020）

「鉄道の父」はイギリス仕込みの熱きジェントルマン

井上勝（いのうえまさる）

１８４３－１９１０年

山口県萩市出身

吉川 智

1 なぜこの人を取り上げるか？

１８７２年10月14日　新橋～横浜間の29㎞をつなぐ鉄道が開業されました。２０２２年は鉄道開業から１５０年にあたる年でした。ペリーが黒船で来航し、蒸気機関車の模型が将軍に献上されたのが１８５４年。佐賀鍋島藩の〝理化学研究所〞、精煉方（せいれんかた）で蒸気機関車の自作模型が走ったのが１８５５年のこと。それから20年足らずで、実際の蒸気機関車による鉄道開業にこぎつけたことになります。また、１８３０年の世界初の鉄道開業（マンチェスター～リバプール間）から遅れること40年という見方もできますが、幕末の混乱後、明治となって5年程度と考えると、むしろ急ピッチで追いついたと考えたいところです。

ちょうど日本の開国により権益を得た諸外国がそれぞれの思惑で動く中、鉄道敷設を主導したのが井上勝でした。「鉄道の父」と呼ばれる所以となります。井上勝は、山尾庸三、井上馨（志道聞多）、伊藤博文（俊輔）、遠藤謹助らとともに幕末１８６３年にイギリスに密航した「長州五傑（長州ファイブ）」の一人です。尊王攘夷に沸く長州にあって、海外渡航の禁を犯しても世界情勢・最新技術を吸収し「人の器械」となるべくイギリスに渡り、5年にわたる勉学の末に帰国後、その生涯を鉄道に捧げました。鉄道のような公共事業は政治と切り離すことができませんが、政治畑を進む伊藤博文によるサポートも井上勝を後押しします。5人の帰国後の活躍を考えると、開国、明治維新に向け日本の中で沸々と沸き上がるエネルギーを抑えきれず、外界に向けて飛び出してしまった特異点であったように感じます。

現代に目を向けてみると、モビリティの大変革期に直面しています。１５０年前の変革の軌跡をたどることで、我々も学ぶことがあるのではないかと考え、取り上げたいと思いました。

2 人物紹介

・洋学を指向した青春時代

井上勝は1843（天保14）年8月に長州藩士井上勝行の三男として生まれました。6歳で野村家の養子となり、野村弥吉と改めました。21歳で密航後、野村家にその累が及ばないよう養子縁組を解消しており、帰国後には井上姓に戻ることになります（以降、イギリスから帰国するまでを弥吉とし、帰国後を勝と表記します）。1854年にペリー2度目の来航で日米和親条約が締結され、日本は開国に踏み切りましたが、外国船の往来に備えて沿岸警備を強化する幕府の意向により長州藩は相州警備を命じられます。1855年相州警備隊長を任ぜられた父勝行に同行し弥吉も現在の神奈川県三浦市を訪れ、そこで生涯の友となる林利助（のちの伊藤俊輔→博文）と出会います。その後長崎の長州藩邸でオランダ士官から洋式兵法を学び、江戸の蕃書調所（ばんしょしらべしょ）で洋学を学び、さらに開港後の函館の諸術調所に武田斐三郎（たけだあやさぶろう）を訪ねます。弥吉はここで航海術を学び、さらにイギリス副領事から英語を学びますが、蘭学に代わりイギリスへの興味が芽生えていったようです。武田のもとには前島密や山尾庸三も訪れています。特に庸三は、武田が「亀田丸」で黒竜江をさかのぼりロシアに向かう計画を江戸で聞きつけ志願してきました。弥吉は函館で1年半ほど学んだ後、江戸の長州藩邸に勤めます。勤めの合間に横浜の外国人居留地で英語を学び、イギリス渡航へ意思を具体化させ藩に上申したようです。

東京駅丸の内口の井上勝銅像（著者撮影）

　この時期、長州藩は英国ジャーディーン・マセソン商会から蒸気船壬戌丸（じんいまる）と木製帆船癸亥丸（きがいまる）を購入します。函館で航海術を学んだ弥吉は癸亥丸の船長として、同じく函館帰りの庸三を測量方に、江戸→神戸の廻船を命じられます。無事に神戸に着いた先で弥吉と庸三のイギリス行きが毛利元徳により許可された旨が伝えられました。長州藩としても、長い目でみて西洋の知識を吸収した「人の器械」が必要であると考え、両者の思惑が一致した形となりました。志道聞多（井上馨）、伊藤俊輔、遠藤謹助と合わせて長州五傑が揃いました。

・イギリスへの密航留学

１８６３年６月27日の深夜、英国領事ガワーから５人を託されたジャーディーン・マセソン商会の手引きで、上海に向けて出港しました。アヘン戦争後の南京条約で開港した上海の列強の租界を目の当たりにして５人はそろって衝撃を受けたようです。英国領事ガワーの紹介状を持ってジャーディーン・マセソン商会の上海支店に向かい、伊藤、井上馨組のペガサス号と、残る３人のホワイト・アッダー号の２隻に分乗することになります。ロンドン行きの目的を問われ、Navy（海軍）研究と答えたいところ Navigation（航海術）と間違い、航海中に下っ端船員のごとくこき使われたという逸話もありますが、１８６３年10月末には１２０日程の航海を経てロンドンに到着しました。ロンドンではジャーディーン・マセソン商会の総帥ヒュー・マセソンが彼らを受け入れ、ＵＣＬ（University College London）のウィリアムソン教授に引き合わせてもらい５人のロンドン生活が始まりました。弥吉はヒュー・マセソンを頼って、鉄道や鉱山の現場を訪れ実践的な技術も積極的に学んでいます。５人はウィリアムソン教授夫人のキャサリンとの英語勉強の甲斐もあって新聞もある程度読めるようになります。関門海峡の海上封鎖の報復で故郷が外国船から攻撃される記事に危機感を募らせ、伊藤、井上馨は藩に方針転換を求める帰国を決心します。１８６５年６月末には19人の薩摩藩士がイギリスに到着し、長州藩士３人とは本国の薩長同盟より８カ月前に遠くイギリスで友好関係を築きます。その後、遠藤謹助も肺を患い１８６６年に帰国し、弥吉と庸三が残りました。弥吉はＵＣＬに残り、１８６８年９月に修了証を授与されたのち帰国の途につき、同年年末には横浜に戻りました。時代は明治へと移っていました。

・鉄道一筋の時代

野村弥吉改め井上勝は、まずは通訳として鉄道推進に貢献します。英国公使パークスとの鉄道への融資交渉に立ち合い、東京～京都の幹線と、東京～横浜、琵琶湖－敦賀、京都～神戸の３支線の敷設が決定します。１８７０年６月には東京～横浜間が着工し、１８７１年には勝が鉄道頭（てつどうのかみ）に就任、いよいよ陣頭指揮を執っていくことになります。１８７２年10月に東京～横浜間が開業したのは冒頭の通りとなります。その後、京都～大津間の逢坂山トンネル竣工、鉄道技師養成所設置とお雇い外国人の段階的な削減、中山道から東海道への変更、乱立する私鉄の国有化議論など、鉄道敷設に邁進しました。その間、肩書も鉄道頭、鉄道局長官、鉄道庁長官と変わっていきました。1890年には私鉄国有化議論で批判を浴び21年の鉄道官僚のキャリアに終止符を打つことになりました。

その後も勝は、機関車や貨車、その他鉄道用部材の供給が追い付かないことを課題とみて、汽車製造会社を設立するなど、鉄道に関わり続けます。1909年には伊藤博文がハルピン駅で暗殺され、帝国鉄道協会の会長に就任した勝に欧州鉄道視察の誘いが届きます。勧めたのは鉄道院総裁の後藤新平で、鉄道に生涯をささげた勝への花道となりました。1910年5月、勝は長崎から大連に渡り、そこから陸路でイギリスを目指します。1902年にはシベリア鉄道が開通しており、鉄道を乗り継ぎ欧州に行けるようになっていたのです。ロンドンには6月半ばに到着しウィリアムソン邸を訪れます。ウィリアムソン教授はすでに他界していましたが、キャサリン夫人と再会を果たすことができました。その後、体の不調を押して欧州諸国を巡り、7月下旬に再びロンドンに戻ったところで倒れ、8月2日に息を引き取りました。ロンドンで荼毘に付された遺骨は品川の東海寺に眠っています。

勝の生涯を年表で俯瞰します。青春期に洋学を指向して学び、命がけの密航に呼応するように、イギリスで巡り合う幸運（ウィリアムソン教授との出会い）を引き寄せ、異国の地でがむしゃらに渡り合うことができたのは江戸時代の成熟の帰結点を見るように思います。そして、帰国後は鉄道一筋で日本の鉄道普及に邁進し、最期は陸路鉄道で大陸横断、向かったイギリスで68年の生涯を終える。何というドラマチックな生涯でしょうか！

修了証　名前のMr.Nomuranは綽名「呑乱」を気に入って使っていた故
出典：子爵井上勝君小伝 村井正利 編 井上子爵銅像建設同志会 1915.2

イギリスでの作業実習の際の写真　出典：国立国会図書館「近代日本人の肖像」(https://www.ndl.go.jp/portrait/)

・科学技術　密航留学でつかんだ幸運

勝が学んだＵＣＬ（University College London）は、産業革命後の都市部中産階級の台頭に伴い教育の機会均等を求める機運の高まりを受けて、人種、宗教、政治的信条を問わない大学として１８２６年に誕生した新しい学校でした。また、受け入れ教官だったアレクサンダー・ウィリアムソン教授は、「ウィリアムソン合成」に名を残すエーテル合成法の考案者であり、原子価の考え方など現在の化学の礎に足跡を残す大科学者でした。５人が履修した「分析化学」では、当時の世界最先端の授業を受けていたことになりますし、化学サロンとなっていた教授の「バークベック実験室」にはベンゼン環のケクレら当時の最前線を行く化学者も出入りしており、５人が化学の黎明期の現場に居合わせていたと考えると非常に感慨深いものがあります。ウィリアムソン教授は、思想的には多様性と調和（いわゆるダイバーシティ＆インクルージョン）の考え方を実践される方で、異国からの学生たちに自宅を住居として提供し、非常に親身な対応をしてくれました。

勝自身も、この幸運の巡り合わせにしっかりと対峙できる素養を、幕末の時点で身につけていたと考えて良いのではないでしょうか。

3　フィールド・ガイド

○旧新橋停車場　鉄道歴史展示室　★★★

東京都港区東新橋１‐５‐３

『新橋停車場』の駅舎の外観を、当時と同じ位置に再現している。当時の駅舎の基礎部分の遺構なども見ることができる。

○井上勝像　★★

東京駅丸の内口

新丸ビルに近い片隅で、改築された東京駅を見守る形で立っている二代目銅像。

○井上勝の墓　東海寺大山墓地　★

品川区北品川４‐11‐８

真横を通る新幹線を見守る立地で鉄道記念物となっている。

○萩・明倫学舎２号館「世界遺産ビジターセンター・幕末ミュージアム」　★★

萩市江向６０２（旧明倫小学校）

勝も学んだ藩校明倫館の跡地に昭和10年に建てられた小学

	井上勝　年表	外部状況
洋学指向 青春時代	1843　誕生 1848　野村家の養子（野村弥吉）となる 1855　父の相州警備に同行（伊藤俊介と対面） 1858　長崎の長州藩邸で洋式兵法学ぶ 1860　函館　武田斐三郎を訪ね、航海術を習得 1863　癸亥丸を船長として廻船（江戸→神戸） イギリス渡航の上申が受理される 長州五傑 揃う（井上勝、山尾庸三、井上薫、伊藤俊介、遠藤謹助）	1853　ペリー浦賀に来航 1854　ペリー再来日・日米和親条約（下田・函館開港） 1861-1865　アメリカ南北戦争
イギリス 留学時代	1863　6月　上海に向け密航（井上家に復籍） 10月末　ロンドン着 11月　UCL入学　ウィリアムソン教授との出会い 分析化学、鉱山、鉄道を学ぶ 1864　4月　伊藤俊介、井上薫、長州藩を案じて帰国 1865　薩摩ナインティーン着　ロンドンで薩長融和 謹助　体調崩し帰国 1866　庸三　造船を学びにグラスゴーへ 1868　9月　修了証 授与 10月　ロンドンを発つ（12月末横浜着）	1863　6月　下関事件（関門海峡の海上封鎖） 8月　薩英戦争（生麦事件後の衝突） 1864　8月　下関戦争 1867　大政奉還　明治時代へ
鉄道一筋 時代	1871　鉱山頭 兼 鉄道頭 就任 鉄道敷設の第一線へ 1872　鉄道頭 専任　鉄道（東京ー横浜間）開通 1874　大阪ー神戸間 開通 1877　鉄道局長 就任　大阪に工技生養成所開設 1880　逢坂山トンネル竣工（京都ー大津間 開通） 1886　中山道→東海道に変更 1889　東海道線（東京ー神戸間）開通 1890-1893　鉄道庁長官 1891　小岩井農場 開設 1909　帝国鉄道協会会長 就任 1910　鉄道視察で陸路訪欧　英国にて客死	1871-1873　岩倉使節団 1909　伊藤博文　ハルピン駅で暗殺される

校舎（有形文化財）。

○**萩市自然と歴史の展示館と井上勝 志気（しき）像　★★**

萩市椿3537-3（JR萩駅舎内）

萩駅舎は1925（大正14）年築で、井上勝に関する資料やイギリス留学中の若き日の銅像が立つ。

4 参考文献

・『井上勝―職掌は唯クロカネの道作に候―』老川慶喜著　ミネルヴァ書房
・『日本鉄道史　幕末・明治篇　蒸気車模型から鉄道国有化まで』老川慶喜著　中央公論新社
・『クロカネの道を行く　『鉄道の父』と呼ばれた男』江川剛著　PHP研究所
・『長州ファイブ　サムライたちの倫敦』桜井俊彰著　集英社
・『子爵井上勝君小伝』村井正利編　井上子爵銅像建設同志会　初代井上勝銅像の建立に合わせて編纂された小伝。
・『アレクサンダー・ウィリアム・ウィリアムソン伝』犬養孝明著　ウィリアム・ウィリアムソン先生顕彰会　海鳥社

二宮(にのみや) 忠八(ちゅうはち)

1866-1936年

愛媛県八幡浜市出身

船渡 俊行

1 なぜこの人を取り上げるか?

大空を自由に飛びたい、空飛ぶ鳥や昆虫を見ながらそう思う人は多いでしょう。あるいは、400人乗りのジャンボジェット機に乗って、何故こんな大きな金属の塊が空を飛ぶことができるのだろうと疑問に思う人もいるかもしれません。

二宮忠八はそういう疑問を持つだけに留まらず、実際に飛行可能な飛行機の開発を行なった人物です。しかも、その飛行機の原理は、世界で初めて動力飛行機で空を飛んだライト兄弟よりも12年も前に発明していたのです。

人を乗せた飛行機(当時彼は「飛行器」と命名しました)を作りたいという純粋な夢を持ち続け、様々な逆境を苦にせず一生をかけて研究と開発を行なった二宮忠八。残念ながらライト兄弟の初飛行の記事を知って夢をあきらめましたが、その後も飛行機に関する興味を持ち続け、飛行神社を設立して飛行安全と事故者の冥福を祈り続けました。

空を飛ぶということはとても夢があったけど、事故即死亡という危険と隣り合わせの時代に、安全な航空機産業を願った想いと業績は今も飛行神社に残されています。

二宮忠八が設計した玉虫型飛行器の模型
(八幡浜市教育委員会所蔵)

カラス型飛行器の模型(八幡浜市教育委員会)

2 人物紹介

(1) 二宮忠八の経歴

二宮忠八は１８６６年６月９日に伊予国宇和郡八幡浜浦矢野町（愛媛県八幡浜市矢野町）で生まれました。

家は海産物問屋で幼い頃は豊かな生活を送っていましたが、兄が事業に失敗して奉公に出されました。町の呉服屋、印刷所、写真師の下働きと転々とした後、親戚の薬屋を2年半ほど手伝いました。

１８８７年５月、丸亀の歩兵部隊付けの看護卒として入営しました。

そして、１８８９年10月、機動演習が四国の山岳地帯で行なわれた際に、彼の大隊が香川の樅の木峠を通るときにカラスを見て、羽ばたかなくても飛べるのではと閃きを持ちます。そう閃いた忠八は、仕事の傍ら、飛行するための模型を作り始めました。

１９９１（明治24）年4月29日、忠八はそれを丸亀の演習場に持っていき、試験を行なうとプロペラで自走後浮き上がりました。距離は約30ｍ、初めて飛行した瞬間です。

これで自分の理論の正しさを確信した忠八は、人間が乗って飛行できる飛行機の設計に取組みます。

忠八は飛ぶもの、それは鳥だけでなくトビウオや昆虫までも研究対象にしました。それらの標本を集め、体と羽の寸法割合、羽面積と体重の関係、それらの飛び方などを詳細に調べ、理想的な飛行機の形状を追求していきました。

その結果として玉虫をモデルにすることに決めました。こうして、１８９３年に2号機である玉虫型飛行器が完成しました。大きさは約２ｍでした。

１８９４（明治27）年に日清戦争が勃発し、忠八は調剤手として朝鮮へ出兵しました。清軍は篭城して戦況はなかなか進展しません。その様子を見て、忠八は飛行機で敵状を偵察すれば有利に戦闘を展開できると思い立ちます。

そこで、上司の軍医に相談し、設計図と上申書の形にまとめ、滞在中の参謀長である長岡外史大佐に提出しました。しかしながら、戦況が芳しくなく、そのような開発兵器のことまで考える余裕がないと却下されました。

１８９５年、苦難の果てに日本は日清戦争に勝利し、大島旅団も広島に凱旋帰国しました。そこで再び軍医部長を通じて大島閣下に面会する機会を得ました。この時も飛行機はまだ実用化の目処が立っていないとの理由で却下されました。

軍では飛行機の開発はあきらめざるを得なかったので、忠八は軍を辞めて自分で飛行機の開発を行なうことを決意しました。忠八は自分の経験が生かせる製薬業界に職を探し、大日本製薬会社に就職しました。

その後、東京支店長となって関東地区の販売に力を入れました。それが軌道に乗ると大阪薬品試験所の支配人に推薦され、倒産寸前の同社を立ち直させたりして、製薬業界の有力者として認知されていきました。

ある時、石清水八幡宮を参拝した時に、その辺りが一面の砂原で飛行の試験を行なうこともできる広さで、付近の精米所に石油発動機があることも発見しました。

そこで、八幡市橋本に引越し、石油発動機も購入して飛行機の開発を再開しました。しかしながら、機体の製作も終わって、あとはエンジンの開発という段階になって、ライト兄弟の初飛行の事実を知ることになったのです。ショックを受けた忠八は、せっかく製作した機体を壊し、開発も取り止めてしまいました。

その後、飛行機は急速な進歩を遂げていきます。開発をあきらめた忠八ですが、その後も飛行機に関する興味を持ち続けていました。

特に飛行機の発展の過程で飛行機事故が頻繁に起こり、その結果多くの人々が亡くなることに深い悲しみを覚えました。そして犠牲者の冥福を祈るとともに飛行機事故がなくなることを願うために、私財を投じて八幡市に「飛行神社」を設立し、自ら神主になりました。晩年は神社に仕え、幡山と号し飛行千歌を詠み、幡詞を作り、幡画を描くのが日課でした。そうして1936（昭和11）年、70歳で亡くなりました。

(2) 科学技術者としての分野

浮田幸吉と同じく、二宮忠八も飛ぶことに必要な知識・技能を様々な経験から取得していました。凧、絵画、測量などです。先ずは空を飛ぶ鳥や昆虫を観察し、飛ぶのに必要な翼を設計し製作しなければなりませんが、その点では他の人より優れていたと言えます。

飛び続けるためには動力とプロペラも必要となりますが、ここが日本が最も遅れていた分野でした。飛ぶためには軽くて出力の高いガソリンエンジンが必要ですが、欧米の進んだ技術を導入するしか手段はありませんでした。

様々な記事で、もし忠八が世界で初めて飛行機を飛ばしたら歴史は変わっていたかもと書かれていますが、現実的にはとても難しかったと思います。

同時代の世界では、ライト兄弟（アメリカ）が1903年に空気より重い航空機を使って初飛行に成功しました。当時のアメリカはスミソニアン財団が主体となってヨーロッパの航空機開発を研究していました。

欧米はこのように、国境を越えて個々の開発者が競争したり協力したりして未知の世界を切り拓いていきましたが、日本では二宮忠八の開発が認められたのはずっと後になってからでした。

（3）その他エピソード

・1891（明治24）年4月29日に忠八が飛行機を初めて飛ばしたのを記念して、毎年4月29日は故郷の八幡浜市で二宮忠八翁飛行記念大会が開催されています。

・忠八が作った凧は独創的でしかもよく揚がることから「忠八凧」と呼ばれ、彼の凧を買い求める人も多かったそうです。

・世界で飛行機の開発が進むと日本もようやく飛行機の重要性を理解し、飛行機の研究開発にも力を入れていきます。その機関誌が「帝国飛行」で、その記者が偶然にも忠八の玉虫型飛行機の設計図を手に入れました。彼はライト兄弟の前に実用可能な飛行機の具体的な設計図が描かれていたことに驚き、その内容を帝国飛行に発表しました。

また、当時の小学校の教科書にも載せられ、広く日本国中に知られていきました。

3 フィールド・ガイド

◆二宮忠八関係のフィールドツアー（史跡ツアー）例

八幡浜市民図書館郷土資料室→二宮忠八生誕の碑→明治橋

○八幡浜市民図書館郷土資料室　★★★

愛媛県八幡浜市本町60－1

市民図書館の郷土資料室（2階）の一角に常設の忠八コーナーが設けられています。忠八の人物紹介や経歴のほか、カラス型模型飛行器や玉虫型模型飛行器、忠八凧や数々の表彰状が展示されています。さらに、晩年過ごした家屋も京都府八幡市から移築復元されています。

八幡浜市は忠八の生まれ育った地で、生誕地の碑や彼が造った斐光園などゆかりの地を訪れることができます。1Fの受付で問い合わせれば忠八の資料一式をもらうことができるので、資料と合わせて忠八コーナーで一通り忠八の経歴を理解してから史跡を巡るのがお勧めです。

○二宮忠八生誕の地記念碑　★★

愛媛県八幡浜市矢野町５丁目

忠八の生誕地に碑があります。今は商店街の一角です。

忠八が晩年を過ごした家屋（八幡浜市教育委員会）

忠八凧　忠八が子供の頃に製作した凧。（八幡浜市教育委員会）

忠八生誕の地記念碑

○明治橋　★

愛媛県八幡浜市

八幡浜市図書館から徒歩約10分のところに明治橋があります。忠八は子どもの頃この付近から忠八凧を揚げていました。

○飛行神社資料館　★★★

京都府八幡市八幡土井44

忠八が建立した神社です。正面にF１０４のジェットエンジンが飾ってあり圧倒されます。境内に入ると事故で破損した機体の一部が飾ってあり、事故の怖さを感じることができます。

資料館は狭いですが、忠八本人の資料がたくさん展示されています。それ以外にも航空機の模型１０００体、航空機に関する書物、飛行機メーカーからの寄贈品等も所狭しと展示されており、航空機に興味のある人ならお勧めです。

○二宮忠八飛行館　★★★

香川県仲多度郡まんのう町追上３５８－１（道の駅「空の夢　モミの木パーク」敷地内）

忠八が飛行原理を閃いた地に開設されました。

資料館では忠八の経歴が分かりやすくパネル展示されてい

二宮忠八飛行館正面

明治橋

玉虫型飛行器原寸模型

飛行神社（手前に展示してあるのがＦ１０４エンジン）

ます。忠八が製作したカラス型飛行器の複製や筑波博に展示された玉虫型飛行器の実物模型、忠八凧なども展示されており、忠八の生涯を理解するのにお勧めです。

また、敷地内には飛行神社の分社や忠八の銅像もあり、お参りもできます。

4 参考文献

・『虹の翼』吉村昭著　文春文庫（２００２年）
二宮忠八の生涯を描いた長編小説。
・『二宮忠八・伝』生駒忠一郎著　新潮文庫（２００２年）
・『パイオニア飛行機物語』根本智著　テクノライフ選書（１９９６年）
・『その時歴史が動いた12』ＮＨＫ取材班編　ＫＴＣ中央出版（２００２年）

伊予のダ・ヴィンチ

前原巧山（嘉蔵）

1812～1892年
愛媛県八幡浜市出身

前原巧山は1812（文化9）年、宇和島藩矢野組に生まれました。幼い頃は低い身分から姓がなく嘉蔵という名前だけでした。提灯の張替えを生業として提灯屋嘉蔵と呼ばれていました。提灯張替の仕事だけでは満足な収入を得られなかったため、様々な修理を請け負う何でも屋になっていました。

1854（嘉永7）年、火輪船の仕組みを精工な模型で示すと、藩主伊達宗城に献上され、大いに感心されました。これにより袴と帯刀が許され、裏長屋に帰宅すると隣人たちが非常に驚きました。

同年、村田蔵六（後の大村益次郎）と共に蒸気船建造の命を受けました。嘉蔵と蔵六は長崎に派遣され蒸気船の調査を行ないました。帰国の際、二宮敬作、楠本イネと同行しました。嘉蔵とイネはその後も交流が続きます。1856（安政3）年、蔵六が宇和島を去った後でも、嘉蔵は蒸気船建造に奮闘しました。翌年、蒸気機関が完成しましたが、汽缶が鋳物のため稼働試験に失敗しました。1859年、嘉蔵は汽缶を銅製にすることで遂に蒸気船を完成させました。この功績により嘉蔵は宇和島藩士に取り立てられ、前原喜市と名乗りました。嘉蔵は蒸気船だけでなく、木綿織機、ミシン、パン、ゲーベル銃、雷管など様々な製品を開発製造しました。

（川島卓也）

日本独自の洋式軍艦を建造

中島三郎助

1821～1869年
神奈川県横須賀市出身

中島三郎助は1821（文政4）年、相模国浦賀にて代々浦賀奉行与力を務める中島清司の子として生まれました。1835年、浦賀奉行与力見習になり、2年後のモリソン号事件で、砲手として同船を砲撃しています。1849年、与力になりました。

1853（嘉永6）年、米国のペリー艦隊が浦賀沖に来航した際、応対を務め、また軍艦の構造を入念に調べました。この時、三郎助は日本独自の大型洋式軍艦建造を決意し、翌年、日本初の洋式大型軍艦「鳳凰丸」を完成させ、建造の中心として活躍しました。

1855（安政2）年、長崎海軍伝習所に第一期生として入所しました。1858年、築地軍艦操練所に教授方として務めました。翌年、浦賀に日本初の乾ドックを建設しました。そして遣米使節団の乗船する咸臨丸の整備を行ないました。

1868年、戊辰戦争が生起します。幕府の形勢が不利になると榎本武揚らと行動を共にして品川沖を脱出し北上、途中立ち寄った石巻では鳳凰丸と再会しました。蝦夷地へ渡り、箱館戦争では隊長として千代ヶ岱陣屋を守備、1869年、五稜郭降伏の2日前、両軍の再三にわたる撤退、降伏の勧告を拒否し、最後まで徹底抗戦を貫いた三郎助は、備砲の爆破を試みて失敗、新政府軍と白兵戦となり、2人の息子と共に戦死。49歳でした。

（川島卓也）

7 ソーシャルデザイン、オープンイノベーション分野の技術者

鍋島（なべしま） 直正（なおまさ）

1815-1871年

東京都（佐賀藩邸）出身

浅川 基男

1 なぜこの人を取り上げるか？

明治維新は薩摩・長州の下級武士によって成されたと一般的に考えられています。しかし、もう一度歴史を振り返ってみる必要があります。なぜなら、歴史はいつも勝者に都合のよいように書き換えられるからです。この場合は「薩長史観」です。薩長に都合の悪い史実は隠されます。実際に薩長が明治維新の屋台骨を建てられたのは、徳川幕府あるいはその諸藩のエンジニア藩士がすでにレールを敷いていたからだと著者は見ています。

まず幕末エンジニアのリーダーを代表する人物が図1に示す佐賀藩主の鍋島直正でしょう。

当時の佐賀藩は現在の長崎県と佐賀県にまたがる名だたる雄藩でした。なぜなら幕府の命により長崎出島（幕府の天領）を守る長崎警固役を任されていたからです。この役目が直正の考えを根底から変えた原点でした。アヘン戦争（1840～1842年）で東アジアに君臨した清（中国）が欧米の砲艦外交に為すすべもなく侵略された事実は、日本国内を震撼させました。最も敏感に反応した一人が鍋島直正なのです。

外国と折衝する過程で直正は〝鉄製大砲と蒸気船を自力で開発する以外に日本国再生の道はない〟と痛感し、果敢に軍備の近代化を実践しました。作家の司馬遼太郎も〝幕末、佐賀ほどモダンな藩はない〟とその先進性を評していました。

図1　佐賀藩主 鍋島直正（公益財団法人鍋島鍋島報效会所蔵）

2 人物紹介

(1) 鍋島直正経歴

直正は1815（文化11）年、江戸の松平肥前守屋敷で生誕、死没は1871年です。第10代肥前国佐賀藩主で9代藩主鍋島斉直の十七男、正室は徳川家斉の十八女・盛姫（孝盛院）、号は閑叟（かんそう）と称しました。

1835年、佐賀城の二の丸が大火で全焼後、佐賀城を再建しましたが、そのさいに役人を5分の1に削減、債務の8割放棄と2割の50年割賦を強行しました。同時に磁器・茶・石炭などの産業育成・交易に力を注ぎ、藩財政を改善しました。日本を欧米列強と肩を並べる強国にするには、古（いにしえ）から醸成された基礎・基盤技術（製鉄、金属加工、からくり技術）をベースとした〝鉄製大砲と蒸気船を自力で開発する以外に道はない〟との信念がありました。

(2) 関連技術分野

1．人材育成

幕末佐賀藩の藩政改革は大別して、財政改革・教育改革・軍事改革の三点でした。その第一歩として人財育成を強力に推進しました。中でもっとも注目すべきは、教育改革すなわち弘道館の拡充でした。1850年、定則を示し〝25歳までに一定の課業を卒業する。卒業できない場合、家禄の一部削減、藩の役職に任用しない〟と督励しました。また「御叱り・逼塞・隠居」などの処分も、ちらつかせました。

また、若い佐賀藩士を積極的に江戸や長崎、さらには海外に留学させました。1860年の遣米使節派遣では7名、1861~1862年の遣欧使節にも3名を派遣させたほどです。

さらに、直正はオランダで機械工学を学び、米国で機械産業の実務を経験した宣教師フルベッキーを招聘しました。ここで大隈重信・副島種臣・大木喬任らの佐賀藩士のほか、他藩の伊藤博文・大久保利通・加藤弘之・横井小楠・細川潤次郎ら、その後明治維新後に活躍した逸材を育成しました。

2．科学技術の推進

1852年、精煉方を藩内に発足させ、化学薬品・カメラ・電信機・ガラスなども研究し試作しました。精煉方は大砲や蒸気船を作るための要素技術を研究・試作する、現代版でいう理化学研究所と考えてよいでしょう。この研究・開発・実用化への考え方も極めて斬新です。

3．蒸気車雛形の製作

①プチャーチン率いるロシア船団来航

ペリーの浦賀来航に遅れること約一カ月後、１８５３年プチャーチン率いるロシア船団が長崎に入港した機会に、直正は佐賀藩精煉方のエンジニアらにロシア艦内をつぶさに見学させる機会を与えました。彼らが士官室に入室した途端、目が釘付けになりました。ロシア士官が蒸気車雛形に熱湯を入れ、模型アルコール器に火を点ずるとボイラーから沸騰音が鳴り響き煙筒から白煙が発生し、たちまち車輪が動き出し円状のレール上を軽快に走り回るではありませんか！

②蒸気車雛形の自作

佐賀藩にスカウトされた京都出身の蘭学・化学・機械の中村奇輔はこの模型に感嘆し、脳裏に深く刻みこみました。早速佐賀に戻り、この蒸気車を奇輔が企画立案し、同じくキャリア採用組である丹後田辺藩出身の蘭学・理化学者石黒寛次が構想と図面を担当、久留米藩出身の機械発明家・田中久重儀右衛門の父子がからくり機構を究明しました。

この時代は他藩の藩士が領地を移動することは禁止されていました。しかし、御法度も意に介しない直正の強い意志を感じます。精煉方ではこの蒸気車雛形製造を通じて、板材・棒線材・管材などの金属素形材製造技術や、これを鍛造・曲げ・引抜き・せん断・接合などの塑性加工技術および歯車などを切削する機械加工技術を駆使して部品を製造したに違いありません。図２に示すように蒸気車雛形は単純構造のため蒸気圧力が十分出なかったので、久重はギヤ等で減速して回転力を引き出す独自の工夫も加えました。試行錯誤を重ね２年後（１８５５年）蒸気車雛形を完成させました。たった２年です！　当時から基盤的なものづくりの実力が日本にあった証拠です。この実物は佐賀県の鍋島徴古館に、複製模型は佐賀県立本丸歴史館に展示してあります。蒸気船の模型とともに藩主の前で公開した場景が、昭和の初めに描かれた図３の「精煉方絵図」です。

図４は、明治になり70歳台の頃の田中久重の写真です。晩年の久重は久留米から上京し、銀座煉瓦街に電信機生産の田中工場を誕生させます。これが後の東芝の発祥となりました。

③ペリー来航時の蒸気車雛形

一方、１８５４年ペリー来航時にも蒸気車雛形模型が持ち込まれ、横浜で組み立てに約１週間かかりました。ライブの模型蒸気機関車は実物の約1/4で、機関車・炭水車・客車の3両編成、燃料は薪で360フィートの環状線レールを走行試験しました。その後江戸へ運び、城内吹上荘で将軍・重臣たちが観覧しました。役人の一人がはかま姿で客車の上にまたがりましたが、時速約30km/hの速さにがたがた震えだし、屋根の上にしがみついたままであったとの話が伝えられています。残念ながらその模型は幕府の倉庫に仕舞い込まれたまま、明治の初めに焼失したと言われています。

図２　徴古館秘蔵の蒸気車雛形の本物（公益財団法人鍋島報效会所蔵）

図３　精煉方での蒸気車雛形試走風景（公益財団法人鍋島報效会所蔵）

図４　田中久重（Wikipedia より）

④引き継がれた蒸気車の思い

1868年の明治維新からわずか5年の短期間で新橋・横浜間に鉄道を完成できたのは、このような背景と、直正の影響を受けた佐賀藩士 大隈重信・長州藩士 伊藤博文の強い「思い」があったからでしょう。

3. 反射炉の実用化

直正は1850年、佐賀城近くの築地（ついじ）（現日新小学校敷地）に大砲鋳造の鋳立場（いたてば）を設置しました。また幕府の大砲鋳造用の多布施（たぶせ）反射炉も設けました。図5は昭和の初めに描いた多布施の場景図です。反射炉は薩摩や静岡県伊豆の韮山反射炉が有名ですが、最初に実用化したのは佐賀藩でした。耐火煉瓦反射炉の炉体は1500℃程度の高温に曝されるため、耐火煉瓦をいかに製造するかが重要でした。幸い、佐賀には伊万里焼など焼物の技術と焼物師がおり、珪藻土を用いて耐火レンガにより反射炉を構築しました。反射炉の内部は天井がドーム型で、炭や石炭を燃やす焚口と鉄材を投入する鋳口とが少し離れ、燃料を燃やした熱がドーム天井に反射して鉄材を溶かす方式です。2カ所の反射炉で幕府用と藩用の鋳砲製造は、想像もつかない難事業であったことでしょう。

4．大砲の製造

反射炉による大砲の鋳込みでは外側の鋳型と中子の鋳型の間に反射炉からの溶鉄を流し込むさいに気泡が入りやすく、そこを起点として試射中に砲身が炸裂する事故により怪我人が続出しました。エンジニア藩士らは「もはや不可能、切腹して責任を取りたい」と願い出ました。まさにエンジニアにとっては命がけのプロジェクトでありました。そこで直正は言葉を尽くしてなだめ、続行を諭しました。

その後、蘭学書『鉄熕鋳鑑図』のように中空から中実の大砲型を鋳立て、砲身を水車動力でくり抜く錐鎮台を設置して、事故は激減し生産が軌道に乗ってきました。

図5　幕府向け大砲製造用の多布施反射炉（公益財団法人鍋島報效会所蔵）

佐賀の大砲は現時点で一つも発見されていないため、反射炉用素材の製法については不明な点が多くあります。後日、彰義隊による幕末の上野戦争で鍋島藩製造のアームスト・ロング砲2門によって数百発が打ちこまれ、寛永寺は炎上、幕府軍はわずか一日で敗走しました。佐賀藩の大砲の威力と技術力が示されました。

(3) 直正のエピソードほか

さて、直正はどんな人だったのでしょう。質素倹約と経営手腕を「そろばん大名」と商人たちから呼ばれたほどです。徳川慶喜は後年〝直正はずるい人だった〟と語っているのもそのためでしょう。藩主は現代の大企業の社長です。状況をしっかり見極めてから、方針を決めるのは当然のことでしょう。

岩倉具視は「松平春嶽・山内容堂と較べて傑物だった。大名としては珍しく寛容で、誰にも親しみを感じさせ議論にも気力があった。惜しむらくは病身だったことだ」と感想を漏らしています。

しかし明治維新後の新政府の「薩長史観」により、幕末における佐賀藩の優柔不断を不快に思い、今日まで、その技術改革も軽視したものと思われます。その結果、佐賀県は現在今ひとつ目立ちませんが、幕末は直正のお陰で幕府をはじめ他の有力藩が大変注目していました。例えば、開明藩主として名高い島津斉彬(しまづなりあきら)は「西洋人も人なら佐賀人も人、また薩摩人も人である」と薩摩人を啓蒙するほど、佐賀藩主 直正を高く評価していました。

3 フィールド・ガイド

1日で回るとすれば、やや急ぎますが、徴古館→佐賀城本丸歴史観→大隈重信博物館→築地・多布施の反射炉がお奨めコースです。昼食は佐賀県庁の佐賀牛ひつまぶしがお奨めです。

○公益財団法人徴古館　★★

佐賀県佐賀市松原2-5-22

鍋島直正について多くの資料や展示がありますが、本物の雛形車は非公開です。

○県立佐賀城本丸歴史館　★★★

佐賀県佐賀市城内2-18-1

本丸を建て替えた木造建築で畳敷きの歴史館は珍しい存在です。説明員がついてくれて詳しく説明してくれます。見学には2時間欲しいところです。

4 参考文献

・『明治という国家［上、下］』司馬遼太郎著　NHK出版（1994年）

佐賀藩の明治維新前後の全体像を知るのに最適です。

・『鍋島閑叟』杉谷昭著　中公新書（2004年）

詳細に記述してあり、本書執筆に当たり最も参考にした内容の濃い書物です。

・東京人編『江戸の理系は世界水準』東京人、321、2012-2、都市出版

・『幕末の奇跡』松尾龍之介著　弦書房（2015年）

・『鍋島直正と近代化に挑んだ男たち』歴史街道、PHP（2016-3）

・『大砲からみた幕末明治』中江秀雄著　法政大学出版局（2016年）

鋳物に興味ある人には必読の書です。

危機における人材育成策に学ぶ（安政維新で日本は大きく変わった!?）

阿部正弘（あべまさひろ）

1819-1858年

東京都文京区（広島県福山藩邸）出身

浅川　基男

1　なぜこの人を取り上げるか？

幕末の老中首座・阿部正弘は1858年、39歳で急死しました。幕末安政期に徳川近代政治の基礎を創った政治家が阿部であり、外様の有力藩主と天皇公家が合体した近代政治革新を目指し、特に鎖国から実質的に「開国」に大きく舵を切った偉業は高く評価されるべきでしょう。もう少し彼が長生きしていたら、徳川政権による「安政維新」の改革が実現されていたはずです。その後、なぜ阿部が人々の関心から消え去ったのか？　それは薩摩・長州による歴史教育の歪み、すなわち薩長史観が幕府史観を抹殺しようとした結果と言えましょう。

阿部正弘

2　人物紹介

1．阿部正弘の生い立ち

阿部正弘は1819年、正精の三男として中屋敷藩邸（加賀藩邸近くの現文京区西片町誠之小学校付近）で生まれました。正精は将来我が国を託す人物になるよう、松浦静山（肥前国平戸藩の9代藩主のちの明治天皇の曽祖父）や林述斎（林家中興の祖、昌平坂学問所を推進、三男は鳥居耀蔵・六男は林復斎、門弟に佐藤一斎）らによる英才教育に力を注ぎました。特に静山からは「低い地位のものでも大胆に抜擢せよ。国家を変えるのは優秀な人材だ」と叩き込まれました。父が亡くなった7歳のころから正弘は宰相たるべき立場で、ものごとを見聞し、思慮する習慣が身につき始めました。このことからも幼少期の人格形成教育が極めて大切であることがわかります。

2. 講武所・長崎海軍伝習所・蕃書調所の開設

１８４５年、阿部は26歳で老中首座となり、家慶・家定の２代の将軍の時代に幕政を統括しました。１８５４年に安政の改革の一環として、現在の浜離宮の南側に操練場（後の講武所）を作り、弓術・砲術・槍術・剣術・柔術部門を充実させました。総裁は旗本の跡部良弼と土岐頼旨、教授は幕臣の高島秋帆・下曽根信敦・男谷信友・勝海舟・榊原鍵吉・窪田清音・伊庭秀俊・大村益次郎（村田蔵六）らで構成されていました。この講武所が後の日本陸軍の礎となりました。

１８５３年の黒船来航後、海防体制強化のため西洋式軍艦の輸入などを決断した阿部は、各藩にも大型船の建造を認めました。そのため幕府海軍の士官を養成するため長崎海軍伝習所を１８５５年に設立しました。オランダ海軍からペルス・ライケン、カッティンディーケ以下の教師団を招聘しました。幕府以外にも諸藩から若手伝習生の受け入れました。長崎海軍伝習所の卒業生たちは、幕府海軍や各藩の海軍として育って行き、その後の日本海軍の土台となりました。これも阿部の功績です。

ペリー来航後、蘭学にとどまらない洋学研究の必要を痛感した阿部は、１８５５年に「洋学所」を開設しました。小田又蔵・勝安芳・箕作阮甫らを異国応接掛手付蘭書翻訳御用に任じました。その後、洋学所は「蕃書調所」となり、古賀謹一郎を頭取、箕作阮甫と杉田成卿を教授、川本幸民・高畠五郎・松木弘安・手塚津蔵・東条英庵・原田敬策・田島順輔・村田蔵六・木村軍太郎・市川斎宮・西周（啓蒙家）・津田真道・杉田玄端・村上英俊・小野寺丹元を教授手伝いとし、これを継承した「開成所」は、その後の東京大学に発展していきました。

3. 人材育成と登用

注目すべきは阿部による有能な人材の発掘と育成です。幼少時代に叩き込まれた「低い地位のものでも大胆に抜擢せよ。国家を変えるのは優秀な人材だ」の教えに沿って、門閥を度外視した優秀な人材の発掘を実践しました。以下に阿部正弘の人材登用の事例を紹介しましょう。

筒井政憲（まさのり）は旗本出身、昌平坂学問所で頭角を顕わし阿部の引きで外交・経済など難解な問題の諮問役になりました。阿部は米国よりも領土問題を控えているロシアとの交渉を重視していました。１８５３年以降ロシアのプチャーチンと厳しい交渉を重ねて、千島列島の歯舞・色丹・国後・択捉を日本領とする合意に達しました。

以下図1に示しますが、高島秋帆（しゅうはん）は長崎町年寄の三男で、アヘン戦争後火砲の近代化を訴え、1841年、武蔵国徳丸ヶ原（現在の東京都板橋区高島平）で日本初となる洋式砲術と洋式銃陣の公開演習を実施しました。阿部による各層からの意見聴取に応じ、1853年、攘夷論の少なくない世論の中、開国・通商をすべきとする『嘉永上書』を提出、これが阿部の目に留まり、講武所支配および師範に登用され、幕府の砲術訓練の指導に尽力しました。

箕作阮甫（みつくりげんぽ）は津山藩における藩医の家系で蘭学に通じていました。反射炉設置に苦労していた阿部の盟友である薩摩藩・島津斉彬に「医者だけれど西洋史・科学・自然哲学・宗教・化学など幅が広い見識を有している」と箕作を紹介していました。阮甫の子孫には有名な学者が多数輩出しています。箕作省吾・箕作秋坪・箕作麟祥・箕作佳吉・箕作奎吾・箕作元八・菊池大麓・呉文聰・呉秀三ら、曾孫に石川千代松・長岡半太郎・美濃部達吉・鳩山秀夫・末弘厳太郎らであります。

高島秋帆　箕作阮甫　川路聖謨

江川英龍　水野忠徳　永井尚志

岩瀬忠震　勝海舟　中濱万次郎

図1　阿部正弘が見出した幕末の逸材像

川路聖謨（としあきら）は、豊後国日田の代官の家系でした。その有能さから阿部により海岸防禦御用掛に抜擢されました。黒船来航に際し開国を唱え、プチャーチンとの交渉を筒井政憲らと共に担当し、下田で日露和親条約調印までに至りました。その際プチャーチンは川路の人柄に大変魅せられたといいます。井伊直弼が大老に就任すると左遷・罷免されて隠居差控を命じられ、徳川幕府崩壊時にピストル自殺で果てました。

江川英龍（ひでたつ）は、幕臣で伊豆韮山代官を兼ねていました。ペリー来航直後に、阿部から勘定吟味役格に登用され、持論が認められ品川台場（お台場）を築造しました。銃砲製作のため湯島大小砲鋳立場を設立し、後の関口製造所の原型となりました。また鉄鋼を得るため反射炉の建造に取り組み、息子の代で完成しています（韮山反射炉）。

水野忠徳（ただのり）は旗本の幕臣でした。破天荒で常識破り、育ちの悪さでは天下一品との評判でしたが、その才により昌平黌を優秀な成績で卒業しました。人を見る目に長けていた阿部は、強情で意地っ張りな上、融通がきかない彼を西の丸目付に抜擢し、その後長崎奉行としました。その性格がプラスに働き、蘭・英・露との抜け目のない外交官らと渡り合い、開国事業を取り仕切りました。

永井尚志（なおゆき）は、旗本の永井尚徳の養子でした。目付として阿部に登用され、１８５４年には長崎海軍伝習所の総監理（所長）、長崎製鉄所の創設に着手するなど活躍、その後、外国奉行としてロシア・イギリス・フランスと通商条約を調印、その功績で軍艦奉行に栄進しました。一橋慶喜を支持したため、南紀派の大老・井伊直弼によって失脚させられてしまいました。禁門の変では幕府側の使者として朝廷と交渉する手腕を発揮し、若年寄にまで出世しました。養子に迎えた永井岩之丞の長女・夏子は内務官僚の平岡定太郎に嫁ぎ、その孫が平岡公威すなわち作家の三島由紀夫です。

岩瀬忠震（ただなり）は旗本の家系で、阿部にその才能を見出されて目付に任じられました。講武所・蕃書調所・長崎海軍伝習所の開設や軍艦、品川の砲台の築造に尽力しました。その後も外国奉行、ロシアのプチャーチンと全権として交渉し、日露和親条約締結に臨みました。米国の公使タウンゼント・ハリスは「井上・岩瀬の諸全権は綿密に逐条の是非を論究して余を閉口せしめることありき。懸かる全権を得たりしは日本の幸福なりき。彼の全権等は日本の為に偉功ある人々なりき」と、書き残しています。水野忠徳・小栗忠順とともに「幕末三俊」といわれています。

勝海舟は身分の低い旗本小普請組のもとで育ちましたが、海防意見書（西洋式兵学校の設立と正確な官板翻訳書刊行の必要を説く）が阿部の目に留まり、目付兼海防掛だった大久保忠寛（一翁）の知遇も得て、異国応接掛附蘭書翻訳御用に任じられて念願の役入りを果たしました。長崎海軍伝習所に入所した後、１８６０年には咸臨丸で渡米し、帰国後に軍艦奉行並となり神戸海軍操練所を開設しました。戊辰戦争時には幕府軍の軍事総裁となり、徹底抗戦を主張する小栗忠順に対し、早期停戦と江戸城無血開城を主張し実現させました。

中濱万次郎は土佐の漁民として漂流後、米国捕鯨船に救助されました。１８４４年にフェアヘーブンのバートレット・アカデミーで英語・数学・測量・航海術・造船技術などを熱心に勉強し首席で卒業しました。民主主義や男女平等など、日本人にとって新鮮な概念に触れました。帰国後、薩摩藩主・島津斉彬に認められ、斉彬と交流のあった阿部は１８５３年、江戸に招き米国の政治情勢をヒヤリングされました。この頃、万次郎は江川英龍や勘定奉行川路聖謨らと交流し、大鳥圭介・箕作麟祥らも彼から英語を学んでいます。1860年、勝と同じく遣米使節団の一人として咸臨丸に乗り米国に渡りました。明治維新後は、開成学校（現東京大学）の英語教授として活躍しました。

4．日本の国名と国旗の制定

1854年、江戸城の溜問詰に幕閣が集合しました。日米和親条約の調印式に臨むにあたり、国名・国旗をどうするかを議論するためです。阿部は「アメリカはわが国をJAPAN（ジャパン）と称していました。しかし、外国名は使いたくない」を前提に幕閣たちに諮問しました。「日本」、「皇国」などいろいろな案が出てきましたが、わが国は天皇を頂点とした国家でありますから、「大日本、帝の国にする」としました。ここまでは異論がなく、最終的には『おおやまとみかどのくに（大日本帝国）』に決まった。阿部正弘の政権から「大日本帝国」もしくは、「日本帝国」が使われました。帝（孝明天皇）はその存在感を得て正弘に謝意を表しました。

外国船と交流の機会が増えてきたため、日本船を外国船と区別するための標識、船舶旗を制定する必要が生じてきました。薩摩藩主島津斉彬や幕府海防参与徳川斉昭らの進言によって、1854年、「日の丸」を日本国の旗とすることが阿部により布告制定されました。この時まで、日本に国名・国旗がなかったとは、今から考えると驚きでもあります。

5．旧来型幕政からの果敢な改革

1854年、阿部政権は「日米和親条約」を締結し、200年の長きに亘った「俗にいう鎖国」を終焉させました。阿部は外様である薩摩・島津斉彬に幕政参加を促しました。これは前例がありません。そもそも幕政というものは、「溜問」の譜代大名の専権事項でした。阿部の揮名を「瓢箪なまず」すなわち瓢箪で押さえても、のらりくらりとして捉えどころがないとの意味です。人の話をよく聞く、バランス感覚にも長けている。調整型の政治家の要素もあったのでしょう。

以上述べてきましたように、米国・ロシアをはじめ、海外の主要国との戦争を回避しながら、鎖国から開国へ転換せしめたこと、海軍・陸軍の基となる長崎海軍伝習所・講武所の創設、国名と国旗を制定したこと、東京大学の礎となる蕃書調所設立による人材発掘・育成に傾注してきたこと、など枚挙に暇がないほどの功績です。

しかし、以上の輝かしい成果は明治維新後の薩長史観に打ち消されてしまい、ほとんどが薩長の果実とされてしまったのは大変残念です。歴史にＩＦはないが、織田信長の突然の死と同じように、阿部の早すぎる死がなければ、日本のその後の歴史も大きく変わったであろうと悔やまれます。

3 フィールド・ガイド

阿部正弘の中屋敷藩邸　★★★

加賀藩邸近くの現・文京区西片町・誠之小学校付近。今でも誠之館の名前を冠した誠之小学校、阿部通り、福山坂として残っています。阿部正弘の設立した講武所は現水道橋の日本大学法学部付近。案内板が往時をしのばせます。

現在の福山藩中屋敷周辺

水道橋の日本大学法学部にある案内板

4 参考文献

・『長崎海軍伝習所』藤井哲博著　中公新書（1991年）
・『大黒屋光太夫』吉村昭著　毎日新聞社（2003年）
・『幕末政治家』福地桜痴著　岩波文庫（2003年）
・『徳川が作った先進国日本』磯田道史著　文春文庫（2011年）
・『幕末の軌跡』松尾龍之介著　弦書房（2015年）
・『福山藩・明治維新への胎動』福山城博物館編（2017年）
・『消された「徳川近代」』原田伊織著　小学館（2019年）
・『明治維新の正体』鈴木壮一著　毎日ワンズ（2019年）
・『安政維新』穂高健一著　南南社（2019年）
・『日本のものづくりはもう勝てないのか⁉』浅川基男著　幻冬舎（2021年）
・『日本はものづくりに勝てないのか⁉』浅川基男著　日本機械学会誌2022・12月号

徳川慶喜とも喧嘩、忖度を放擲し自己主張を貫いた幕臣

小栗上野介忠順(おぐりこうずけのすけただまさ)

1827‐1868年 東京都千代田区出身

浅川 基男

1 なぜこの人を取り上げるか?

幕閣の小栗上野介忠順は日本の将来を考え、今でも通用する近代的な造船所を建設しました。

しかし、彼の輝かしい功績はほとんど知られていません。なぜでしょうか?

江戸幕府と運命をともにした小栗は、明治政府の「薩長史観」のため歴史から抹殺されてしまったのです。

これは大変残念なことです。そこで、もう一度小栗上野介忠順の航跡をたどってみましょう。

2 人物紹介

(1) 小栗上野介忠順の経歴

小栗上野介忠順は1827(文政10)年、旗本小栗忠高の子として江戸駿河台、現在の明大通りの角で生まれました。立て札には「1827小栗上野介ここに生まれる」と写真付きで表示されています。

1843年、江戸城に初登城、徳川家慶に御目見え、1853年、徳川家定に近侍、1855年、父・忠高の急死により家督を相続、1859年、使番から目付に異動、日米修好通商条約批准のための使節として渡米、1860年、外国奉行、1862年、勘定奉行、1864年、勘定奉行・軍艦奉行・陸軍奉行、1865年、横須賀製鉄所御用掛、

1866年兵庫商社（日本初の会社組織）を設立、1867年、豊島郡滝野川村に火薬製造所を設立、1868年、知行地がある上野国群馬郡権田村への土着願、同年斬首により死去、がその波乱に満ちた経歴です。

図１　ワシントン海軍工廠（造船所）での遣米使節団（左）と小栗忠則（右）（Wikipedia）

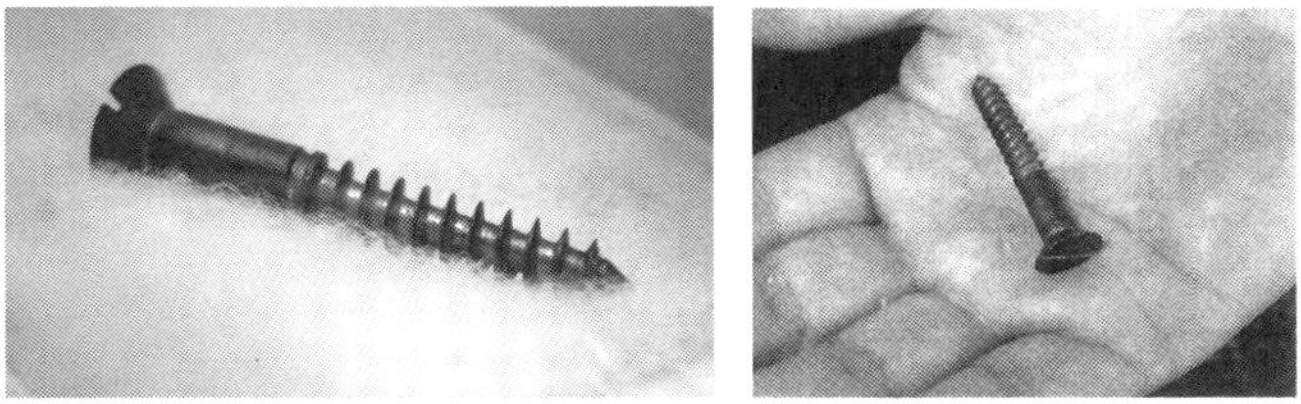

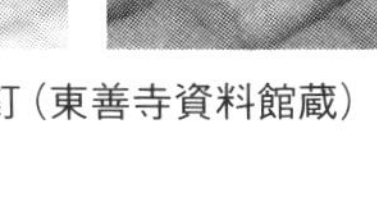

図２　小栗のアメリカ土産のネジ釘（東善寺資料館蔵）

（2）科学技術としての分野

1．遣米使節のリーダとしての活躍

小栗忠順は1860年幕府の実質的な遣米使節のリーダーとしてポーハタン号で渡米しました。余談ですが、新政府は幕府が派遣した遣米使節団の成果を評価せず単に随行した勝海舟と咸臨丸のことしか教えてこなかったので、現代の教科書でもポーハタン号で渡米した小栗のことはほとんど触れられていません。図1に示すように使節らはワシントン海軍工廠を見学しました。この造船所では、溶鉱炉、反射炉、鋳造および砲身を蒸気力でくり抜く錐鎮台、蒸気ハンマーによる熱間鍛造、製網所でのロープが稼働していました。

2．横須賀製鉄所（造船所）の建設

小栗は日本との製鉄および金属加工技術の差に驚愕し、これを心に刻み「こういうものをどんどん造れる国にしたい」との意味を込めて海軍工廠のネジ（図2）を持ち帰ったとされています。帰国後、小栗は勘定奉行（大蔵大臣）・海軍奉行（海軍大臣）に就任し、〝造船所を持たねばならない。持つからには世界的なレベルのものを〟との強い「思い」から、造船所建設の大英断を下しました。その責任者に抜擢された

図３　横須賀製鉄所（造船所）の全景　明治時代初期撮影（ヴェルニー記念館蔵）

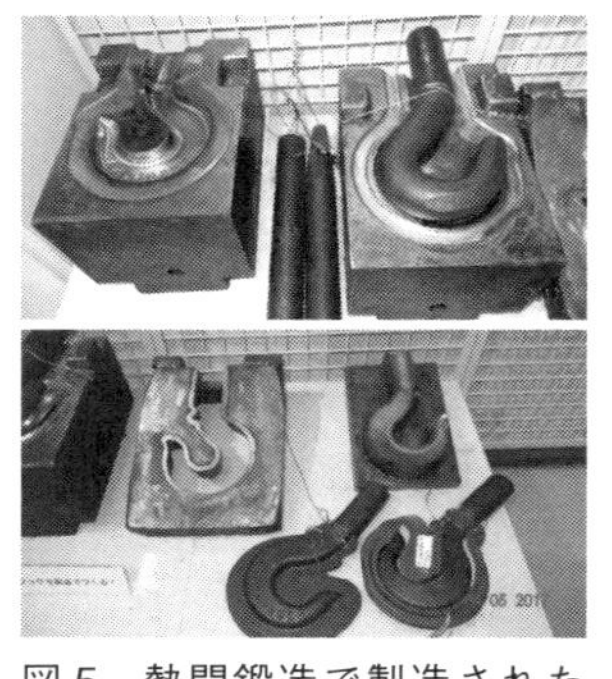

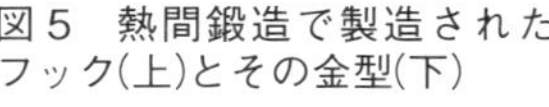

図５　熱間鍛造で製造されたフック（上）とその金型（下）

図４　0.5トン蒸気ハンマー（左）と３トン蒸気ハンマー（右）（ヴェルニー記念館蔵）

フランス人ヴェルニーは１８６５年、相模国の戸数二十二戸の漁民が住む小さな漁村横須賀村の入江を埋め立てました。その後帰国するまでの10年半、激動の日本にあって造船業と横須賀のインフラに専念し、図３に示すように小栗の構想に基づいた横須賀製鉄所（造船所）を建設、日本初のドライドックを完成させました。その規模は技術官・作業員含めて１千名を超え、同年鋼製鍛造大砲や鉄砲用素材を鍛造する蒸気力ハンマー（６トン、３トン、０.５トン４基：蒸気力でハンマーを上昇させ自重落下で熱間鋼材を鍛造）などをオランダから導入しました。当時ではベッセマー転炉と並んで最新重要発明がこの蒸気ハンマーでした（図４）。佐賀藩がまだ水力で大砲の筒を削っていたころ、小栗はここで蒸気動力を使って大砲の筒内を削らせていました。

造船所は船体の製造だけではなく、船にかかわる全ての部品を製造する本格的な近代工場であり、その後の日本のマザー工場の役割を果たしたといえます。ヴェルニーの基本方針は「最新の機械は故障する確率も高い。それより型は多少古くても、日本は故障してもすぐに直せる環境にないため、使い込まれて故障の確率の少ないものを選ぶ」にありました。できるだけ安く、良い機械で造船所建設を進める誠意が感じられます。

3. ものづくり大国日本の第一歩

これら総額の投資は幕府の年間予算の3分の1に達しました。小栗は財政を心配する部下に「現在たとえ造船所を造らなくても、幕府財政にゆとりはない。だから、なくてはならないドック・修船所を造るのだとなれば、かえって他の無駄遣いを節約する口実になるのだ。また、完成後売り出す（政権交代）としても、土蔵付き売家の栄誉が残るだろう」と笑って語りました。

工場のマネジメントも革新し、局や部の創設、指揮命令系統の明確化、就業時間・賃金制度・残業手当・作業服の導入、熟練工の厚遇、洋式簿記なども採用しました。中島知久平は同所海運機関学校で学んだ後、独立して中島飛行機製作所（現在のSUBARU、旧富士重工業）を創立、そのときに横須賀製鉄所から技師や職工を送りこみました。昭和30年代にイギリスを抜いて世界一の「造船大国・ものづくり大国日本」となる第一歩が、横須賀製鉄所から始まったのです。

4. 大砲の製造

小栗は大砲の製造にもかかわります。湯島（現湯島聖堂、東京医科歯科大学付近）に幕府の大砲製造場を建設しましたが、結論からいえば湯島鋳立場から関口水道町（文京区江戸川橋付近）、さらに滝野川反射炉、大砲製造所へと順次移りました。1867年、反射炉の最初の鉄湯で記念の鉄製天水桶を造り、祝賀奉納した痕跡があるものの、どれほどの大砲を製造したかということはわかっていません。小栗はその後、1868年に滝野川に火薬製造所建設を提議、滝野川周辺の工業設備はそのまま明治政府に引き継がれ、明治以後の兵器、製紙など近代工業の導入に大きな役割を果たすことにつながりました。このほかに小栗は、日本初の洋式築地ホテルを清水喜助（清水建設創始者）に建設させました。また、初の株式会社「兵庫商社」の設立や藩の廃止と群県制度による中央集権政治・郵便・新聞・鉄道・ガス灯等、を提唱し驚くべき先見性を示しました。

5. 小栗の最期

徳川慶喜の大政奉還後、小栗は住み慣れた駿河台の屋敷を出て、領地上野権田村（群馬県高崎市）で隠遁生活をしていましたが、新政府は〝小栗という実力者を生かしていたら新政権の安定はない〟と恐れ、彼を捕縛し、慶応4（1868）年斬首に処しました。小栗はわずか42年の張りつめた生涯を領地の権田村で閉じました。

（3）小栗のエピソード

小栗は幕府再建のためだけでなく、日本の将来を考え、膨大な費用と時間が必要な造船所建設を推進しました。幕府崩壊を目前にした小栗の心境を福地源一郎は〝両親が病気で死のうとしているとき、もうだめだと思っても、看病のかぎりをつくすではないか。自分がやっているのはそれだ〟と代弁しています。

1868年、徳川慶喜が鳥羽伏見の戦いに敗れた後、江戸で幕臣を集めての席で小栗は「駿河湾からの攻撃および箱根での待ち伏せ作戦」で徹底抗戦を主張、賛同する幕臣も多く一旦はこの方向に決定しました。しかし翌日、勝海舟の恭順策に考えを変えた徳川慶喜によって小栗は罷免されました。官軍の大村益次郎は〝もし小栗の戦略が実行されていたら、官軍はおそらく敗北していただろう〟と語ったと言われています。

大隈重信は〝明治の近代化は、ほとんど小栗上野介の構想の模倣に過ぎない〟と小栗の偉大さに引き込まれ、大隈の世界観や日本の進むべき道に対する考えは小栗上野介によって広がったのではないかとも言われています。その後、小栗のもとで育てられた従兄妹・三枝綾子を妻にしました。

東郷平八郎は〝日本海海戦に勝利できたのは製鉄所、造船所を建設した小栗氏のお陰であることが大きい〟と小栗の家族に礼を述べたほどです。

一方、小栗は幼少時代から周りの空気を読むことなく、誰彼となくズケズケものを言う性格でした。上流武家の息子達からは、天狗、狂人と呼ばれ敬遠されましたが、意に介さず自分の信念で世間を見ていました。役所に就いてからも頑迷固陋な役人たちを「製糞器」と呼び、作らなくてもよい敵を作ったようです。現代の切れる実力者にも、よく見られるタイプですね。

3 フィールド・ガイド

○ヴェルニー記念館　★★★

横須賀市東逸見町1-1

小栗の功績による横須賀造船所の蒸気ハンマーの一部と資料などがヴェルニー記念館に展示されています。隣接するヴェルニー公園には小栗とヴェルニーが並んで横須賀造船を見渡している銅像が立っています。横須賀造船所は現在米軍横須賀基地で、ここからも当時建設された1～3ドッグが見渡せます。記念館はＪＲ横須賀駅徒歩１分です。

○横須賀市自然・人文博物館　★★

横須賀市深田台９

京急横須賀中央駅から徒歩10分の横須賀市自然・人文博物館にも多くの展示があります。

○東善寺　★★★

群馬県高崎市倉渕町権田１６９

東善寺の村上泰賢住職は今でも小栗上野介を供養してお寺を守っておられます。お寺には多くの遺品や資料がありお奨めコースです。ＪＲ高崎駅が最寄り駅ですが、バスの便が少なく、車で行くことをお奨めします。

4 参考文献

・『小栗忠順従者の記録』村上泰賢著　上毛新聞社（２００１年）
・『小説小栗上野介』童門冬二著　集英社文庫（２００６年）
・『万延元年の遣米使節団』宮永孝著　講談社学術文庫（２００６年）
・『遣米使節三船』村上泰賢著　東善寺（２００７年）
・『覚悟の人・小栗上野介忠順伝』佐藤雅美著　角川文庫（２００９年）
・『小栗上野介』村上泰賢著　平凡社（２０１０年）
・『日本近代化の源泉・横須賀造船所』村上泰賢著　東善寺（２０１４年）
・『小栗上野介と横須賀（横須賀製鉄所創設１５０周年）』山本詔一著　横須賀市（２０１５年）
・『ヴェルニーと横須賀（横須賀製鉄所創設１５０周年）』山本詔一著横須賀市（２０１５年）

幕府への忠節を守り、明治の国際人として国家建設を支えた我慢の人

榎本（えのもと） 武揚（たけあき）

1836 - 1908年

東京都台東区出身

後藤 謙次

1 なぜこの人を取り上げるか？

みなさんは榎本武揚と聞いて何を思い浮かべますか？ 例えば、箱館戦争で旧幕府軍の大将になりながら、この戦争で生き残った後、新政府で大臣の要職に就いて自らの立身出世という欲を全うした人、と思う人も多いのではないでしょうか。

しかし、実際の人物を調べるとイメージは大きく変わります。榎本武揚は自分の欲ではなく、大欲に尽くす無私の人でした。愛されるべき素養とバランス感覚を備えた優れた人物でした。歴史上の表に出ている政治家や外交官としての実績だけでなく、エンジニアとしての高い見識を持ち、民俗学、言語学にも精通した達人でした。

榎本武揚

今回、エンジニアとしての榎本武揚に焦点を当てるとともに、どのような環境で才能が育ち、どのように自らを全うしたのか、ご紹介したいと思います。

2 人物紹介

(1) 生い立ち（写真1）

父から受け継いだ素養を伸ばし国難を憂う

武揚の父 円兵衛は当時の幕府天文方出仕であった高橋景保と伊能忠敬に師事し、幕府から重用されたエンジニアでした。武揚もその素養を受け継ぎました。

少年の頃の武揚は、伶俐、温和で学問好きでした。父の希

望に従って12歳の時に昌平黌に入り熱心に学業を積んだのですが、昌平黌から役人になるルートを選びませんでした。彼は昌平黌に通う傍ら江川太郎左衛門の屋敷内で行なわれた中浜万次郎の塾に学んでいました。そこで英語を勉強し、アメリカに関する情報を知り、新しい世界の交通機関、特に汽車や汽船による航海術の発達している話に夢中になっていたそうです。

このように外国の情報に接した上で日本の直面する対外的困難の状況を知ったとき、武揚は儒者としてではなく、今起こっている国難に対処することに志を立てました。そして国難を克服するには、日本も外国と同様に強い海軍を持たなくてはならないとし、そのためには自分を尽くすことを使命と考えました。この思いこそがその後の武揚の行動のエンジンになったのは間違いありません。

昌平黌での勉学を終了した後、19歳の時に父の紹介で蝦夷地へ赴任する堀織部正の小姓として、南樺太を含む蝦夷地を訪問しています。このときロシアの南下勢力の実態を肌で感じ取りました。この体験は武揚の志を鼓舞するだけでなく、国の境界を決める領土問題の現実的な難しさを脳裏に焼き付けることになったと思います。

(2) 新しい技術・異文化との接触と才能の開花

長崎とオランダ

1856年に父の伝手により長崎海軍伝習所に入学しました。国難への対処を志ざす武揚はここから頭角を表し始めます。機械科学を教える教官のカッテンディーケからは「勉強にも仕事にも熱心で、かつ純真にして快活な性格、そして企画的である上に優れた品性の持ち主」と、満点の見立てをされました。オランダの医官ポンペからは化学を学びます。これの伝習所で4年間オランダ海軍の士官と接触し交際することによって、武揚は国際人「榎本武揚」に生まれ変わりました。これはオランダ留学によってさらに磨きをかけられます。ここからは武揚を榎本と呼びます。

1862年8月に榎本はオランダに向かって長崎を出航し、翌1963年4月に到着します。

オランダに着くと榎本らは海軍の教官から軍船の船具・砲術・運用や蒸気学を学びました。この当時の海軍大臣がカッテンディーケであり、また医官のポンペも帰国していました。化学はポンペとスチュルテルハイムから学びました。

これらの学問の他にフィッセリングから国際法を学んでいます。特にフランスの国際法学者オルトランの『海律全書』

のオランダ語訳をテキストにして、海に関する戦時・平時の国際法規について勉強しました。この当時、デンマークとプロシア・オーストリア間に戦争があり、榎本は国際観戦武官として従軍する機会を獲得しています。この経験は国際法を平和な教室における講義としてではなく、現実の国際関係・紛争の渦中に身を置いて、まさに実際の学問として臨場感と共に学びました。

このように彼は近代ヨーロッパの先進文明を、国と国、物と物、文化間を比較することによって、先進文明の光の部分だけでなく影の部分にも眼をとめながら体験しました。これらの体験は榎本が函館戦争後に武官としてロシアとの領土交渉に指名されたり、各種大臣として職務の執行を求められることにつながります。

榎本らは幕府がオランダに注文した開陽丸が完成した1866年12月にオランダを出航し、翌年3月に帰朝しました。

（3）函館戦争から辰の口獄舎（写真3）

幕府への忠節と才能（企画力・行動力）の発揮

国内の状況は、榎本が留守にした5年の間に一変していました。彼は留学で得た新知識を活用する暇もなく、大政奉還、王政復古クーデター、鳥羽伏見戦争、江戸開城と続く、幕府の滅亡に直面します。このような困難な状況にもかかわらず、彼は鋭い国際感覚と外交手腕を発揮して、旧幕府勢力の存続を賭けた函館戦争で政府軍や諸外国との折衝を行ないます。この折衝により、旧幕府軍が保有する新鋭艦4隻を獲得して海軍力を政府側より優位に保ちます。また、諸外国と交渉して旧幕府軍を一時的な政権として承認させることに成功します。そして幕府再建に向けた「蝦夷地入植開拓プラン」を実行します。

しかし、追い詰められる中で選択した無理のある計画のため結局は頓挫するのですが、この場面の榎本の企画力と行動力は政府側の目に止まったことは間違いないでしょう。そして最終的に榎本軍は降伏します。玉砕を覚悟した際にオランダから持ち帰ったオルトランの『海律全書』を国家有用の書と考え、政府軍参謀の黒田清隆に送ります。これに黒田は感激し、お礼として酒5樽を五稜郭（写真5）の榎本側に送りました。この話は有名ですが、二人の関係は辰の口獄舎から続く榎本の人生に大きく関わっていくことになります。

彼は一度自決しようとしましたが思い止まって降伏します。降伏後榎本らは辰の口獄舎に収監されました。『海律全書』の件をはじめとして榎本の人物に惚れ込んだ黒田清隆は、彼の助命運動に奔走し、自らも頭を剃って坊主になってまで尽力した話は有名です。靖国神社脇にある遊就館（写真4）でも写真と共に紹介されています。２年半後、榎本は赦免されます。

（4）新しい人生の出発

名を求めず地道に実績を積み上げる

その後の榎本が務めた役職を表1に示します。

最初に仕官したのは黒田が次官を務める北海道開拓使の仕事で、四等出仕として北海道鉱山検査巡回を行ないます。榎本は函館に到着するや否や気象観測所を設置しました。これは箱館戦争の時に軍用艦開陽丸（写真7）を天候不順で沈没させた苦い経験から思い立った措置ですが、日本における最初の気象観測所となりました。さらに函館戦争で戦死した人々のお墓を参っており、後に戦死者を葬る碧血碑（写真6）を建立して碑文を寄せています。

北海道開拓使の成果は、奥地まで踏査することで空地の炭鉱（写真8）が良質であることを発見したことが挙げられます。この榎本の成果は、専門的技術の裏付けを持った上で、手を抜くことなく奥地まで自分の足で調査して得たものでした。

これは科学技術だけでなく、国際法規に基づく領土や国家間の交渉の場面でも同じでした。その最初の成果は１８７５（明治8）年、榎本39歳の時でした。幕末以来の懸案であった樺太をめぐるロシアとの領土問題の解決で、6カ月にわたる交渉の末に千島樺太交換条約が締結されました。これが榎本の名前が前面に出た最も大きな成果となりました。

また、列国との不平等条約改正中の１８９１年に外務大臣に抜擢されて3年間務めた後１８９４年に農商務大臣になります。イギリスとの条約改正の場面（１８９４年）では榎本ではなく陸奥宗光が外務大臣でした。内閣に問題が起こるごとにいつも榎本が引っ張り出されました。この事実はそれだけ実務に優れていたことを示していると考えられます。榎本

表1　榎本が務めた役職と年齢一覧

役職	年齢
北海道開拓使	37-39歳
海軍中将（対露領土交渉）	39-44歳
外務大輔・海軍卿	44-46歳
皇居造営事務副総裁	46-47歳
駐清特命全権公使	47-50歳
通信大臣（伊藤内閣）	50-53歳
農商務大臣兼務（黒田内閣）	53歳
文部大臣（山県内閣）	54-55歳
外務大臣（松方内閣）	56-57歳
農商務大臣（伊藤 黒田 松方内閣）	59-62歳

表2　各種学会で務めた会長職と年代

会長職	年代
電気学会会長	1892-1908年
工業化学会会長（現日本化学会）	1898-1908年
大日本気象学会会頭	1892年
東京地学協会副社長及び会長	1879-1908年

の登用は黒田の推挙から始まり、伊藤博文に受け継がれました。しかもどの役職に就いても最後の栄光は自らが担うことがありませんでした。

榎本はどんな場面でも誠実に求められた仕事をやり抜くプロフェッショナルであり、これを言い換えるならば「痩せ我慢の大人」であったと言えると思います。これは彼の人生全体を通じて貫かれており、「あっぱれ」という他はありません。

(5) 活躍した技術分野

優れたエンジニアとしての実績

榎本がエンジニアとして上げた成果を記します。

・気象学　日本初の気象観測所を設置しました。

・化学、地質学

石狩の空知炭鉱が有望な炭鉱であることを成分分析により示します。また、1878年に2カ月半にわたり近代日本人として初めてシベリアを横断して、科学的視点、軍人的視点、外交官的視点から観察した「シベリア日記」を記しました。さらに、隕石に関する史実を調べ、隕石を材料にして刀剣を作る技術を研究し、5本の刀をつくっています。これを1898年に「流星刀記事」として論文にまとめました。この流星刀は榎本が創設に関わった東京製業大学に保存されています。

・電気学

オランダ留学中に榎本はモールス信号の可能性に強い興味を抱き、通信機を買って自宅で毎日練習し、高いレベルの技能を身につけています。日本人として初めてモールス信号をマスターした人物になります。

榎本が就任した学会会長職を表2に示しました。現在ではあり得ない話ですが、いずれも自身が活躍した分野であり、妥当なことだと言えると思います。すごい人でした。

3 フィールド・ガイド

○生誕地(三味線堀跡)★

東京都台東区小島1丁目5番地周辺

○お墓(吉祥寺)★★★

東京都文京区本駒込3丁目19-17

○辰の口獄舎跡(現和田倉噴水公園)★★

東京都千代田区皇居外苑3-1

写真５　函館奉行所

写真６　碧血碑

写真１　生誕地

写真２　武揚の墓（右）奥方の墓（左）

写真７　開陽丸

写真８　空知炭鉱

写真４　靖国神社資料館

写真３　辰の口獄舎跡

○靖国神社資料館（遊就館） ★★★
東京都千代田区九段北3丁目1－1

○函館奉行所（函館五稜郭公園） ★★★
北海道函館市五稜郭町44－3

○碧血碑（函館市） ★★
北海道函館市谷地頭町1

○開陽丸（江差市） ★★★
北海道江差町姥神町1－10

○空知川露頭炭層展望広場 ★
北海道赤平市赤平

4 参考文献

・『現代視点榎本武揚　戦国・幕末の群像』赤木駿介他著　旺文社（1983年）
・『近代日本の万能人榎本武揚』榎本隆充・高成田享編　藤原書店（2008年）
・『榎本武揚』加茂俊一著　三晃印刷（1960年）
・『貸料榎本武揚』加茂儀一編集・解説　新人物往来社（1974年）

造船所建設から日本赤十字まで創設したマルチ人間

佐野常民（さのつねたみ）

1822-1902年

佐賀県佐賀市出身

浅川 基男

1 なぜこの人を取り上げるか？

佐野常民（図1）の功績として、鍋島直正（なべしまなおまさ）の命を受けたエンジニア藩士として三重津海軍所を設立したことが第一番に挙げられます。佐野はこの海軍所で、洋式海軍の教育施設・造船・艦船用蒸気機関等の製造を開始しました。ここで教育された人財や培った技術が幕末から明治維新にかけて大きく役に立ちました。

佐野は明治維新後も大いに活躍し、日本赤十字社を起こし、大蔵卿にもなり、人生二毛作および文理融合の人生を成し遂げた点が興味深いところです。

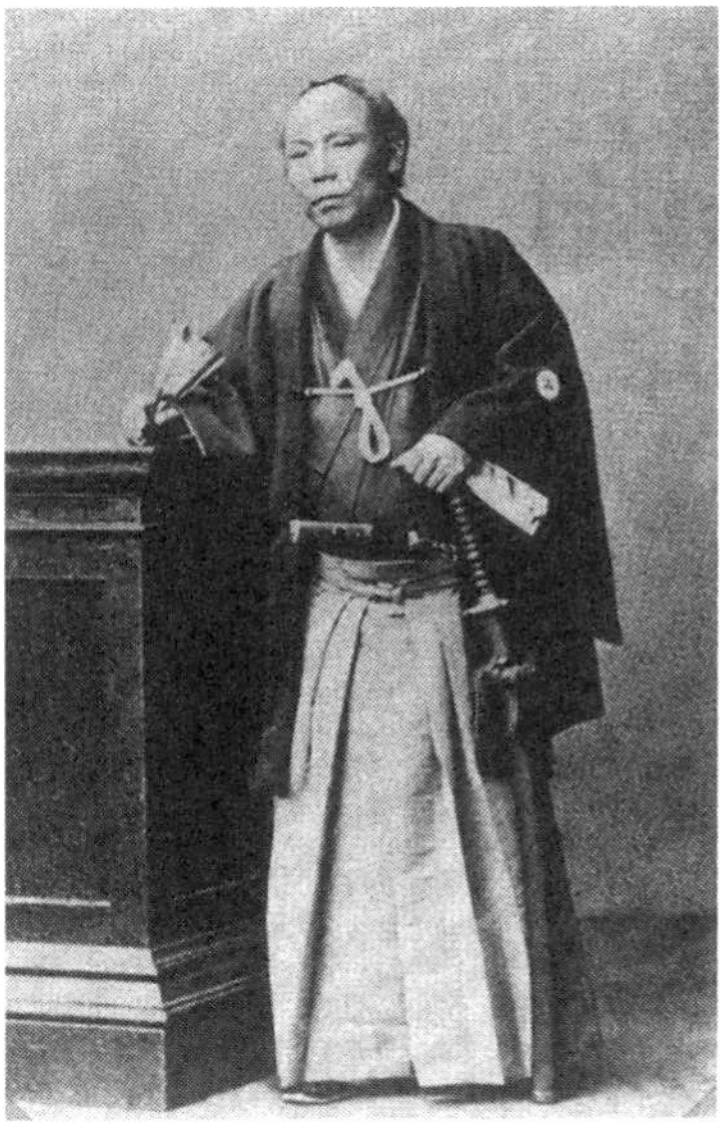

図1　佐野常民
（日本赤十字社提供）

2 人物紹介

(1) 佐野常民の経歴

佐賀藩士下村家の五男として1822（文政5）年、佐賀城下から南東に6キロほど離れた三重津（佐賀市川副町）村で生まれ育ち、1832年、佐野儒仙の養子となり、16歳で江戸に出て海防に詳しい儒学者 古賀侗庵（直正が学んだ古賀穀堂の弟）に入門。大坂では緒方洪庵の適塾で学びました。32歳の時に、直正から佐賀に呼び戻され、精錬方の責任者になりました。1853年、精煉方主任、1867年、パリ万国博に参加し欧州各国視察。

1870年、直正の推挙により新政府の兵部省に出仕し、築地に海軍操練所（元 築地市場）を設置。

1873年、ウィーン万国博に参加しイタリア駐在。

1877年、年博愛社設立。

1880年、大蔵卿就任。

1887年、日本赤十字社社長、死没は1902（明治35）年80歳でした。

(2) 科学技術者としての分野、貢献

ここでは主として精煉方および三重津海軍所での活躍を中心に佐野を描くことにします。佐野は直正に他国出身者でも有能な逸材なら用いるべきだと進言し、修業時代の仲間だった蘭学者の石黒寛次や田中儀右衛門など優れた人材を推挙、その後の研究に弾みがつきました。

1853年にペリー艦隊が来航すると、幕府は大型船建造の禁止令を解きました。しかし、佐賀藩の目標はすでに船体の建造ではなく、蒸気機関の製造・修理に向いていました。工作機械も輸入して長崎に本格的な造船所を建設しました。

1858年、直正は精煉所のリーダーであった佐野常民に三重津海軍所の設置を指揮させました。この地に注目したのは、三重津の生まれ育ちだった佐野常民です。早津江川が大きく蛇行する淀みの部分に、古くから藩の御用船の船着場があり、それを転用したのです。この地で図2に示す三重津海軍所を設け、洋式海軍の教育施設・造船・艦船用蒸気機関等の製造を開始しました。精煉方で培った鋳造・塑性加工・機械加工・接合などの金属加工の要素技術が海軍所で駆使されたことでしょう。

同時に三重津に洋式海軍の教育施設を設けました。御船手稽古所では、長崎の伝習所の卒業生たちが後進を指導、さらに、造船所建設も目指しました。佐賀藩は長崎海軍伝習所の恩恵を最も活用したと言えるでしょう。しかし、ここでも失敗の連続で、ボイラーからの蒸気漏れに悪戦苦闘し、7年もの歳月を費やした後、1865年に輸入軍艦や帆走船も合わせて、一隻の艦隊が組織されました。初めて充分な出力を持つ蒸気船、凌風丸（図3）が完成したのです。この実績から、佐賀藩は幕府軍艦用蒸気機関の製造を請け負うことになり、江戸湾の台場の鉄製大砲を設置したように、幕府軍備の西洋化は直正と佐野がその一翼を担って牽引しました。

図２　三重津海軍所（公益財団法人鍋島鍋島報效会所蔵）

図３　国産第１号（1865 年）の蒸気船「凌風丸」（公益財団法人鍋島報效会所蔵）

三重津海軍所跡地は２０１５年には「明治日本の産業革命遺産」として世界文化遺産に登録されていますが、すべてが地下に眠っており、残念ながら現地でそのものを見ることはできません。

（３）佐野常民のエピソード

・佐野は京都、大坂、江戸で蘭学を修め、成績もよく塾頭にもなりました。しかし、書生達と狂奔し多額の遊蕩費を使い果たし、なんと貴重な「ヅーフ・ハルマ（蘭和辞典）」を質に入れてしまいました。佐賀藩から「佐野は才子だが、勉強せずに道楽の交友にふけっており成業の見込みなし」として帰国命令が出ました。その帰途に、直正が望んでいた他藩からの化学・技術者を連れ帰ったのも、佐野の弥縫策とも言われております。真偽のほどはわかりませんが、単なる秀才だけではない人間的に味のある片鱗が伺える話です。

・幕末の夏の日、佐野が直正の前で海軍創立の急務を説き、〝オランダでこうの、イギリスではこうの……〟と生かじりのことを並べると、直正は扇を振って次のように言いました。〝藪医者、よせよせ、モーわかった、この暑いのに……〟と。佐野と直正の近しい間柄が滲み出ている逸話です。

・１８６１年、精煉方は新型火薬の製造実験に入り、主に担当したのは中村奇輔でした。しかし、これが悲劇を呼び起こしたのです。実験中に火薬の爆発事故で、顔面や足を負傷、失明、両手も負傷してしまいました。科学者としての命は絶たれましたが、その後の佐野常民の献身的な援助で家督も無事嫡男に継がせ、海外留学、帰国後も京都での就職の面倒も見ました。奇輔はその嫡男の男子（孫）誕生を確かめるようにして没しました。奇輔は科学技術者としての命は絶たれましたが、それでも家族（夫人と三男一女）ともども生き抜いたのは佐野および佐賀藩の援助の賜でしょう。

もう一つ佐野の人柄を語る大きな事業があります。佐野は博愛社設立にあたり葡萄酒5本を持って西南戦争時の熊本の本営に向かい、山県有朋(やまがたありとも)に面会して博愛社設立の趣旨を説明、征討総督 有栖川宮熾仁親王(ありすがわのみやたかひとしんのう)への取り次ぎを願い、その三日後には博愛社設立が許可されました。その思いは〝暴徒の死傷者は救護体制も整っていないため、山野で雨露にさらされたままです。彼らは官軍に敵対したといっても皇国人民、皇家の赤子です。負傷して死を待つ者を捨てて顧みないのは人情の忍びないところです。彼らを救助、治療したいのです。敵兵救護が、朝廷が寛大で情け深いことを内外に明らかにするだけではなく、国民を感化する一端ともなります。欧米の文明国の戦争では敵味方の別なく救済する慣習の例は枚挙に暇がありません〟とあります。

後に大隈重信(おおくましげのぶ)は〝佐野が赤十字社を主唱した時は、これに耳を傾けるものもなく、その名を聞いても何ものであるかを知らなかった程であったが、佐野は誠意をもって熱心に官庁や大衆に説き廻り、次第にその規模を拡げ、今では非常に大きな一団をつくり上げ、列国に対しても文明の余沢を分かち与えるようになった〟と『大隈伯昔日譚』で述べています。これらの逸話から佐野の誠実な人柄の一端を知ることができます。

・伊藤博文(いとうひろぶみ)は〝佐野に会うや、くどくどと言葉が次々に出てきて、聞いているのがいやになるが、後から考えると、それは物事の本質を言い当てており、敬服せざるを得ない〟、大隈重信は〝佐野は能弁であるが、伊藤の能弁にはやられてしまう、しかし心服はしない、二、三日中に何か調べてきて、また議論する〟とその強固な精神力を評しています。

3　フィールド・ガイド

○佐野常民記念館　★★★

佐賀市川副町大字早津江津４４６１

図４に三重津海軍所跡と佐野常民記念館までの案内を示します。

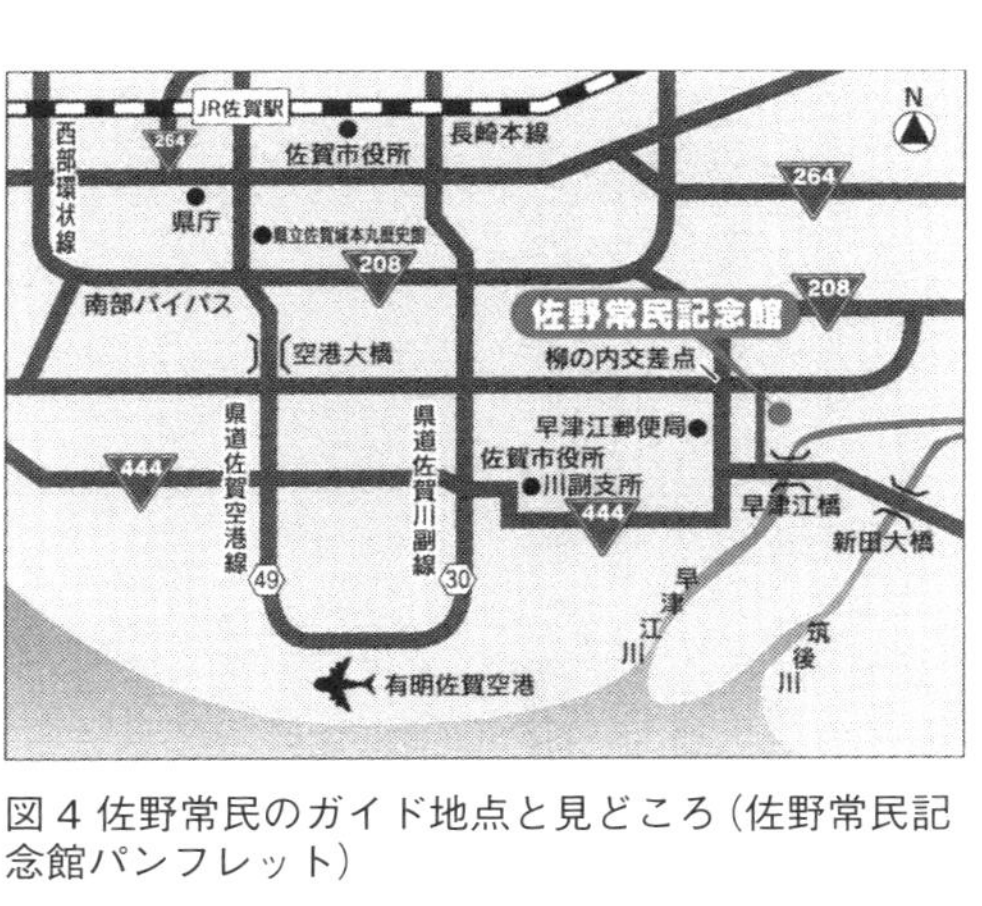

図４ 佐野常民のガイド地点と見どころ（佐野常民記念館パンフレット）

図５三重津海軍所跡（上）とドライドッグ跡（下）を示します。三重津で世界遺産の史跡を世界遺産に登録された三重津海軍所跡の遺跡は、保存のために発掘後すべてが地下に埋め戻してあります。そこで現在では、ＶＲ（バーチャルリアリティ）をはじめ、映像やイメージ画像でかつての三重津海軍所を見ることができるよう工夫を凝らしています。

図５ 三重津海軍所跡（上）とドライドッグ跡（下）（佐野常民記念館パンフレット）

4　参考文献

・國雄行『佐野常民』（２０１３）、佐賀県立佐賀城本丸歴史館。

蘭学の大師匠

吉雄（よしお） 耕牛（こうぎゅう）

１７２４～１８００年
長崎県長崎市出身

吉雄耕牛は阿蘭陀通詞の家系に生まれ、早くからオランダ語を学びました。１７４８年、25歳で大通詞となって以降、53年もの間、大通詞を務めましたが、この間にオランダ人から医学、天文学、地理学、本草学など西洋の学問を学び、多くの門弟に伝授した蘭学者です。

耕牛の学問における専門は医学で、吉雄流紅毛外科という西洋医学の一派を創設しました。また、家塾の成秀館には、蘭学を志す多くの門弟が全国から集まりました。青木昆陽、野呂元丈、杉田玄白、前野良沢、大槻玄沢、平賀源内など、多くの医師や蘭学者が交わり、門弟の数は６００人にもなったと伝えられています。まさに、蘭学の師の師、すなわち大師匠と言って良いのではないでしょうか。杉田玄白や前野良沢らが翻訳した解体新書（１７７４年）は、日本の医学の発展に貢献した医学書として有名ですが、耕牛はこの書の序文を書いています。

多くの門弟によって蘭学は全国に広がり、医学の発展は勿論のこと、近代技術の萌芽となって明治以降の急速な近代化に役立ちました。

（原田　孝夫）

西洋の科学技術の伝道者

志筑（しづき） 忠雄（ただお）

１７６０～１８０６年
長崎県長崎市出身

志筑忠雄は阿蘭陀通詞の志筑家の養子となり通詞となりました。当時、西洋の学問は、長崎の出島で貿易などの業務に携わっていた阿蘭陀通詞を介して伝わりましたが、通詞自らが蘭学者となって西欧の自然科学の原理や技術を学び、伝えるようになった事例も多くあります。その代表的な通詞が志筑忠雄（中野柳圃としても知られます）です。

忠雄は著書「暦象新書」（１８０２年完成、42歳）でニュートン力学を日本に紹介した人物としても知られていますが、その原理の理解に努めるなど、自然科学における原理の重要性を良く認識していた蘭学者と言われています。また、忠雄は翻訳に際して、重力、求力（引力）、遠心力、真空など、現代においても使用されている多くの日本語を創訳しています。その後も創訳語は宇田川榕庵や川本幸民など多くの蘭学者によって作られましたが、創訳語によって西洋の学問を日本語で理解できるようになり、幕末から明治における日本の急速な近代化に、言葉の点からも役立つことになりました。

（原田　孝夫）

おわりに

本書は、普段企業に勤務している技術者らが、その個人個人の見聞や知恵、意識を広めるために集っているNPOテクノ未来塾における10年間のプロジェクト活動の成果をまとめたものです。

２０１３年にサークル活動として発足した本活動は古代日本の技術を見直そうとして始まったものでした。試行錯誤と現地ベースのフィールド調査を繰り返すなかで、近年世界遺産指定などで華々しい明治の産業遺産の前に存在した日本の各種技術があることに気がつきました。

そこで、フィールド調査のターゲットを「江戸時代におけるイノベーター技術者」と仮置きして、本活動に参加するメンバーによって取り上げたものが当初の25名、さらに追加の30名で合計55名の列伝、フィールドのガイドにつながりました。

実際にフィールド調査を繰り返すことで以下のような気付きを得ることができました。それを列挙してあとがきに代えさせていただきます。通常は会社の中で技術者として働いている各メンバーの基礎力はもちろんのことモチベーションは、江戸時代のイノベータ技術者と同じかとも思います。

（１）これまで、学校などでは学ばなかった技術関係の事実や歴史を知ることは、面白い、嬉しい（知識だけでない、知恵と精神（意識）の再発見）

（２）自らの目と手足で実際の現場を探す、見る、考える愉しさ（強制ではない、自主企画・参加型）

（３）同類の仲間が異なった視点で見て議論することで、さらに見え方が変わる、深くなる（一緒に目的を共有する仲間の存在）

謝辞とフィールド・ガイドとしての使い方

本書ではプロジェクトメンバーが自分たちの足と目で確認したフィールドを紹介してそれぞれの思いも表現しています（多くの写真も自分自身で撮っています）。世の中の変化は激しく、多くの変化や不十分な点は多々あるかと思いますが、それはご寛容いただき、読者の皆様方それぞれのフィールドでの体験を実感するためのガイドとして参考にしていただけたらと思います。また内容を充実させるために多くの先人たちの貴重な記録、書籍、文献、写真、図など引用させていただきました。それぞれの先人に厚く感謝を申し上げます。

なお、情報化が進んだ現代では、自分の足を運ばずに遠くの情報を一瞬で目にすることができるようになりましたが、フィールドで実際に現地に行く意味はかえって増していると感じています。実際にかの地かの場所の空気を吸って実物に触れてみると多くの歴史的、人物的、技術的な「気付き」が生じるものです。

まずは「本として」、次にその出口として、「フィールドワーク」に誘うガイドブックです。その人の足跡を実際に辿ることでより深く理解して欲しいと思っています。現在の技術者の方の視点拡大に役立ち、また後世に残ればうれしい限りです。

NPOテクノ未来塾についてのご紹介

「テクノ未来塾」は、広く科学技術に関心ある人が集い、下記を目的とした活動を行なっています。

・技術・研究開発の問題点を共有し、議論を通じて新たな視点を得る
・業界・学会・専門分野を超えたネットワークを通じて、相互啓発する
・豊かな未来社会の実現に向けた活動を通じて、自らの力量を高める

具体的な活動としては、以下の3つの柱を中心に行なっています。

・フォーラム（講演とグループ討論：学習と交流の場）
・メーリングリスト（意見交換・ネットワーク活用の場）
・自主企画の活動（プロジェクトとサークルによる学習の場）

本書はその中のひとつのプロジェクト活動「江戸時代の技術と調査ガイドブック作成」の成果となります。またホームページ（広報活動とアーカイブ）もあります。

問合せ先：NPOテクノ未来塾・事務局：長谷川
メール：tmj-contact@techno-miraijuku.coma
http://www.techno-miraijuku.com

著者紹介（全員、ＮＰＯテクノ未来塾の会員）

阿部惇（あべ・あつし）

担当：序文 未来の皆様へ

テクノ未來塾での活動は２００３年から継続中。１９６９年に東北大学大学院博士課程（工学博士）を修了し、松下電器産業㈱・松下電工㈱（現パナソニック㈱）で新事業・新製品・新技術の創出に取り組み、その体験を踏まえグループ全体の技術経営（ＭＯＴ）を担当。２００５年より立命館大学でＭＯＴ大学院を立ち上げ研究科長・教授として教育・研究と産学連携活動。２００９年より京都のエレクトロニクス企業ニチコン（株）で取締役、監査役を経て現在フェローとして経営・人材育成に携わっている。

出川通（でがわ・とおる）

担当：総論、平賀源内、橋本宗吉、佐久間象山、司馬江漢、あとがき

２００４年に株式会社テクノ・インテグレーションを設立、代表取締役社長。専門は新事業・イノベーションのマネジメントや各種材料と加工プロセス、工学博士。趣味・興味は温泉、日本酒、花火、神社、日本の産業・技術遺産、世界遺産巡りなど、またイノベータ人材の発掘、育成、さらに長寿命下での高齢ホワイトカラーの仕事の価値展開に関心大。

市川浩司（いちかわ・こうじ）

担当：角倉了以、素庵、吉田光由、関孝和、高島秋帆、池部啓太

１９９８年大学院（電子工学専攻）修了後、自動車部品メーカーを経て大学に勤務。半導体回路の設計、ＥＭＣ（電磁環境両立性）技術の研究、開発に従事。ＩＥＣ（国際電気標準化会議）、ＪＥＩＴＡ（電子情報産業協会）にて半導体ＥＭＣ測定方法、半導体ＥＭＣモデリング方法等の標準化審議に参画。博士（工学）、技術士（電気電子部門、総合技術監理部門）。

岩堀 伸彦（いわほり・のぶひこ）

担当：渋川春海、大島高任、中島藤右衛門

１９７４年生まれ。静岡県出身、１９９８年静岡大学大学院修了後、化学品メーカーに入社。有機合成研究、生産技術に従事。２０１０年からは人事の業務に従事し、現在に至る。趣味は、山登り、水泳、外国語。

福井清（ふくい・きよし）

担当：大畑才蔵、華岡青洲、田辺朔郎

１９５９年生まれ。和歌山県出身。博士（工学）。自動車の駆動系に用いる高強度鋼材の開発や、電子材料に用いられる高純度アルミニウムの開発、生産管理等に従事。現在は、材料の開発、調査支援に従事する兼業農家。最近の関心は、少子高齢化と未来社会の動向、未来技術を担う若いエンジニアの育成、中山間地域農業の将来。

中瀬敬子（なかせ・けいこ）

担当：伊能忠敬、土井利位

１９６９年生まれ。学生時代の専門は化学工学。素材メーカーで生産技術を担当していますが、最近は社内の人材育成に携わる機会が増えています。趣味は書道。

都築正詞（つづき・まさし）

担当：松浦武四郎、南方熊楠、木内石亭

1965年生まれ、愛知県江南市出身（北海道命名之地の人物スケール写真が著者）。専門分野は無機材料化学で、セラミックスメーカーに勤務。最近の興味は「縄文時代の文化と科学技術」と「ベーリンジアと縄文海進」。

折田伸昭（おりた・のぶあき）

担当：青木昆陽、飯塚伊賀七、川本幸民

1968年生まれ、広島県広島市出身。非鉄金属メーカーで生産技術開発に従事、専門は化学工学、趣味はマラソン、ウインドサーフィン、ベルギービール、多言語習得活動。

川島卓也（かわしま・たくや）

担当：伊藤圭介、杉田玄白、楠本イネ、宮太柱、本木昌造、前原巧山、中島三郎助

主に材料技術分野でエンジニアとして従事した後、請われて地元、名古屋市にある企業の代表取締役に就任。2022年3月、幻のプロ野球チーム高橋ユニオンズについて調べた『ユニオンズ戦記』を上梓。これからの目標は、ナイスなミドルになること。

竹下大学（たけした・だいがく）

担当：田村藍水、伊藤伊兵衛三之丞、小野蘭山、植村左平次

北米の園芸産業発展に貢献した品種を生み出した育種家に贈られるAll-America Selectionsブリーダーズカップの初代受賞者。新規事業部門を中心に食品メーカーで33年勤務後、2022年に起業。「食と農にかかわる物語づくりをお手伝い」をミッションに、コンサルティングと情報発信を行なっている。

中谷康雄（なかたに・やすお）

担当：廣瀬中庵

1964年生まれ、兵庫県姫路市出身。電気工学を専攻し半導体業界に従事。縁あって山梨には3度目の居住となりました。現在の関心事は物理学と数学の学び直しです。

望月学（もちづき・まなぶ）

担当：緒方洪庵、宇田川榕菴

1973年生まれ、滋賀県甲賀市出身。博士（農学）。繊維メーカーでバイオプラスチックや中空糸膜の開発などに従事。最近の関心事はエネルギー資源と郷土史。

宗像基浩（むなかた・もとひろ）

担当：国友一貫斎、上野彦馬、貝原益軒

1994年、大学院工学研究科を修了後、化学メーカーに入社。フィルム用ポリマーの開発に従事。その後、新規事業の企画・推進に関わり複数の新規事業を担当、現在は研究開発マネジメントに携わる。科学技術に関して、宇宙、天文、地理から物理、化学、地学、生物学などなんでも興味あり。また、四日市市で街づくりに参画。特に鉄道を中心とする公共交通機関を利用した街づくりについて市や地域で提言を行なったり地元の資料館と展示会や地元の高校とのコラボレーションも行なっている。

堀池正人（ほりいけ・まさと）

担当：田中久重、細川頼直

１９６７年生まれ、京都府福知山市出身。専門分野は、物理学です。一貫して半導体メーカーに勤務、量産技術に従事してきました。最近の興味は、社会人大学院生として学んだＭＯＴ（技術経営）です。

船渡俊行（ふなと・としゆき）

担当：大野弁吉、浮田幸吉、二宮忠八

１９６５年生、岐阜県岐阜市出身、民間機航空機メーカーで製造部門に長年従事後、半導体関連会社へ転職。興味は、航空機、宇宙開発、生物学、恐竜。趣味はフィットネス、ゴルフ。昔から美術館や博物館巡りも行なっていましたが、今回の活動を通じてテーマを持った共同調査や人物調査にも面白さを発見しました。

吉川智（よしかわ・さとし）

担当：江川英龍、井上勝

１９７５年生まれ。光通信関係の製品開発に従事しています。設計に３ＤＣＡＤを使う関係で、新しいものづくり手法を身近に感じられるのも今の仕事の魅力となっています。最近は、旅先、出張先に運動靴を持参して、早朝ジョギングするのが楽しみとなっています。今回の取材でも、三島の街並みを走りました。

浅川基男（あさかわ・もとお）

担当：鍋島直正、阿部正弘、小栗上野介、佐野常民

１９４３年生まれ、東京都出身、早大名誉教授（工学博士）。趣味は男声合唱・鉄道模型・書道・ゴルフ。鉄鋼会社に30年、大学で20年の間、常に「なぜ世界の片隅にあるちっぽけな日本が、明治以降世界のトップに立つものづくり大国になったのか？」と「黄昏を迎えた日本ものづくり大国の今後は？」に関心がありました。執筆を通じて古き過去達からヒントを頂き感謝しております。

後藤謙次（ごとう・けんじ）

担当：榎本武揚

１９６３年生まれ、三重県四日市市出身。非鉄金属メーカーに30数年間材料開発エンジニアとして勤務した後、組織開発コンサルタント・研修講師として歩み始める。アニマルスピリッツのあるチームビルディングを志向して、歴史に残る人物の思考と行動に興味を持つ。今現在は東洋思想に惹かれている。

原田孝夫（はらだ・たかお）

担当：吉雄耕牛、志筑忠雄

１９６０年生まれ、兵庫県出身。学生時代の専門は化学工学。鉄鋼メーカーで製鉄プロセスの開発、製鉄プラントのエンジニアリングなどに従事。趣味は天文、国内外の歴史、旅行、スポーツ観戦。

装丁………山田英春
DTP制作………REN
編集協力………REN、田中はるか

【増補・決定版】
江戸時代のハイテク・イノベーター列伝
「近代日本」を創った55人のエンジニアたち

発行日❖2023年5月31日　初版第1刷

編・著
NPO法人テクノ未来塾＋出川通

発行者
杉山尚次

発行所
株式会社言視舎
東京都千代田区富士見2-2-2　〒102-0071
電話03-3234-5997　FAX 03-3234-5957
https://www.s-pn.jp/

印刷・製本
中央精版印刷(株)

ISBN978-4-86565-250-5　C0021

978-4-905369-42-4

平賀源内に学ぶ イノベーターになる方法

起業、新商品開発、新プロジェクトやアライアンスなど、新しいことがしたくなったら読む本。学者、発見家、発明家、エンジニア、起業家、ネットワーカー……改革者として源内がなしたことを検証し、現在に生かすヒント・方法を導き出す。

出川通 著

四六判・並製　定価 1500 円＋税

978-4-905369-19-6

［自由訳］平賀源内作

風流志道軒傳

本作は「日本版ガリバー旅行記」ともいわれ、源内が風來山人というペンネームで書いたもっとも有名な作品。浄瑠璃等などに翻案されて広く知られることとなり、長い間読み継がれてきた江戸期のベスト＆ロングセラー本。

風來山人（平賀源内）著
イノベーター源内研究会 編・訳
出川通 解説

四六判並製　定価 1500 円＋税

978-4-86565-067-9

出雲 歴史ワンダーランド

日本最大の神話の里「出雲」を実際に徹底的に歩き、神々と神社の世界を再発見。いたるところに秘められた物語を掘り出します。古代だけではなく、近代に至る歴史散歩も充実。

出川卓・出川通著

四六判・並製　定価 1600 円＋税

978-4-86565-098-3

幕末　名言物語

激動の瞬間をキーパーソンの言葉で追う

画期的な歴史読本！幕末の歴史をすっきり整理し、歴史のダイナミズムを楽しむのが本書。転機・ポイントになるエピソードに人物とその言葉を絡めて解説。歴史の解読に、小説も対象にした幕末人物列伝を合わせた一冊。

内池久貴 著

四六判並製　定価 1600 円＋税

978-4-905369-41-7

自動車王フォードが語る

エジソン成功の法則

エジソンはただの発明王ではない。商品化をつねに意識し、実現する起業家・事業家の先駆者だった。師エジャソンから学んだだからこそフォードはモータリゼーションの大衆化に成功し自動車王になった。イノベーションのヒントがあふれ出る。

著者ヘンリー・フォード
監修・訳　鈴木雄一

四六判並製　定価 1400 円＋税